U0563640

国际发展、区域国别与全球治理系列丛书

主 编：徐秀丽　唐丽霞　陆继霞

编 委：（按姓氏笔画顺序）

于乐荣	王妍蕾	王海民	孔锋	巴枫
左停	曲甜	吕慧琴	刘启明	齐顾波
李小云	宋海燕	张传红	张栋	张悦
武晋	郇轶中	赵雪娇	郦莉	侯玉峰
徐进	黄振乾	董强	廖兰	

全球农业通论

GLOBAL AGRICULTURE
PRINCIPLES AND PERSPECTIVES

李小云　巴　枫　徐秀丽　赵文杰　齐顾波
唐丽霞　武　晋　徐　进　杨　乐　孙　进
高冰喆　林海森　郑添禄　顾瑞睿　王亚茹　著
吴董炜　赵　捷　周紫升　黄河水　贾长城

社会科学文献出版社
SOCIAL SCIENCES ACADEMIC PRESS (CHINA)

丛书总序

近年来,作为新兴的全球交通中转枢纽,伊斯坦布尔机场、迪拜国际机场、亚的斯亚贝巴机场等变得更加繁忙拥挤,在来来往往的人潮中,随处可见背着行囊行色匆匆的中国人。他们当中,既有出国旅游人员、海外留学人员,也有远赴海外访问考察的政府工作人员,寻找商机的企业家,到外企工作的职业经理人、工人和农民,还有从事对外援助和经济技术合作的专家学者,奔赴海外演出的文艺工作者,等等。他们的目的地,既有发达的欧美地区和日韩等国,也有东南亚、中东、中东欧、非洲和拉丁美洲等发展中地区。同时,来自这些国家和地区的人们也越来越多地看向中国。新型的海外主体、新型的工作模式和新型的流动轨迹,仿佛开辟了时代的新篇章。

进入21世纪,尤其自共建"一带一路"倡议践行以来,中国"走出去"已成为国内外政界和学界日益关注的全球现象。近年来,随着全球发展倡议、全球安全倡议、全球文明倡议三大倡议的提出,来自不同主体(公共和私人部门)、不同层面(宏观和微观)、不同机制(政治、经济、社会、多边、双边)的新型合作实践不断累积,从而塑造了一个"全球中国"的实践景观和知识景观。这里既包括全球治理体系机制的改革与完善,也包括国际发展合作方式模式的拓展与创新，还包括来自普通民众、企业、大学、政府等跨文化交往中的日常碰撞与磨合。

在中国"走出去"合作实践中，我们逐渐认识到，新型知识体系的构建和新型人才队伍的培养成为发展的关键。这些新型知识体系的构建、新型人才队伍的培养应聚焦于全球既有秩序的把握和新格局的想象、全球发展新动能的激发与开拓、全球公共品的治理与供给、国际发展规范的谈判与协作、南南合作和三方合作的管理与经验分享、私营部门海外经营的社会文化融入和劳工关系、新型的政商关系等领域，尤其要重点关注在不同区域国别、国际组织、社会组织等场景下的挑战应对和机遇利用等方面。这些新问题都是我们既有知识体系和人才培养体系中空白的部分。当前我们看到，一方面，宏观上构建人类命运共同体的引导性倡议陆续推出；另一方面，基层各种类型的实践创新也不断涌现，但恰恰是"关键性中层"日渐成为构建更高水平对外开放格局的挑战。这里所说"关键性中层"是指一系列认识范式、话语、技术、组织流程、管理规范和人才队伍的集合体，是维持整个社会秩序的制度架构、组织管理体系和知识体系，稳定且坚固，只有当这个系统发生转变，大规模高水平对外开放方能逐步顺利落地。

党的二十届三中全会指出，"在扩大国际合作中提升开放能力，建设更高水平开放型经济新体制。稳步扩大制度型开放……倡导平等有序的世界多极化、普惠包容的经济全球化，深化外事工作机制改革，参与引领全球治理体系改革和建设"。外交部、国家国际发展合作署在传达贯彻党的二十届三中全会精神时分别指出，"提高服务高水平对外开放的能力，深化援外体制机制改革，构建更具实效的国际传播体系，坚定不移维护国家主权、安全、发展利益。深化外事工作机制改革，加强外交外事战线干部队伍建设"，"深化援外体制机制改革、实现全链条管理"，等等，这些都为"关键性中层"的建设提供了机遇和指导。

在李小云教授的开创下，中国农业大学国际发展研究团队自20世纪80年代开始进入发展研究领域，从最早的发展咨询、发展研究与发展培训，到90年代后期逐渐拓展到发展学科建设和专业人才培养方面，从改革开放初期国际发展经验"引进来"与中国本土实践的融合创新，到"走出去"主动参与全球发展与减贫合作的治理研究，通过搭建全球性、区域性、全国性和全校性不同层面的公共组织和学术联盟，利用前沿学术理论研究、政策咨询与政策对话、人才培养、国内外扎根基层的农业发展和减贫实践四大支柱，不断推动新发展知识的孕育和新型发展合作人才的培养。团队在非洲和国际组织两个场域上的工作尤为凸显。这些工作始于30多年前，最近十余年团队沉潜非洲，对话国际组织，开展了扎根基层、协作中层、对话高层的中国发展与减贫经验国际分享工作，探索出了以国际发展合作为切入点，统筹国别区域、国际组织、国际传播、国际事务等五位一体的特色模式，有组织、多层次、系统性探索新型科研与人才培养机制。以"小技术大丰收""小豆子大营养""中非乡村CEO"等为代表的中非合作项目，多次入选联合国南南合作最佳案例和国家级、省部级项目，以及中非合作论坛主要成果，极大推动了中国发展与减贫经验的全球分享，并促进中国农业大学成为国内首家获得联合国经济及社会理事会（ECOSOC）特别咨商地位的高校，实现了零的突破。这些都是支持"关键性中层"体系转型的集体努力。一系列标识性概念，包括平行经验分享、模糊边界、新发展主义、选择性学习、科技理性漫游等，逐渐引起学界的关注。

在新发展知识建构中，研究团队逐步形成三个支点。

首先，关注普通人之间的互动日常是突破当下地缘政治经济格局下研究的新思路。中国"走出去"过程中的实践积累是新时期中国重新构建与国际社会关系的缩影。要理解这些努力，仅靠宏观视角是不够的，而是要看见这个过程中微观层面的"人与人之间的连接性和共同性"。在日常生活中，我们作为普通人与他国的民众通过交流和互动，以人和人之间的交往推动合作与实践的展开，进而推动思想的开放与心态的转变，并最终推动宏观层面的政策转变。

其次，关注合作双方的交互性和互助性是捕捉新型发展合作的重要视角。在中国走向共建"一带一路"国家，尤其是通过援助来支持低收入国家的过程中，这些援助项目和援助活动，给我们提供了非常珍贵的学习机会。比如在与坦桑尼亚合作十多年的"小技术大丰收""小豆子大营养"实践过程中，我们了解到新的作物种植系统，见识到非洲人如何同缺水、缺化肥、缺钱做斗争，尤其是他们如何提高食物的多样性、更好地获取植物蛋白等做法。这让我们能够更好地从全球视角、非洲视角去重新看待自己。

最后，行动研究和实践性是研究团队推动新发展知识孕育的重要方法论。一方面，在诸多发展中国家中，社会关系、管理机制与规范并非像成熟社会那样具有鲜明的文本指导，而大多隐藏在互动的现场中，因此，研究者需躬身入局，使自己成为"局内人"方能看见更加真实的隐藏"文本"；另一方面，我们注重倡导一种更加平等的知识建构过程，因为在行动研究中，研究者与被研究者将通过系列行动实践建立一种更能促进平等对话、加强浸润式日常互动和双向启发的关系，而非一方单方面"调研"另一方构建悬置性知识的不对称过程。此外，在实践场域中，相互对立冲突的理论范式之间往往能进行更有效的对话与融合，从而也更能提升新知识的有效性。无论聚焦国内的农村发展研究，还是聚焦海外，实践项目都是我们创新社会科学研究的重要方式。

为更好地凝练新发展知识体系孕育的成果，研究团队推出了"国际发展、区域国别与全球治理系列丛书"，旨在通过系列著作、译著、优秀博士论文、实地调研笔记、学术随笔等多种形式，以国际发展研究为专门领域，推动全球治理知识体系和区域国别等新型学科的建设。自 2022 年开始，国家在交叉学科门类下设立了"区域国别学"一级学科；同时，在公共管理学、区域国别学和政治学等一级学科下也陆续发布了"全球治理"与"全球与区域治理"等相关二级方向；"国际事务"专业硕士、国际 MPA、MPA 国际组织与社会组织管理方向，以及国际组织与全球治理等系列新型学科、专业的顶层部署都在深刻地塑造着中国社会科学知识版图和人才培养格局。在此学人共同努力、促进"关键性中层"体系转型的大潮中，我们期望贡献一臂之力。

丛书的研究和出版得到国家社科基金重点项目"西方发展援助与中国发展援助的战略政策对比分析"（16AZD017）、国家社科基金一般项目"多元主体共同参与中国对非援助机制的研究"（16BJ021）、国家社科基金重大项目"中国与'一带一路'国家有效分享减贫经验与模式的策略研究"（21&ZD180）、国家自然科学基金国际合作项目"'一带一路'背景下研究中国和中亚农业合作的方式路径和策略"（71961147001）、中国农业大学 2115 人才工程、中国农业大学全球农业发展与区域国别知识体系—基本科研业务专项资金、中国国际发展研究网络项目（二期）、比尔及梅琳达·盖茨基金会项目、酉阳国际乡村振兴学院建设项目等诸多支持，在此一并致谢。

  此外，该丛书还得到诸多同事和学生的支持，他们或提出修改建议，或进行文献检索，或帮助数据整理，或提供流程辅助，等等，在此一并致谢。该丛书第一辑即将付梓，仍觉不足，乃感永无完善之日。暂此，书中有疏漏贻误之处，敬请读者批评指正。

徐秀丽　唐丽霞　陆继霞

2024 年 10 月 15 日

序　言

农业是人类文明的基石，其诞生不仅标志着人类对自然资源初步驯化的成功，而且为定居生活奠定了基础，使聚落成为可能。从美索不达米亚的两河流域到中国的黄河与长江流域，从印度的恒河平原到埃及的尼罗河三角洲，农耕文明在不同地域独立兴起，为早期国家形态的出现提供了条件。在农业的滋养下，居住群落演变为城邦，城邦汇聚为国家，农业文明与技术随之在国家间开始流动。从最初依赖自然条件的刀耕火种，到改造大地的水利工程，再到蒸汽机轰鸣声中机械化农具的普及，直至当代基因编辑与信息技术的飞速发展，农业以一种静默却强有力的方式融入全球化的脉动之中。

在现代社会中，农业的角色早已远超粮食生产的范畴，成为经济基础、社会秩序乃至国家战略的关键要素。随着全球化的推进，农业从田间地头延伸到世界版图，从区域体系的生产活动走向全球贸易与合作的舞台。农业不仅承载着养育万物的使命，更成为连接国家与地区、塑造资源流动与分配、构建全球治理框架的纽带。随着农业从区域性活动向全球性产业转型，其影响力不断扩展，涉及粮食安全、生态保护、技术共享等具有公共物品特性的全球性议题。这些问题具有跨国界特性，单一国家难以独立应对，因此亟需全球范围内的协作和协调。同时，随着农业市场的全球化，国家间经济利益的深度交织使得国际贸易、补贴政策、粮食援助等复杂议题迫切需要制定共同协调和更为有效的规则和治理框架。全球农业治理的兴起和发展，既是应对农业领域全球性挑战的必然结果，也体现了人类共同追求可持续发展与公平正义的理想。通过多边机制与国际合作，全球农业治理不仅促进了资源共享，也为农业系统的稳定与公平发展提供了强有力的支撑，展现出其显著的公共属性，并在全球治理的多维度、多层次架构中占据了战略核心位置。

本书围绕全球农业发展的历史脉络、生产系统、价值链、科技体系、治理框架以及未来全球农业发展方向，构建了一个全面的分析框架，力图呈现出全球化与全球农业交织下的多维度、动态化的全球农业发展图景。第一章从历史视角解析全球农业的起源与发展，追溯农业从区域性活动到全球化产业的演变，重点探讨农产品市场形成与品牌发展的过程。第二章分析北美洲、欧洲、亚洲和非洲四大区域的农业生产系统，剖析各区域农业资源分布、产业格局及生产方式的特点与挑战。第三章聚焦全球农业价值链，从其概念与类型出发，探讨跨国投资、治理形式及全球性突发事件对农业价值链的深远影响。第四章审视全球农业科技的发展与合作，通过科技传播、组织体系及合作模式的分析，揭示科技如何推动农业现代化与全球治理架构的完善。第五章梳理全球农业治理体系的概念与发展历程，阐明治理主体、规则及其演变，为理解全球治理的内涵提供框架。第六章展望全球未来农业，聚焦绿色农业、数字农业、基因农业与营养导向型农业，探讨其核心理念、发展趋势及应对全球挑战的策略。本书在呈现全球农业发展过程中，重点剖析了农业资源在全球范围内的流动与分配如何塑造国家间的互动关系，旨在揭示全球农业发展与全球治理议题的深层次挑战，为理解当代农业问题以及未来全球治理提供全新视角。

农业农村问题是全球发展进程的核心，也是世界上主要发展中国家实现现代化转型的基础性问题，同时也是实现全球可持续发展议程的首要目标。然而，随着全球化的加速发展，传统的国家研究框架逐渐难以有效应对跨国界、跨区域日益复杂的全球性挑战。当前我们尚缺乏全球农业与国际农村发展议题的系统框架，诸多问题需要我们回答，例如：世界各地不同国家和地区农业发展的模式和特点是什么？全球农业科技研发和技术传递的路径是什么？全球农业价值链如何分配？全球粮农治理的主体和模式是什么？未来农业发展的趋势是什么？其中隐藏着哪些机遇和挑战？这些都是全球农业的核心议题，也是国际发展、区域国别与全球治理等专业在农业农村领域的具体表达。本书将探索性地从更加多元的区域国别学科视角回答上述问题，分析各国和地区在全球农业体系中的作用及其相互关系。这一视角有助于识别农业资源流动如何深刻影响区域经济、社会结构乃至国际关系。通过跨学科的融合与对话，全球农业与区域国别政策之间的互动关系将得到更深入的探讨。

2017年中国农业大学设立了中国南南农业合作学院/一带一路农业合作学院。2018年，学校推动设立了"一带一路"南南合作农业教育科技创新联盟，成员涉及全国涉农高校40多所，一带一路高校30多所。此后，南南农业合作学院又在中国农村发展学会下推动设立了国际农村发展专委会。这些机构与机制建设在推动中国农业"走出去"、加强跨国乡村振兴经验互鉴、促进中国与涉农国际组织，以及推动国际农村发展与全球农业学者之间交流合作等方面做出了积极的贡献。相信此书的出版将进一步推动国际发展与全球农业知识体系建设。

李小云

2025年3月1日

目 录

缩略术语表	001
第一章 全球农业起源与发展	001
第一节 全球农业早期阶段（15 世纪~18 世纪 60 年代）	004
第二节 全球农业现代化成长阶段（18 世纪 60 年代~20 世纪中叶）	019
第三节 全球农业现代化扩张阶段（20 世纪中叶至今）	032
小 结	041
第二章 全球农业生产系统	043
第一节 北美洲农业生产系统	045
第二节 欧洲农业生产系统	077
第三节 亚洲农业生产系统	102
第四节 非洲农业生产系统	122
第三章 全球农业价值链及其治理	143
第一节 全球农业价值链概况	146

第二节　全球农业价值链图景 ·················· 154
第三节　全球治理视角下的全球农业价值链 ············ 162
第四节　全球事件对农业价值链的影响 ·············· 175

第四章　全球农业科技系统 ·················· 185
第一节　全球农业科技发展历程 ················ 187
第二节　全球农业科技合作主体 ················ 200
第三节　全球农业科技合作方式 ················ 227
小　结 ···························· 232

第五章　全球农业治理体系 ·················· 235
第一节　全球农业治理的概念与发展 ·············· 237
第二节　全球农业治理的主体和规则 ·············· 247

第六章　全球未来农业 ···················· 275
第一节　以生态理念为核心的绿色农业 ············· 277
第二节　以现代信息技术为核心的数字农业 ··········· 293
第三节　以生物技术为支撑的基因农业 ············· 306
第四节　以营养为导向的现代农业生产 ············· 318

附录：全球农业相关组织介绍 ·················· 343

表目录

表 2-1　北美洲土地资源分布情况 …………………… 048
表 2-2　北美洲水资源分布情况 ……………………… 050
表 2-3　北美洲代表性国家农业人口比重（2020 年）
　　　　………………………………………………… 055
表 2-4　欧盟部分国家 2020~2022 年农作物产值 ……… 086
表 2-5　欧盟部分国家 2020~2022 年谷物产量 ………… 087
表 2-6　1970~2020 年撒哈拉以南非洲的人均耕地面积变化
　　　　………………………………………………… 123
表 2-7　非洲主要国家及撒哈拉以南非洲农村人口数量
　　　　………………………………………………… 128
表 2-8　2015~2021 年非洲玉米、大豆、薯类、棉花产量
　　　　情况 ………………………………………… 130
表 3-1　不同价值链治理模式的主要驱动因素、机制
　　　　和行动者 …………………………………… 166
表 4-1　中国、印度和巴西三国绿色革命对比 ……… 195
表 4-2　CGIAR15 个研究中心和 CGIAR 系统组织概览
　　　　………………………………………………… 205
表 4-3　英国环境、食品与农村事务部委员会概览 …… 212

表 4-4	欧盟农业和农村发展总司研究与创新项目专题	219
表 4-5	国际农业研究与发展中心协会组织概览	225
表 5-1	全球农业治理主体	249
表 6-1	日本农业发展相关政策演进	285
表 6-2	部分国家为支持数字农业发展制定的重要政策	298
表 6-3	与营养议题相关的国际重大事件与成果	334

图目录

图 2-1　欧盟各国 1990 年与 2020 年林地面积变化率 ………………………………………… 083
图 2-2　欧盟部分国家 2000 年与 2019 年木材储量变化率 ………………………………………… 089
图 2-3　欧盟部分国家 2000 年与 2019 年每公顷林业附加产值 ………………………………………… 090
图 2-4　欧洲捕捞渔业产量 …………………… 091
图 2-5　2000~2019 年亚洲人均耕地面积 ……… 103
图 4-1　CGIAR 系统治理结构 ………………… 203
图 4-2　美国农业部组织结构 ………………… 210
图 4-3　日本农林水产省组织机构 …………… 216
图 4-4　欧盟农业和农村发展总司组织结构 …… 218
图 6-1　新共同农业政策的框架 ……………… 289
图 6-2　营养导向型农业概念框架 …………… 325

缩略术语表

A

ADM Archer Daniels Midland　阿彻丹尼尔斯米德兰公司

AEA Agricultural Extension Agent　农业推广代理人

AGRA Alliance for a Green Revolution in Africa　非洲绿色革命联盟

AGP Agricultural Growth Project　埃塞俄比亚农业增长项目

AIRCA Association of International Research and Development Centers for Agriculture　国际农业研究与发展中心协会

AOA Agreement on Agriculture　农业协议

APEC Asia-Pacific Economic Cooperation　亚太经合组织

ARAC Audit and Risk Assurance Committee　审计和风险保证委员会

ARS（USDA）Agricultural Research Service　（美国农业部）农业研究服务中心

AU African Union　非洲联盟

AVRDC World Vegetable Center　世界蔬菜中心

B

BDP Federal Association of German Plant Breeders

Association 德国植物育种者联邦协会

BEIS Department for Business, Energy & Industrial Strategy 英国商业、能源和工业战略部

BMEL Federal Minister of Food and Agriculture 德国联邦粮食和农业部

BRC British Retail Consortium 英国零售商协会

BTAG Biodiversity Target Advisory Group 生物多样性目标咨询小组

BTF Bilateral Trust Fund 双边信托基金

C

CAADP Comprehensive Africa Agriculture Development Programme 非洲农业综合发展计划

CAAS Chinese Academy of Agricultural Sciences 中国农业科学院

CABI Centre for Agriculture and Biosciences International 国际农业和生物科学中心

CAC Codex Alimentarius Commission 国际食品法典委员会

CAC Colonial Advisory Council on Agriculture and Animal Health 殖民地农业和动物健康咨询委员会

CAP Common Agricultural Policy 共同农业政策

CATIE Tropical Agricultural Research and Higher Education Center 热带农业研究和高等教育中心

CBD Convention on Biological Diversity 生物多样性公约

CFF Crops for the Future 未来作物

CFS The Committee on World Food Security 世界粮食安全委员会

CGIAR Consultative Group for International Agricultural Research　国际农业研究磋商组织
CGRFA Commission on Genetic Resources for Food and Agriculture　粮食和农业遗传资源委员会
CPM The Commission on Phytosanitary Measures　植物检疫措施委员会
CSA Climate-smart Agriculture　气候智慧型农业
CSBA Canadian Swine Breeders Association　加拿大种猪育种者协会

D

DDTS Digital, Data and Technology Services　数字、数据和技术服务
DEFRA Department for Environment, Food and Rural Affairs　英国环境食品与农村事务部
DFAT Australian Government Department of Foreign Affairs and Trade　澳大利亚外交与贸易部
DFID Department for International Development　英国国际发展部
DfT Department for Transport　英国交通部
DG AGRI Directorate-General for Agriculture and Rural Development　欧盟农业和农村发展总司

E

ECOSOC Economic and Social Council　联合国经济及社会理事会
EIPs European Innovation Partnerships　欧洲创新伙伴关系
EIP-AGRI European Innovation Partnership for Agriculture Productivity and Sustainability　欧洲创新伙伴关系"农业生产

力和可持续性"

ERS（USDA）Economic Research Service （美国农业部）经济研究服务中心

EU European Union 欧洲联盟

EUREPGAP Euro-Retailer Produce Working Group Good Agricultural Practice 欧盟良好农业规范

ExCo（Defra）Executive Committee （英国环境食品与农村事务部）执行委员会

F

FAO Food and Agriculture Organization of the United Nations 联合国粮食及农业组织

FBDGs Food-Based Dietary Guidelines 埃塞俄比亚国家膳食指南

FCD French Retail Federation 法国零售和批发商联合会

FCDO Foreign, Commonwealth & Development Office 英国外交、联邦和发展事务部

FFSs Farmer Field Schools 田间学校

FIES Food Insecurity Experience Scale 食物不安全体验量表

FMD Foot-and-Mouth Disease 口蹄疫

G

GAECs Good Agricultural and Environmental Conditions 良好农业和环境规范

GAIN Global Alliance for Improved Nutrition 全球改善营养联盟

GATT General Agreement on Tariffs and Trade 关税与贸易总协定

GDPRD Global Donor Platform for Rural Development 全球农村发展捐助平台

GEF Global Environment Facility 全球环境基金

GFFA Global Forum for Food and Agriculture 全球食物与农业论坛

GFSI Global Food Safety Initiative 全球食品安全倡议

GLOBAL G. A. P GLOBAL Good Agricultural Practice 全球良好农业规范

GPS Global Positioning System 全球定位系统

GR Green Revolution 绿色革命

GTP（Ethiopia's）Growth and Transformation Plan （埃塞俄比亚）增长与转型计划

G7 Group of Seven 七国集团

G20 Group of Twenty 二十国集团

H

HACCP Hazard Analysis Critical Control Point 危害分析和关键控制点

HDDS Household Dietary Diversity Score 家庭膳食多样化指标

HDE Handelsverband Deutschland 德国食品零售商联合会

HLPE High Level Panel of Experts on Food Security and Nutrition 食物安全与营养高级别专家小组

HYVs High-Yielding Varieties 高产品种

I

IAB Imperial Agricultural Bureaus 帝国农业局

ICBA International Center for Biosaline Agriculture 国际生物盐碱农业中心

ICIMOD International Centre for Integrated Mountain Development 国际山区发展中心

ICIPE International Centre of Insect Physiology and Ecology 国际昆虫生理生态中心

ICM Integrated Crop Management 作物综合管理

ICN International Conference on Nutrition 国际营养大会

ICN 2 Second International Conference on Nutrition 第二届国际营养大会

IFAD International Fund for Agricultural Development 国际农业发展基金

IFDC International Fertilizer Development Center 国际肥料发展中心

IFS International Food Standard 国际食品标准

IIA International Institute of Agriculture 国际农业研究所

ILO International Labor Organization 国际劳工组织

IMF International Monatary Fund 国际货币基金组织

INBAR International Network for Bamboo and Rattan 国际竹藤网络

IPC Integrated Pest Control 病虫害综合防治

IPCC Intergovernmental Panel on Climate Change 联合国政府间气候变化专门委员会

IPGRI International Plant Genetic Resources Institute 国际植物遗传资源研究所

IPPC International Plant Protection Convention 国际植物保护公约

IRRI International Rice Research Institute 国际水稻研究所

ISO International Organization for Standardization 国际标准

化组织

ISPMs International Standards for Phytosanitary Measures 国际植物检疫措施标准

ITPGRFA International Treaty on Plant Genetic Resources for Food and Agriculture 《粮食和农业植物遗传资源国际条约》

J

JAS Japanese Agricultural Standard 日本农业标准化管理制度

JNCC Joint Nature Conservation Committee 英国联合自然保护委员会

JRC Joint Research Centre of the European Commission 欧洲联合研究中心

L

LDC Louis Dreyfus Company 路易达孚公司

M

MAFF The Ministry of Agriculture, Forestry and Fisheries of Japan 日本农林水产省

MDGs Millennium Development Goals 千年发展目标

MERCOSUR Mercado Común del Sur 南方共同市场

MHCLG Ministry of Housing, Communities and Local Government 住房、社区和地方政府部

MSI Multi-Stakeholder Initiatives 多方利益攸关者倡议

N

NASS National Agricultural Statistics Service 美国国家农业统计局

NCC Nature Conservancy of Canada 加拿大大自然保护协会

NCD Noncommunicable Disease 非传染性疾病

NCRR National Center For Research Resources 美国国家研究资源中心

NDPB Non-departmental Public Bodies 非部门公共机构

NEPAD New Partnership For Africa's Development 非洲发展新伙伴关系

NGRP National Genetic Resources Program 美国国家遗传资源计划

NIFA（USDA）National Institute of Food and Agriculture （美国农业部）粮食和农业研究所

NNP National Nutrition Program 国家营养项目

NOAA National Oceanic and Atmospheric Administration 国家海洋和大气管理局

NordGen Nordic Genetic Resource Center 北欧遗传资源中心

NPGS National Plant Germplasm System 美国国家植物种质资源系统

NSA Nutrition Sensitive Agriculture 营养导向型农业

NSAFS Nutrition Sensitive Agriculture Food System 营养导向型农食系统

NSAP Nutrition Sensitive Agriculture Programme 营养导向型农业项目

N4G Nutrition for Growth 营养促增长

O

OCS（USDA）Office of the Chief Scientist （美国农业部）首席科学家办公室

OECD Organization for Economic Co-operation and

Development 经济合作与发展组织

OEEC Organization for European Economic Cooperation 欧洲经济合作组织

OIE Office International des Epizooties 国际兽疫局

P

PGRC Plant Gene Resources of Canada 加拿大植物基因资源保护

PIDA Programme for Infrastructure Development in Africa 非盟基础设施发展项目

PLW Pregnant and lactating women 孕妇和哺乳期妇女

PNH Projet Nutrition et Hygiène 营养与卫生项目

Q

QMS Quality Management System 质量管理体系

R

RDB Regional Development Bank 区域开发银行

S

SAC Scientific Advisory Committee 科学咨询委员会

SAI Social Accountability International 社会责任国际组织

SDGs Sustainable Development Goals 联合国可持续发展目标

SEP (USDA) Scientific Exchange Program （美国农业部）科学交流计划

SMRs (EU) Statutory Management Requirements （欧盟）法定管理要求

SOFI State of Food Security and Nutrition in the World 世界食物及农业状况

SPS Agreement on the Application of Sanitary and Phytosanitary Measures 卫生和植物卫生措施协定

SRCCL Special Report on Climate Change and Land 《气候变化与土地特别报告》

SSEG Social Science Expert Group 社会科学专家组

SUN Scaling Up Nutrition (Movement) 加强营养（运动）

T

TCP (FAO) Technical Cooperation Programme （联合国粮食及农业组织）技术合作计划

TRIPs Agreementation Trade-Related Aspects of Intellectual Property Rights 与贸易有关的知识产权协定

U

UNEP United Nations Environment Programme 联合国环境规划署

UNESCO United Nations Educational, Scientific and Cultural Organization 联合国教育、科学及文化组织

UNDP United Nations Development Programme 联合国开发计划署

UNICEF United Nations International Children's Emergency Fund 联合国儿童基金会

UNIFEM United Nations Development Fund for Women 联合国妇女发展基金

UNSCN United Nations System Standing Committee on Nutrition 联合国系统营养问题常设委员会

USAID United States Agency for International Development 美国国际开发署

USDA United States Department of Agriculture 美国农业部

USGS U.S. Geological Survey 地质调查局数据库

V

VSLAs Village Savings and Loans Association 村储贷协会

W

WASH Poor water, sanitation and hygiene 营养、水、环境卫生及个人卫生

WB World Bank 世界银行

WBG World Bank Group 世界银行集团

WFO World Farmers' Organisation 世界农民组织

WFP World Food Programme 世界粮食计划署

WHO World Health Organization 世界卫生组织

WMO World Meteorological Organization 世界气象组织

WOAH World Organisation for Animal Health 世界动物卫生组织

WTO World Trade Organisation 世界贸易组织

CHAPTER

1

第一章

全球农业起源与发展

尽管人类农业文明的起源呈现多中心地理分布特征，但随着族群迁徙、贸易网络扩展与技术传播，农业知识的跨区域流动催生了持续数千年的动态交互。这种由人口迁移、文化接触和生态适应共同驱动的农业技术扩散，本质上是前工业时代最深刻的全球化实践。基于此，全球农业体系可被视为人类在时间纵轴上积累的农业智慧与空间横轴上不断交流重建的复杂适应系统。

农业不仅是人类赖以生存和发展的基础，也是经济发展、社会安定、国家自立的基础。[①] 农业发展经历了以石器工具为代表的原始农业阶段、以铁制工具为代表的传统农业阶段、圈地运动开启的近代农业阶段，以及智能化、机械化的现代化农业阶段。[②] 全球农业是在全球范围内进行的农业生产、加工、分配和消费等一系列活动和相关关系的总和。随着现代化的发展和日益复杂的全球性议题的不断涌现，全球农业需要新的视角和新的定义。全球农业意味着农业因素融入全球经济体系，农业作为一种国家资源，被构建成为一种全球经济价值。全球农业的发展历程是一个复杂而长期的过程，与全球化的发展阶段紧密相关。15世纪末的地理大发现推动了早期全球化，人类社会开始由分散成长踏上整体发展的一体化进程。18世纪中叶的工业革命推动了西方国家的工业化进

[①] 徐绍英：《农业概论》，四川科学技术出版社，1990。
[②] 徐绍英：《农业概论》，四川科学技术出版社，1990。

程和全球化进程,世界市场初步形成。20世纪80年代末,全球化进入第三阶段,信息技术革命的发展,世界贸易组织(WTO)、国际货币基金组织(IMF)和世界银行(WB)等多边贸易体系的建立,区域经济一体化的发展,共同促进了全球化。自21世纪初以来,数字化和人工智能的发展、新兴经济体的崛起和全球治理体系的变革使得各国之间的经济联系更加紧密。依据全球化的发展阶段,本章将全球农业的发展历程划分为三个主要阶段:全球农业早期阶段(15世纪到18世纪60年代)、全球农业现代化成长阶段(18世纪60年代到20世纪中叶)、全球农业现代化扩张阶段(20世纪中叶至今)。

第一节 全球农业早期阶段
(15世纪~18世纪60年代)

全球农业的理念起源于早期殖民主义时期,彼时农业是早期殖民帝国对外扩张的关键驱动力之一。[①] 对于本土没有或稀缺的农产品的追求与渴望,推动了西方国家进行殖民扩张,从而加速了殖民主义的发展。在殖民扩张和国际贸易的推动下,不同国家和地区逐渐形成了世界市场和全球农业市场。换言之,农业的全球化是在殖民帝国全球扩张的过程中孕育而生的。在这个过程中,掌握先进农业技术的人才日益受到重视,他们对于推动本国及殖民地的农业发展起到了积极作用。随着这一进程的推进,农业发展开始呈现技术化、专业

[①] Joseph Morgan Hodge, *Triumph of the Expert: Agrarian Doctrines of Development and the Legacies of British Colonialism* (Ecology & History), Ohio: Ohio University Press, 2007, pp. 54-90.

化、科学化的趋势。并且，建立在殖民主义基础上的知识体系与组织体系，为农业全球化的发展奠定了基础。

一 全球农业早期阶段的特点

从地理大发现到18世纪60年代是世界市场的孕育期，也是全球农业市场的初步发展时期。1415年，葡萄牙人在航海家亨利王子的带领下首先改进了航海技术，踏上了航海探险之路，欧洲成为世界海路的中心。从1500年到1700年，西欧政治统治逐渐扩张，扩张的欧洲式社会跨越北大西洋建立起来，并向东扩张到西伯利亚。[①] 地理大发现意味着世界从分散孤立走向集中统一，这不仅促进了农作物的广泛传播，而且促进了欧洲经济和资本主义的发展。世界走向统一是世界市场和全球农业市场形成的基础。正如《共产党宣言》所言："美洲的发现、绕过非洲的航行给新兴资本主义开辟了活动场所，东印度和中国的市场、美洲的殖民化、对殖民地的贸易、交换手段和一般商品的增加，使商业、航海业和工业空前高涨……"[②]

早期的全球农业体系是建立在经济互补性之上的，商业贸易是其最主要的途径。农业产品的供给者依靠海运和陆运商队将稀有物品从产地运送到消费地，从而在不同地区形成不同的商业贸易圈子。随着欧洲、亚洲与美洲的一批沿海口岸因贸易逐渐成为社会革新和相互影响的舞台，全球农业市场的雏形出现了。16世纪，殖民主义的迅速扩张促进了各地

[①] 威廉·麦克尼尔：《西方的兴起人类共同体史》，孙岳、陈志坚、于展等译，郭方、李永斌译校，中信出版社，2018，第571页。
[②] 卡尔·马克思，弗里德里希·恩格斯：《共产党宣言》，中共中央马克思恩格斯列宁斯大林著作编译局译，人民出版社，2018，第28页。

农业文明的相互交流和碰撞,并促使早期的全球农业体系萌芽和发展。正如葡萄牙历史学家戈丁诺(Vitorino Magalhaes-Codinho)所言,"农业是葡萄牙向大西洋岛屿殖民的主要动机"①。全球农业体系的早期阶段主要呈现以下三个特点。

一是农业贸易中心发生转移。新航路开辟之后,欧洲的贸易中心从地中海转移到大西洋沿岸。意大利主要城市的商业地位渐渐降低,葡萄牙的里斯本、西班牙的加的斯和塞维利亚、尼德兰的安特卫普、荷兰的阿姆斯特丹、英国的伦敦和利物浦、法国的波尔多和南特等城市迅速崛起。②

二是以玉米为代表的农作物在全球传播。美洲的玉米、土豆、烟草、可可和棉花,中国的茶叶,印度的蔗糖、香料,东非的咖啡等各色各样的粮食作物和经济作物在全球范围内传播。玉米是印第安人的传统作物和主食,哥伦布在首次远航至美洲时就发现了玉米。此后,玉米开始在地中海沿岸各国被广泛种植。16世纪中叶,玉米传入亚洲、西非和中非。③烟草在美洲有着2000年的栽培、加工和吸食的历史,1520年,烟草种子被带到西班牙,1531年西班牙人役使印第安人在海地种植烟草。1558年,烟草被带入葡萄牙。16世纪60年代,随着西班牙和葡萄牙的海外殖民扩张,烟草也被带入菲律宾等地,之后被引入中国。④

三是农业经营方式发生改变。正如沃勒斯坦(Immanuel Maurice Wallerstein)所描述的那样,16世纪的殖民扩张不只

---

① 伊曼纽尔·沃勒斯坦:《现代世界体系第1卷:16世纪的资本主义农业和欧洲世界经济体的起源》,郭方、刘新成、张文刚译,社会科学文献出版社,2013,第94页。
② 张箭:《地理大发现研究15—17世纪》,北京:商务印书馆,2002。
③ 张箭:《地理大发现研究15—17世纪》,北京:商务印书馆,2002。
④ 张箭:《地理大发现研究15—17世纪》,北京:商务印书馆,2002。

是地理范围的扩张，它也是经济扩张，因为这是一个人口增长、农业生产力进步以及"第一次产业革命"发生的时代，它标志着欧洲与世界其他居民区经常性贸易联系的确立。经济地理意义上的边缘地区（东欧和西班牙美洲殖民地）存在两种主要活动，一种是以生产黄金为目的的采矿业，另一种是以生产某种食品为主要目的的农业，西班牙美洲殖民地以前者为主，东欧以后者为主。这些边缘地区单一经营的趋势日益明显，而在处于世界中心的西欧地区，农业更加集约化、多样化和专业化。①

在全球农业发展的早期阶段，以民族国家为主导的重商主义是商业贸易的主导思想，商业资本主义在这一时期形成。海洋贸易和工场手工业成为资本主义生产方式的基本形态，②资本主义通过压榨剩余价值开始原始积累，出现了殖民与奴役的政治经济不平等关系。不同地区的粮食作物和经济作物通过海洋贸易在全球范围广泛传播，全球农业发展呈现多样性和差异化分工的特点。

二　全球性农产品的诞生与流通

全球性农产品是指能够在全世界范围内进行传播和交易的农业产品，是全球农业思想起源和发展的基本载体之一。全球性农产品不仅强调农产品生产效率和农业成本收益，而且与国际政治和全球治理密切相关。就农业产品的跨国、跨地区传播而言，中国培育的水稻品种早在3000年前就传入了

---

① 伊曼纽尔·沃勒斯坦：《现代世界体系第1卷：16世纪的资本主义农业和欧洲世界经济体的起源》，郭方、刘新成、张文刚译，社会科学文献出版社，2013，第192页。
② 何自力、乔晓楠、王俊、苏立君：《去工业化逆全球化与经济停滞常态化——一个观察当代资本主义的新视角》，经济科学出版社，2021，第18~30页。

朝鲜和越南，约 2000 年前传入日本。另有文献记载，中国育成的良种猪在汉代就传到罗马帝国，18 世纪传到英国。中国发明的养蚕缫丝技术，2000 多年前就传入越南，3 世纪前后传入朝鲜、日本，6 世纪时传入希腊，10 世纪前后传入意大利。全球性农产品在一定程度上浓缩了全球特定历史时期的形成与变革过程。茶叶、香料、棉花、玉米等代表性农产品的全球流通，体现了全球性农产品流通与全球历史交织的复杂过程。

（一）全球性农产品——茶叶

茶是全球主要饮料之一，也是全球性农产品中极具代表性的一种。中国是茶树原产地，日本、俄国、印度、斯里兰卡、英国以及法国等国家，都先后从中国引种了茶树。而茶叶发展为全球性农产品与一系列历史事件密切相关。

明朝末期的中国，土地兼并严重，经济日渐衰退。而同时期的欧洲正经历殖民早期的一系列发展变化：英国爆发资产阶级革命，斯图尔特王朝倒台，西班牙、葡萄牙、荷兰等国积极建设贸易基地并不断扩张海外殖民地，疯狂搜刮世界财富。与此同时，中国对外出口的三大商品——茶、陶瓷、丝绸已经风靡全球，喝茶逐渐成为英国贵族阶级气质、品位、身份和地位的象征，茶的价格已经达到了咖啡的十倍，但此时茶树几乎只在中国种植。英国人要想尝到上好的茶叶，就必须用银圆从中国购买。正因西方人对东方茶叶、陶瓷和丝绸的向往，中国的对外贸易一度处于顺差的状态。正如萨拉·罗斯（Sarah Rose）所言："中国利用对这种饮品的完全控制，统治了英国人的品位达两个世纪之久。"[①] 第一次鸦片

---

① 萨拉·罗斯：《茶叶大盗改变世界史的中国茶》，孟驰译，社会科学文献出版社，2015，第 14 页。

战争结束时皇家园林协会派植物学家罗伯特·福钧前往中国考察,之后,英国的东印度公司为了控制茶市场,赚取最大的利润,再次委派罗伯特·福钧秘密前往中国偷取茶叶。罗伯特·福钧五次前往中国,跑遍中国的大江南北,深入茶叶种植山区,并且偷运出了茶树、茶种和有经验的制茶工人,将之带到印度。由此,茶树开始在世界各地被广泛种植,促进了茶叶在全球范围的迅速普及。

萨拉·罗斯认为,"植物商品的三角贸易是此时推动世界经济运转的原动力,帝国的车轮随作物的生长、加工与销售而转动:大不列颠从印度鸦片和中国茶叶中均分得一杯羹"①。植物贸易为英国积累了巨额财富,为工业革命的崛起奠定了坚实基础。在这一过程中,以罗伯特·福钧为代表的"植物猎人"被派遣至各地殖民地,进行植物的搜集与盗取,这种带有帝国主义色彩的植物政策,成为英国榨取殖民地经济价值的策略。"植物猎人"从中国盗取茶叶后,迅速在印度、缅甸、东非等地推广茶叶种植,使得茶叶如同鸦片一般,成为英国殖民扩张的利器。1773年,英国政府为助东印度公司清仓,允许其将积压茶叶销往北美殖民地,并免除高额进口税,同时对本地茶叶课以重税,这一举措引发了"波士顿倾茶事件",这一事件成为美国独立战争的导火索。随后,北美13个殖民地颁布《独立宣言》,莱克星顿的枪声唤醒了整个北美。美国独立战争终结了英国在北美的殖民统治,实现了美国的独立,同时也间接推动了欧洲和拉丁美洲的革命浪潮。综上所述,茶叶在成为全球性农产品的过程中,不仅给殖民地人民带来了深

---

① 萨拉·罗斯:《茶叶大盗改变世界史的中国茶》,孟驰译,社会科学文献出版社,2015,第14页。

重的灾难,还在一定程度上推动了封建制度的瓦解和资本主义的发展。

(二) 全球性农产品——香料

早在古埃及、古希腊和古罗马时期,香料就已经被广泛使用,人类从各种植物中提取香料,并将其用于制作木乃伊和举办祭祀活动。肉桂、胡椒、丁香和肉豆蔻等香料一度被视为财富与地位的象征,承载着深远的社会意义和重要的精神内涵。它们不仅激发了无数商贾的贩运热情,而且在历史上留下了浓墨重彩的一笔。其中,被称作"黑色黄金"的胡椒不仅曾是贵重的贸易货物,还被当作实物货币使用,由于其不易得的属性,胡椒的价值曾经几乎与白银相当。[1] 据记载,欧洲人与香料的首次接触可追溯至公元前331年,当时亚历山大大帝征服埃及,希腊人从而获得了关于香料植物的宝贵知识。这些知识迅速融入希腊人的生活,他们发现香料不仅能增添食物的美味,还能让空气变得更加清新宜人。香料的广泛使用,无疑显著提升了古代社会人们的生活品质。[2]

香料在历史上扮演了促进东西方贸易的重要角色。从5世纪到12世纪,香料成为连接东方与西方商路的重要商品,它们在犹太人和阿拉伯商人的贩运下,连接了亚洲和欧洲,这些商人一度在香料贸易中占据主导地位,并因此积累了巨额财富。到了9世纪,威尼斯的商人开始在君士坦丁堡购买来自东南亚的丁香、肉桂、豆蔻和胡椒等珍贵香料,并将它

---

[1] 杜君立:《香料的诱惑——地理大发现的经济动因》,《企业观察家》2015年第12期。
[2] 杜君立:《香料的诱惑——地理大发现的经济动因》,《企业观察家》2015年第12期。

们转销至欧洲,从中获利丰厚。从10世纪起,基督教商人逐渐成为香料贸易的中坚力量。此外,十字军东征为西方世界获取东方的奢侈品提供了新的途径,进一步刺激了欧洲市场对香料的需求,推动了香料贸易的快速发展。14世纪,随着贸易条件的不断完善,西欧对香料的追求和需求达到了前所未有的高度,香料贸易因此进入了鼎盛时期。

西欧人最初认为香料是神秘的、不易获得的,将盛产香料的东方想象成人间伊甸园。西欧人以香料为媒介,将东方想象成富饶与野蛮兼具的土地。① 此时,香料成为西欧崛起和近代早期全球政治经济大变革的催化剂。作为奢侈品的香料被欧洲贵族大量消费,刺激西欧社会积极提高生产力和寻找贵金属,开辟了通往东方的新航路。② 然而,随着新航路的开辟,香料"走下神坛",成为普通商品,开始进入日常生活,彻底改变了西欧人关于东方与香料的观念,而且随着西欧的崛起,欧洲人将东方香料重新符号化,赋予其异域、女性化、欲望、颓废等意义。③ 同时,新航路的开辟对黎凡特贸易④和长期垄断欧洲香料贸易的威尼斯造成重大冲击,使欧洲香料市场的结构发生了革命性变化。⑤ 贵族的财产主要以奢侈品债务的形式转移到了资产阶级手中。丰厚的利润为商人阶级积

---

① 田汝英:《香料与中世纪西欧人的东方想象》,《全球史评论》2017年第2期。
② 田汝英:《"贵如胡椒":香料与14—16世纪的西欧社会生活》,博士学位论文,首都师范大学,2013,第1页。
③ 田汝英:《香料与中世纪西欧人的东方想象》,《全球史评论》2017年第2期。
④ 黎凡特贸易:指的是中世纪在黎凡特地区(Levant,指地中海东部沿海地区,包括现今的叙利亚、黎巴嫩、以色列、巴勒斯坦、约旦等国家和地区)进行的贸易活动。
⑤ 田汝英:《葡萄牙与16世纪的亚欧香料贸易》,《首都师范大学学报(社会科学版)》2013年第1期。

累了资本,使其能够完成从贸易资本主义到工业资本主义的转变。① 在全球农业市场中,香料逐渐成为东方世界与西方世界竞争、融合的载体。正如加里·保罗·纳卜汉(Gary Paul Nabhan)所言,"我们对于香料贸易最难忘的印象,来自中东的地中海海岸,也就是东方与西方世界相遇、竞争与融合之处"②。

(三) 全球性农产品——棉花

棉花的历史悠久,其栽培、纺纱和织造技术在世界三大区域——南亚、东非和美洲中部——独立演化发展。棉花作为一种卓越的布料原料,以其柔软舒适、耐磨耐用、轻盈透气、易于着色和清洗的特性而著称。早在公元前3000年,印度次大陆的居民便首次发现可以利用棉花纤维纺线。到了公元前6世纪,印度制造的棉纺织品已经远销至埃及,商人将这些棉织品运送至红海和波斯湾沿岸的多个港口,随后希腊商人再将这些商品从埃及和波斯转运至欧洲。印度因此成为全球棉花贸易的枢纽,与罗马帝国、东南亚、中国、阿拉伯世界、北非以及东非地区均建立了贸易联系。大约500年前,在墨西哥太平洋沿岸地区,棉花种植已相当普遍,当地居民精通棉花纺线、织布、染色及裁缝技术。他们精心制作的布料往往作为珍贵的贡品被献给阿兹特克帝国的统治者。③

在19世纪以前,棉花产业的主导形式是家庭自产自用的

---

① 余昕:《香料与世界》,《民族学刊》2017年第8期。
② 加里·保罗·纳卜汉:《香料漂流记:孜然、骆驼、旅行商队的全球化之旅》,吕奕欣译,天地出版社,2017,第15页。
③ 斯文·贝克特:《棉花帝国》,徐轶杰、杨燕译,民主与建设出版社,2019,第76页。

生产。作为一种劳动密集型产品，棉纺织品不仅具有重要的保值功能，还成为广泛使用的交换媒介。在全球范围内，统治者们征收棉布作为贡品和赋税，棉布不仅作为纳税的物品，还兼具货币的职能。棉布之所以成为理想的交换媒介，是因为其便于长途运输、不易腐败以及高价值的特点。随着需求的增长，作坊式的棉花生产逐渐普及，印度等地出现了专业的织工，他们被迫为政府工作，但报酬微薄，工作环境极差。欧洲最早的非伊斯兰棉花产业中心兴起于意大利北部，如米兰、阿雷佐、博洛尼亚、威尼斯和维罗纳等城市成为产业的枢纽。随着航运技术的进步，大宗商品的运输成本降低，威尼斯成为欧洲首个棉花集散地。然而，到了16世纪，面对新兴的奥斯曼帝国，威尼斯失去了对地中海贸易的控制权。奥斯曼帝国积极推动国内工业发展，并限制原棉的出口，从而影响了棉花产业的格局。①

美国历史学家斯文·贝克特提出了一种新的观点："我们通常认为资本主义始于1780年左右的工业革命，然而，在机器和工厂时代来临之前，16世纪便已经出现了战争资本主义的雏形。"② 这一观点挑战了史学家们的传统看法，以往他们倾向于将资本主义发展模式划分为英荷模式与日德模式，认为前者主要依靠资本的"自然"增长，而后者则更多受到国家政策的引导。贝克特对此进行了补充，他指出，在英国由战争资本主义向工业资本主义转型的过程中，国家的作用被严重忽视了。工业革命的成功，极大地依赖于国家事先构建

---

① 斯文·贝克特：《棉花帝国》，徐轶杰、杨燕译，民主与建设出版社，2019，第99页。
② 斯文·贝克特：《棉花帝国》，徐轶杰、杨燕译，民主与建设出版社，2019，第69页。

的制度框架,正是这一框架为产业的发展提供了可能性。特别是在棉花产业方面,贝克特强调其特殊性,认为它跨越了全球,与其他任何行业都不同。由于棉花产业以一种全新的方式将各大洲紧密联系在一起,它成为理解现代世界、现代世界所特有的巨大不平等现象、全球化的漫长历史以及资本主义的政治经济动态变化的关键。正如贝克特所言:"棉花产业的发展不仅揭示了资本主义的历史脉络,也为我们探究现代世界的形成提供了重要的视角"。①

(四) 全球性农产品——玉米

玉米是仅次于水稻和小麦的第三大粮食作物,原产于美洲大陆的墨西哥、秘鲁、智利等沿安第斯山麓的狭长地带。②考古研究发现,大约7000年前,玉米开始在墨西哥中部高原谷地种植,大约4000年前,秘鲁已经有了可以用来贮藏玉米的大型仓库,印第安人将玉米视为生命的象征,雕刻在纪念碑和金字塔上。③ 自1492年哥伦布发现美洲大陆以来,玉米作为一种新兴作物,迅速在亚洲、欧洲、非洲以及大洋洲等地区传播开来。哥伦布最初将玉米作为一份珍贵礼物献给了西班牙国王,到1500年底,他发现西班牙卡斯提尔地区已经开始尝试种植这种作物。④ 然而,在那个时期,玉米更多地被视为一种装饰庭院的稀有植物,而非实用的农作物。到了16世纪初期,玉米已经在意大利开始种植,并逐渐转变为一种

---

① 斯文·贝克特:《棉花帝国》,徐轶杰、杨燕译,民主与建设出版社,2019,第70页。
② 杨虎:《20世纪中国玉米种业发展研究》,博士学位论文,南京农业大学,2011,第1页。
③ 张箭:《新大陆农作物的传播和意义》,科学出版社,2014,第14~21页。
④ 张箭:《新大陆农作物的传播和意义》,科学出版社,2014,第14~21页。

重要的食品来源，从观赏植物转变为粮食作物。1532年以后，玉米在威尼斯开始试种。大约在16世纪30年代，玉米通过西班牙、加拿大等国传入法国。到了16世纪中叶，玉米的地位显著提升，成为仅次于小麦的重要粮食作物。① 在中国，玉米的传入可以追溯到16世纪中期。随后，在18世纪，面对连绵不断的饥荒，欧洲开始广泛种植玉米，玉米成为缓解粮食危机的重要资源。

玉米传入中国的路径主要有以下三种：第一种路径是从西亚、中亚沿着陆上丝绸之路传入西北地区；第二种路径是葡萄牙人将玉米带入印度后，经中南半岛、缅甸等地传入西南地区；第三种路径是葡萄牙人经过印度洋将玉米传入东南沿海。② 也有学者认为玉米在中国的传播路径是先边疆后内地、先山区后平原、先南方后北方。③ 玉米的传播和扩散在一定程度解决了世界人口的吃饭问题，改善了人们的饮食，促进了人口的增长，对全人类的生存和发展意义重大。当前，玉米已成为中国种植面积最大且总产量最高的第一大作物。④

通过对茶叶、香料、棉花、玉米等农产品与世界历史关系的深入分析，我们得以揭示全球农产品贸易的几个显著特征：第一，农产品需具备轻便、易携带的特性，以便于长距离运输。第二，传统的农产品全球贸易体系与殖民主义之间存在着深刻的联系。第三，农产品全球贸易为商人阶层积累

---

① 张箭：《新大陆农作物的传播和意义》，科学出版社，2014，第14~21页。
② 张箭：《新大陆农作物的传播和意义》，科学出版社，2014，第14~21页。
③ 杨虎：《20世纪中国玉米种业发展研究》，博士学位论文，南京农业大学，2011，第15页。
④ 赵久然、王荣焕：《中国玉米生产发展历程、存在问题及对策》，《中国农业科技导报》2013年第15期。

了资本，并为生产的扩大提供了基础。传统农产品全球贸易是在西方世界主义观念的指导下进行的，这种意识形态服务于资本主义的扩张。在当今世界，我们提倡一种新的世界主义观念。在新世界主义的框架下，全球农产品贸易应当展现出去干预性、去条件性和去西方中心化的特点。这种新的全球农业产品贸易模式旨在促进全球农业更加公平、多元和可持续地发展。

三　全球农产品市场的初步形成

农产品市场是随着农业商品经济的发展而形成的，其概念可分为狭义和广义两个层面。狭义的农产品市场，指的是农产品买卖的物理场所，即生产者出售自产农产品，而消费者购买所需农产品的具体地点。这种为农产品交换提供平台的场所，被定义为农产品市场。广义的农产品市场则涵盖了农产品流通领域的整个交换关系网络，它不仅包括各种具体的农产品交易场所，还涉及农产品交换过程中的各种经济关系。这些关系包括农产品的交换原则和方法、交换参与者的地位与作用以及他们之间的相互联系、农产品流通的渠道和环节、农产品供给与需求的宏观调控机制等。综上所述，全球农产品市场是指在全球范围内农产品流通与交换关系的总和，这包括实体层面的全球农产品交易市场、全球农产品交换所涉及的经济关系、全球农产品交换主体的地位与作用、全球农产品的供需状况，以及全球范围内的农产品政策等。全球农产品市场的概念，体现了农产品在全球经济中的流动性和相互依赖性。

全球农产品市场的初步形成是欧洲早期海外扩张的产物。在15世纪之前，世界各国的农产品市场相对隔绝，农产品贸易只是在国内或者邻近国家和地域进行，具有明显的地域性。①自15世纪新航路开辟以来，葡萄牙和西班牙等欧洲国家纷纷扬帆远航，积极探索通往东方的新贸易通道并大力拓展殖民地。率先行动的葡萄牙，沿着非洲的东西两条海岸线不断探索，最终抵达印度、中国澳门（1553年入驻）以及印度尼西亚等地区。随着满载香料、茶叶、象牙的船队归国，全球农产品市场开始初步形成。然而，这一时期的全球农产品市场具有明显的交换挥霍特性。欧亚大陆间的商品交流，其核心目的在于挥霍而非资本主义原始积累。正如美国历史学家伊曼纽尔·沃勒斯坦所指出的："在那个时代，欧亚关系可被视为一种交换挥霍的互动，贵金属流向东方，用以装饰寺庙、宫殿及亚洲贵族的服饰，而香料和珠宝则流向西方。这种文化背景下的互补性交换挥霍，客观上促进了欧洲商业的发展"②。

16世纪上半叶，世界市场逐步扩大，全球农产品市场也随之扩大。在全球农产品市场中，茶叶、香料从亚洲运往欧洲，烟草、可可、棉花、蔗糖从美洲运往欧洲。这也意味着以资本主义生产方式为基础的世界经济出现了。当时欧洲面临的主要问题是长期的通货膨胀，美洲金银的大量涌入造成物价上涨，引发所谓的"价格革命"。美国历史学家罗伯特·布伦纳（Robert Brenner）认为"价格革命"主要是两个因素造成的：一是货币流通量加大，周转率加速；二是在对农产

---

① 陈芬森：《国际农产品贸易自由化与中国农业市场竞争策略》，中国海关出版社，2001，第3页。
② 伊曼纽尔·沃勒斯坦：《现代世界体系第1卷：16世纪资本主义农业和欧洲世界经济的起源》，郭方、刘新成、张文刚译，社会科学文献出版社，2013，第94页。

品的需求急剧增加的关头,其供应却相对减少。① 以英国为例,全球农产品市场的扩大刺激毛纺织业快速发展,羊毛价格不断上涨,而"价格革命"使英国领主遭受重大经济损失,为了继续从养羊业中获得利润,避免价格上涨带来的损失,领主们掀起了大规模的圈地运动。②

17世纪初期,"海上马车夫"荷兰逐步崛起,加速了全球农产品市场的发展。荷兰位于大西洋贸易中心沿岸,海上交通便捷,因其独特的地理位置优势,其资本主义工商业迅速发展。荷兰人的船控制了世界的运输贸易,全球农产品市场借着"海上马车夫"的东风迅速发展壮大。资料显示,荷兰人的船只数量在1500~1700年增长了10倍,在1670年,荷兰人拥有的船只吨位是英国人的3倍,比英国、法国、葡萄牙、西班牙和德意志的吨位总和还多。③ 因此,此时的荷兰人被称为"世界的运输者、贸易的中间商、欧洲的经济人和代理人"。

在17世纪中期,荷兰东印度公司崛起为世界上首个庞大的跨国企业。荷兰政府赋予了该公司在好望角至麦哲伦海峡之间的贸易垄断权,此外,该公司还获得了签订条约、建造堡垒、组建武装力量以及任命法官等特权。④ 该公司的一个显著特点是能够从民间筹集资金。荷兰东印度公司成了资本主

---

① 伊曼纽尔·沃勒斯坦:《现代世界体系第1卷:16世纪资本主义农业和欧洲世界经济的起源》,郭方、刘新成、张文刚译,社会科学文献出版社,2013,第163页。
② 丁士军、史俊宏编著《全球化中的大国农业:英国农业》,北京:中国农业出版社,2013,第38页。
③ 伊曼纽尔·沃勒斯坦:《现代世界体系第2卷:重商主义与欧洲世界经济体的巩固:1600~1750》,郭方、刘新成、张文刚译,社会科学文献出版社,2013,第51页。
④ 宋毅:《荷兰:海上马车夫的海权兴亡:1568—1814》,华中科技大学出版社,2018,第181页。

义贸易公司的早期典范,其主要业务涵盖三个方面:一是从事投机交易,二是进行长期投资,三是进行殖民扩张。不久,荷兰东印度公司便掌握了东印度群岛的贸易主导权,使得欧洲的香料市场迅速转移至荷兰的阿姆斯特丹。随着这一转变,全球农产品市场的重心也从地中海地区转移到了大西洋沿岸,从而催生了大西洋贸易的新格局。

总体来看,自15世纪起,尽管全球农产品市场逐步形成并持续增长,但其发展历程带有殖民扩张时期的典型特征。这一时期,各殖民国家之间的竞争相对混乱无序,缺乏一套全球范围内普遍认可的市场规则,而且并未展现出显著的全球农产品市场治理机制。市场的运作更多地依赖于各国的殖民力量和利益争夺,而非统一的市场规范和治理结构。

第二节 全球农业现代化成长阶段
(18世纪60年代~20世纪中叶)

随着科学技术的迅猛发展和殖民主义的持续扩展,全球农业步入了现代化的成长轨道。这一阶段大致从18世纪60年代的第一次工业革命开始,持续至20世纪中叶,以第二次世界大战后雅尔塔体系的建立为结束标志。在这一全球农业发展的关键时期,自由贸易与保护主义成为商品贸易的两大主导政策。全球农业市场因此进一步拓展,国际分工的界限也变得更加清晰。这一时期,农业生产的现代化和国际化进程加速,为全球经济的发展奠定了坚实的基础。

一 全球农业现代化成长阶段的特点

在18世纪中期,欧洲经历了历史上著名的"七年战争"。

这是一场主要由法国、奥地利和俄国组成的同盟对抗普鲁士的冲突,而英国则作为普鲁士的盟友参战。最终,英国在殖民地战场上取得了对法国的决定性胜利,迫使法国割让了加拿大地区以及密西西比河以东的领土。随后,英国通过其东印度公司进一步扩张在印度的势力,并在全球范围内建立了广泛的殖民地网络。18世纪60年代,英国引领了第一次工业革命,蒸汽动力的引入使得农业机械开始广泛应用于农业生产中,极大地提升了农业的生产效率。工业技术对农业的改进主要体现在以下几个方面:首先,农业技术得到了显著的提升,英国农民开始追求更高效的耕作方法,复耕锄草、瓦管排水和机械化施肥等逐步取代了传统的手工劳动。其次,新型农业工具的应用成为趋势,农民采用最新设计的犁具进行耕作,大幅提高了耕作效率。最后,新的农业作物被引进和推广。英国从美洲等地引入了玉米、土豆、西红柿、辣椒等作物,并进行选种栽培,丰富了农产品的种类。在这一阶段,技术进步对全球农业的发展起到了关键且直接的作用。农业发展的显著特征是工厂生产取代了手工工场和家庭作坊,能源的使用替代了人力和畜力。这一转变标志着农业社会向工业社会的过渡,农业生产率显著提高,农业技术取得了显著进步。此外,替代劳动力的机械技术和提高土地产出的生化技术也得到了进一步的发展。

在殖民主义的影响下,欧洲不断拓展其势力范围。这种海外扩张在某种程度上维持了欧洲内部的相对稳定,而这种内部稳定又进一步增强了欧洲对外扩张的能力,形成了一种相互促进的循环。到了18世纪末,欧洲已经成长为一个庞大的帝国,它的触角横跨大西洋,深入欧亚大陆的广阔平原,甚至延伸到地球的另一端,使得欧洲成了西方世界的代名词。① 在这一时期，全球农业发展的主要特征是殖民主义的扩张推动了种植园经济以及热带和亚热带经济的自觉转型，农业经营的差异化与分工程度日益加深。在东印度群岛，荷兰可能是最早利用当地劳动力实施合理化种植的国家，荷兰人专门为远隔重洋的市场种植特定作物，并定期调整生产规模以实现利润最大化。在加勒比海岛屿，甘蔗种植园如雨后春笋般迅速发展。先是英国人，随后是法国人，以及少量的荷兰人，建立起了一套基于黑人奴隶劳动的严格合理化的商业农业体系。② 在外部势力的干预下，加勒比海的农业种植逐渐走向单一化和专业化，加勒比蔗糖的生产推动了利润丰厚的大西洋贸易的兴起。这一贸易模式不仅促进了欧洲的经济增长，也深刻影响了全球农业的发展轨迹。

在殖民主义时代，德国、英国、法国和荷兰在其殖民地的农业研究各有特点，但共同的目标是通过农业科技推动殖民地经济发展，同时服务于殖民利益。德国在19世纪末至20世纪初，借助"新植物学"运动推动农业科学的发展，重点研究植物生理学和土壤等领域，并在东非建立了东非农业研究站（EAARS），推动系统化农业研究。法国最初推行欧洲式的大型种植园模式，但在20世纪初转向支持土著农业，提出"开发利用"计划，旨在通过科学技术提升土著居民福祉，战间期更注重研究本地需求和环境条件，并通过设立经济与社会发展投资基金来加强技术援助。英国在殖民地建立了多个农业研究机构，如帝国热带农业学院和东非农业与林业研究

---

① 威廉·麦克尼尔：《西方的兴起人类共同体史上》，孙岳、陈志坚、于展等译，郭方、李永斌译校，中信出版社，2018，第684页。
② 威廉·麦克尼尔：《西方的兴起人类共同体史上》，孙岳、陈志坚、于展等译，郭方、李永斌译校，中信出版社，2018，第688页。

组织，专注于商品作物的研究和农业技术的推广，尤其加强与殖民地商品作物的贸易联系，推动农业现代化，进一步强化了对殖民地的经济剥削。荷兰则在其荷属东印度群岛采取了将本土农业知识与现代农业科学结合的策略，强调理解土著农业实践的变异性并在此基础上进行农业研究，实施"道德政策"，力图通过合理发展农业来提高土著居民的福利。总体而言，这四个国家的农业研究政策虽然在推动科学进步和技术援助方面取得了一定的成绩，但其根本目的是通过现代农业提升殖民地的生产力。① 19 世纪中期，第二次工业革命爆发，科技进步取得的一系列成果（发电机、电灯、电车、电话等）标志着人类已进入"电气时代"。工业资本主义取代传统的商业资本主义，世界经济格局由碎片化的局部全球化走向更大范围的全球化。② 在自由贸易阶段，海洋轮船、铁路网络等科技进步使农业贸易的交易量急剧上升。19 世纪末印度的粮食贸易达到空前规模，形成全国性的粮食市场；欧洲成为粮食的主要进口国，美国、阿根廷、印度和俄国成为粮食的主要出口国；全球范围内的大米和小麦市场也被整合起来。③ 这一阶段的主要特点是全球农业市场发展壮大，国际生产分工更加细化。

正如沃勒斯坦所指出的，印度次大陆、奥斯曼帝国、俄国以及西非地区都被纳入了资本主义世界经济的生产体

---

① Joseph Morgan Hodge, *Triumph of the Expert Agrarian Doctrines of Development and the Legacies of British Colonialism*（Ecology & History），Ohio：Ohio University Press, 2007, pp. 3-203.
② 李小云、徐进：《全球南方能否成为中国新的战略纵深》，《文化纵横》2023 年第 2 期。
③ 罗曼·施图德：《大分流重探欧洲、印度与全球经济强权的兴起》，王文剑译，格致出版社，2020，第 65 页。

系（即所谓的劳动分工）中。最明显的劳动分工模式是边缘地区负责生产原料，而中心地区则利用工业革命的成果生产工业制成品，两者通过全球市场进行交换。在这一过程中，靛青、生丝、鸦片和棉花这四种原料主导出口，占据了出口总量的60%。① 此外，奴隶贸易在这一时期达到了前所未有的繁荣，欧洲的船只满载着廉价的纺织品和其他制成品，驶向非洲海岸。在那里，他们用这些货物交换奴隶，然后将奴隶运往加勒比海群岛或美洲大陆进行贩卖。完成这一环节后，船只又会装载美洲的糖料，返回欧洲进行销售，从而形成了臭名昭著的三角贸易模式。这一贸易网络不仅加剧了殖民地的剥削，也为欧洲的资本主义发展提供了原始积累。

20世纪初，资本主义从自由竞争阶段过渡到垄断主义阶段，为了争夺霸权和殖民地，帝国主义大国之间展开激烈斗争，萨拉热窝事件直接导致奥匈帝国向塞尔维亚宣战，第一次世界大战爆发。第一次世界大战后，凡尔赛—华盛顿体系建立，各国纷纷致力于恢复经济。虽然各国都采取了本国优先的政策，实施贸易保护主义，但是世界经济稳定运行和发展了十年。

1929年，生产的社会化和生产资料私有制之间的激烈矛盾直接导致资本主义国家陷入经济大危机，农业生产衰退，农副产品价格下降。此后，大国之间经济、政治、军事发展不平衡加剧，法西斯势力上台，第二次世界大战爆发。

---

① 伊曼纽尔·沃勒斯坦：《现代世界体系第3卷：资本主义世界经济扩张的第二时期：1730~1840年代》，郭方、刘新成、张文刚译，社会科学文献出版社，2013，第167页。

二 全球农产品品牌的形成

16 世纪末至 17 世纪初,中国的茶叶、丝绸和器具等商品深受欧洲皇室的喜爱,引发了一股长达一个世纪的"中国热"。尽管这种热潮在欧洲大陆风靡一时,但它并未催生出我们今天所理解的现代品牌意识。在此期间,全球农产品如茶叶、香料、棉花和玉米等,在跨地区的贸易流通中也未能培育出现代化的品牌概念。品牌,作为一种能够为产品带来溢价和增值的无形资产,其核心在于产品在市场销售过程中在消费者心中留下的深刻印记。① 历经数世纪的演变,农产品的品牌化在全球范围尤其是西方国家逐渐崭露头角,开始发挥重要作用。随着农业生产和贸易的发展,逐渐形成了一些具有一定知名度和市场份额的早期农业品牌,如有机农业领域的德米特(Demeter)、水果领域的新奇士(Sunkist)和农业机械领域的梅西·弗格森(Massey Ferguson)。本节将分析世界四大粮商——阿彻丹尼尔斯米德兰公司(Archer Daniels Midland,以下简称 ADM 公司)、邦吉公司(Bunge Limited)、嘉吉公司(Cargill)和路易达孚(Louis Dreyfus)——的品牌发展历程,从而揭示全球农业资本集中化的进程。通过对这些行业巨头品牌故事的深入探讨,我们将了解农产品品牌如何在全球范围内逐渐形成,并成为推动市场发展的重要力量。

(一) 阿彻丹尼尔斯米德兰公司

ADM 公司的名称取自两位创始人乔治·A. 阿彻(George A. Archer)和约翰·W. 丹尼尔斯(John W. Daniels)及其并购企业

---

① 任荣:《关于我国农业品牌战略体系架构的思考》,《北京农业职业学院学报》2012 年第 26 期。

米兰亚麻子产物公司（Midland Linseed Products Company），是目前世界上规模最大的谷物与油籽处理企业，美国最大的黄豆压碎处理和玉米类添加物制造企业，美国第二大面粉加工商和世界第五大谷物输出交易公司，也是美国最大的生物乙醇生产商。①ADM 公司总部位于美国伊利诺伊州芝加哥附近的迪克特市，在全球 60 多个国家设立了超过 1100 家相关企业。1902 年，创始人阿彻与丹尼尔斯联手成立了丹尼尔斯亚麻籽公司，并在明尼阿波利斯建立了第一家加工厂，开启了亚麻籽压榨的业务。随着时间的推移，ADM 公司的业务范围不断扩展，涵盖了亚麻籽、面粉、玉米、大豆、多种增值产品、工业乙醇、花生加工及其发酵产品（包括氨基酸和营养保健品）、功能性食品以及饲料添加剂等多个领域。ADM 公司专注于谷物和原料的深度加工，生产食品、饮料、保健品和畜牧饲料产品，并通过自有的运输网络将原料和成品运输到世界各地。1994 年，ADM 公司收购了集丰国际有限公司，并与中粮集团合资成立了多家企业，在中国拥有超过 150 名员工。② 从一家小型的亚麻籽加工厂起家，ADM 公司通过市场拓展、上市、企业并购、码头建设、企业投资、品牌塑造、产业链延伸和加入商业联盟等一系列战略举措，成长为一个集粮食加工、储存和全球贸易于一体的大型国际集团，并在人类和动物营养领域成为全球领导者，同时也是世界领先的农业产品加工公司。ADM 公司的成功，离不开其对品牌建设与发展的持续投入和精心策划。

---

① 林地、张俊辉：《美国跨国农业投资公司的发展及思考》，《黑龙江粮食》2019 年第 1 期。

② 周伟、Boulanger Mathieu、吴先明：《农业跨国公司垄断对我国粮食安全的影响》，《西北农林科技大学学报（社会科学版）》2016 年第 16 期。

（二）邦吉公司

邦吉公司是一家一体化的全球性农商与食品公司，目前是全球最大油料作物加工商、第四大谷物出口商，美国第二大大豆产品出口商、第三大谷物出口商、第三大大豆加工商。1818年，约翰·彼得·戈特利布·邦吉（Johann Peter Gottlieb Bunge）在荷兰阿姆斯特丹成立邦吉公司。邦吉由一家贸易公司发展成为世界一流的跨国农业食品公司，其发展历程与全球化紧密相关。公司在创立初期从事海外殖民地香料和橡胶生意。[①] 1859年，创始人孙子查尔斯·邦吉（Charles Bunge）将总部迁至比利时。公司于1905年进入巴西市场，1918年进入北美市场。之后，公司在南北美地区迅速发展。1998年，邦吉公司在中国设立贸易代表处。1999年公司总部正式迁至美国纽约。邦吉致力于打造采购、生产、加工、销售、物流、零售、研发等各个环节一体化的全产业链。2000年，邦吉正式进入中国，在中国成立国际贸易公司，向中国市场供应大豆等农作物，同时也协助中国农民和企业出口玉米和小麦。[②] 时至今日，邦吉在全球32个国家拥有450多个工厂，业务涵盖化肥、农业、食品业、糖业和生物能源等。[③]

（三）嘉吉公司

嘉吉公司是目前全球最大的粮食输出和交易企业，是美国

---

① 林地、张俊辉：《美国跨国农业投资公司的发展及思考》，《黑龙江粮食》2019年第1期。
② 周伟、Boulanger Mathieu、吴先明：《农业跨国公司垄断对我国粮食安全的影响》，《西北农林科技大学学报（社会科学版）》2016年第16期。
③ 林地、张俊辉：《美国跨国农业投资公司的发展及思考》，《黑龙江粮食》2019年第1期。

最大的玉米饲料制造商，美国第三大面粉加工企业和屠宰、肉类包装加工商，拥有美国最大的猪和禽类养殖场，拥有全美最多的粮仓，业务涉及从食品的生产、包装到销售的每一个环节，控制着美国四分之一的粮食出口、五分之一的肉类市场。嘉吉是世界上最大的私人控股公司、最大的动物营养品和农产品制造商。1865年，威廉·华莱士·嘉吉（Willam Wallace Cargill）创立嘉吉公司，总部设在美国明尼苏达州。嘉吉公司的发展历史可以划分为初创阶段（1865~1912年）、国际化经营阶段（1913~1943年）、战后积极扩张阶段（1944~1981年）、全面扩张阶段（1982年至今）。经过150年的经营，嘉吉公司从一家粮食仓储公司发展成为一家全国性的贸易、加工、运输和销售公司，在67个国家中拥有143000名员工，2013财年，嘉吉总营业收入为1367亿美元，目前其经营范围涵盖农产品、食品、金融服务和工业产品等，在综合农业食品、金融、工业、服务、物流等领域举足轻重。嘉吉公司在中国大陆拥有7000多名员工，52个运营点，在中国共经营4家油籽加工厂。[①]

（四）路易达孚公司

路易达孚公司目前是全球领先的农产品贸易与加工企业。1851年，列奥波德·路易达孚（Léopold Louis-Dreyfus）在法国巴黎创立路易达孚公司，该公司最初从事粮食贸易业务。1860年，路易达孚公司开始在欧洲扩张，1906年业务开始遍及全球。1930年，路易达孚主要从事糖、柑橘类产品、油籽和咖啡等贸易业务。第二次世界大战期间，路易达孚公司受到了重创。第二次世界大战后，列奥波德·路易达孚的儿子

[①] 周伟、Boulanger Mathieu、吴先明：《农业跨国公司垄断对我国粮食安全的影响》，《西北农林科技大学学报（社会科学版）》2016年第16期。

弗朗索瓦和皮埃尔接管了公司，在芝加哥、温尼伯、布宜诺斯艾利斯、纽约、约翰内斯堡、圣保罗、西贡、上海和孟买开设了贸易办事处。2006年，罗伯特·路易达孚（Robert Louis-Dreyfus）接管家族企业，创建了路易达孚商品公司，合并了三条新的业务线：化肥、乳制品和金属。路易达孚公司作为世界四大粮商之一，其业务覆盖运输、粮食贸易、金融、科技等领域。目前，路易达孚的全球业务涉及谷物油籽、大米、海运、金融、咖啡、棉花、糖和果汁等领域。每年，它在全球范围内种植、加工和运输约8000万吨农产品，在全球拥有6个业务区域，涵盖8个业务平台，在世界100多个国家拥有1.8万余名员工。路易达孚集团与中国在小麦、油脂、油料、饲料、棉花、食糖和饲料谷物等农产品方面的贸易十分活跃。① 经过172年的积累和沉淀，路易达孚从一家从事粮食贸易的小公司发展成为世界四大粮商之一，打造自己的品牌，实施了生产、加工、销售、技术、售后等全方位一体化的全球农业布局。

观察四大粮商的发展历程会发现，它们能够成为全球领先的农业产品品牌，主要得益于市场全球化的趋势和农产品品牌意识的精心塑造。自18世纪起，大量资本涌入工业领域，形成了工业资本。这一过程以技术革新为先导，以海外投资为目标，通过两条主要路径巩固和发展既有的全球联系，使单纯的商业贸易关系发展成为生产与销售相结合的复杂网络。到1921年，仅36家工厂就控制了美国谷物出口的85%。② 在20世纪，迅猛发展的跨国公司成为全球化的显著

---

① 周伟、Boulanger Mathieu、吴先明：《农业跨国公司垄断对我国粮食安全的影响》，《西北农林科技大学学报（社会科学版）》2016年第16期。
② 范达娜·席瓦：《失窃的收成：跨国公司的全球农业掠夺》，唐均等译，上海人民出版社，2003，第33页。

特征，也成为全球化基本架构的重要组成部分。① 在全球农业发展的关键阶段，农业跨国公司不仅掌握了粮食的买卖，还控制了运输、储存以及其他所有环节。相较于农民和国家，农业跨国公司在全球化自由贸易体系中成为最大的受益者。这些公司通过其全球网络和资源配置，有效地塑造了农产品的全球市场，同时也加强了自身品牌的全球影响力。

三　全球农产品市场逐步形成

（一）全球农产品市场的演进历程

18世纪中叶，英国、法国和德国相继引领了第一次工业革命，其中机器的发明与应用极大地提升了社会生产力，为资本主义制度的兴起奠定了坚实的经济基础。随着工业化和城市化进程的加快，人口数量激增，进而导致对农产品的需求急剧上升。到18世纪后半叶，全球农产品市场及国际贸易体系开始形成，但这一时期的市场和贸易主要建立在殖民地与宗主国之间不平等的交换关系之上。② 进入19世纪后半叶，欧洲成为全球农产品交易的核心市场，同时，这一时期以美国为代表的美洲殖民地纷纷宣告独立，其农业生产迅速扩张，不仅满足了国内日益增长的需求，还积极地融入了全球农产品贸易网络。与此同时，亚洲和非洲的部分地区由于殖民统治和压迫，农业发展受到严重阻碍，农产品市场的发展也相

---

① 崔兆玉、张晓忠:《学术界关于"全球化"阶段划分的若干观点》,《当代世界与社会主义》2002第3期。
② 陈芬森:《国际农产品贸易自由化与中国农业市场竞争策略》,中国海关出版社,2001,第3页。

对迟缓。① 19世纪末至20世纪初，随着西方国家人口的持续增长，对农产品的需求进一步上升，农产品价格也随之提高，科技的不断进步也推动了农业的进一步发展，全球农产品贸易因此快速增长，市场一度呈现繁荣景象。但是到了20世纪20年代，西方国家首次遭遇了农产品过剩的危机，这一现象标志着全球农产品市场秩序的深刻变化。②

在第二次世界大战期间，全球农产品贸易遭受了显著冲击，贸易流通受到了严重阻碍。战后，随着世界各国的经济重建，农业生产逐步恢复，但全球农产品贸易的发展却呈现明显的"不平衡"态势。美国、加拿大、澳大利亚等传统农产品出口国面临产量过剩问题，积极寻求拓展国际市场，而众多发展中国家将重点转向了工业化的推进，忽视了农业的同步发展。在战后的经济战略中，苏联过分强调重工业尤其是与军事相关的工业的发展，导致农业和轻工业的发展相对滞后。而中国则采取了农业集体化的措施，以此为工业化积累资金，但在这一过程中农业的发展也遭遇了挑战。这种全球范围内农业和贸易发展的不平衡，反映了战后世界经济格局的复杂性和多样性。③

（二）全球农业治理体系初步形成

值得一提的是，第二次世界大战后初期全球农产品市场规则的逐步形成和发展，标志着国际农业经济合作进入了一个新的历史阶段。在这一时期，世界经历了深刻的政治和经济变革，

---

① 陈芬森：《国际农产品贸易自由化与中国农业市场竞争策略》，中国海关出版社，2001，第4页。
② 陈芬森：《国际农产品贸易自由化与中国农业市场竞争策略》，中国海关出版社，2001，第5页。
③ 高军峰：《从"以农养工"到"以工哺农"：以河南省为例》，社会科学文献出版社，2015，第13页。

国际社会开始寻求重建秩序和促进经济发展的途径。关贸总协定（GATT）为全球农产品贸易提供了初步的规则框架，这些规则旨在通过降低关税和消除非关税壁垒来促进贸易自由化。农产品贸易是GATT谈判中的重要议题，各国开始就农产品市场准入、补贴政策、价格支持和出口限制等问题进行协商，这些协商和规则的确立为全球农产品市场的稳定和贸易的顺畅提供了基本保障，从而为此后农产品贸易的快速增长奠定了基础。

随着市场规则的进一步发展，全球农产品贸易的规模和范围显著扩大，国际农业投资活动也日益增多。在这一过程中，各国政府采取了一系列措施稳定国内农产品市场，包括实施价格支持和出口补贴政策。这些政策有效地保障了农民的收入，提高了农业生产的积极性。同时，农产品市场的开放和规则的完善吸引了更多的私人资本和外国直接投资进入农业领域，这些投资不仅用于扩大农业生产，还用于提升农产品加工、储存和运输能力，从而推动了全球农产品贸易与投资的持续增长。此外，农产品贸易的自由化还促进了农业技术的传播和农业生产的现代化，提高了农业生产效率，进一步增强了全球农产品市场的供给能力。

同时，全球农产品市场规则的形成和演进，也为全球农业治理体系的建立和发展提供了基本保障。在这一过程中，全球农产品市场规则和治理体系初步形成，为全球农业经济的整体进步提供了坚实的制度支撑。这些规则和体系不仅促进了农产品贸易和投资的自由化和公平化，还加强了国际社会在农业领域的政策协调和危机管理能力。

此外，在这一时期，联合国粮食及农业组织（简称"粮农组织"）等国际组织的成立，标志着国际社会在农业领域的合作揭开新篇章。粮农组织致力于保障全球粮食安全，改善农民生活条件,并通过提供政策建议和技术支持,帮助成员国提高农业生产力和农产品市场管理能力。粮农组织的工作不仅促进了各国在农业政策上的协调,还推动了国际社会在应对粮食危机、减少贫困和促进农村发展等方面的共同努力。这些国际合作机制的确立,有助于应对全球农业面临的挑战,保障了全球粮食安全,推动了农业经济的可持续发展。

综上所述,第二次世界大战结束初期全球农产品市场规则的形成和发展,不仅为全球农产品贸易与投资的扩张提供了制度保障,也为全球农业治理体系的构建和发展奠定了基础。这些规则和体系的确立,通过促进贸易自由化、加强国际合作、提升农业生产力和保障粮食安全,为全球农业经济的可持续发展作出了重要贡献。随着时间的推移,这些规则和体系继续演变和完善,以适应全球农业经济的新挑战和新机遇。

第三节 全球农业现代化扩张阶段
(20世纪中叶至今)

20世纪中叶以来,现代化的潮流开始以不可阻挡之势席卷全球,全球农业进入现代化扩张阶段。这一阶段大致从20世纪中叶开始持续至今。随着信息技术革命和多边贸易体系的建立,全球农业现代化的进程进一步加快。在这一时期,"石油农业""有机农业""生态农业""生物农业""持续农业"和"气候智慧型农业"等新概念陆续受到大众的关注。

一 全球农业现代化扩张阶段的特点

第二次世界大战硝烟散去之后,世界格局发生了深刻变化,形成了以美国为首的资本主义阵营和以苏联为首的社会主义阵营对抗的局面。这一全新的世界体系的核心是太平洋两岸两大强国之间的互动关系。① 在此期间，日本经历了战后的迅速复兴，一跃成为世界工业强国。与此同时，"亚洲四小龙"——中国香港、中国台湾、韩国和新加坡的经济也实现了飞速增长。在这一全球性的变革浪潮中，众多殖民地纷纷挣脱殖民统治的枷锁，独立成为新兴国家，踏上了国家建设的新征程。这些新生国家，一方面迫切渴望缩小与欧美发达国家的发展差距，另一方面，为了保障粮食和原料的稳定供给，积极投身于国际经济交流与合作，通过国家间的经济互动来巩固自身的经济基础和发展潜力。

20世纪初，石油取代煤炭成为主力能源，推动农业生产方式发生了根本性转变——从传统的"畜力型农业"过渡到现代的"石油农业"。② 此后，石油农业迅速成为全球农业发展的主要模式。美国和日本是石油农业生产模式的典型代表，1920~1990年，美国的拖拉机数量增加了18倍，农用卡车数量增加了24倍，谷物收割机数量增加了165倍；20世纪中期，日本成为世界上使用化肥的大国。③ "石油农业"确实极大地提高了农业生产效率，但也引发了人们对环境污染的忧虑。英国生态学家坦斯利阐述了生态系统原理，提出农业生态结构这一概念。④ 农业生态结构是生态学原理在农业生产过程中的运用，一般有两种模式：一种是英、美农学家倡导的"有机农业"，主张农业生产不用人工合成肥料，防止污染土地和农产品；另一种是美国农学家阿尔布里斯特倡导的"生

---

① 息曙光：《世界大格局》，四川人民出版社，1992，第91页。
② 刘朝明：《持续农业：世界农业发展的新阶段》，《世界经济》1993年第1期。
③ 黄鉴、曾卓然：《世界农业现代化道路变迁》，《合作经济与科技》2009年第2期。
④ 刘朝明：《持续农业：世界农业发展的新阶段》，《世界经济》1993年第1期。

态农业",主张少用或不用石油能源,把以沼气为中心的能量网络和农业生产的综合开发网络连接起来组成自然循环系统。

20世纪八九十年代,东欧剧变、苏联解体,长期以来的两极世界格局随之瓦解。这一历史性转变标志着世界进入了新旧秩序更迭的过渡期,并逐步迈向多极化格局。在这一过程中,美国确立了其超级大国的地位,而欧盟、俄罗斯、中国、日本等国家或地区也步入了快速发展的轨道,逐渐成为全球经济的新兴力量。经济全球化的步伐不断加快,和平与发展成为时代的主旋律。经济全球化不仅推动了以信息技术为核心的一场科技革命在全球范围内的迅猛发展,还加速了生产要素在全球的流动,促进了农业和工业的稳步发展,并增强了各国之间的相互依赖。科技创新的浪潮推动了农业现代化的进程,初级现代农业开始向更高级的形态转型。在这一阶段,发达国家的农学界提出了"生物农业"的理念,倡导利用生物工程技术替代传统的物理和化学技术,通过生态平衡和生物学的手段防治病虫害,开发生物能源,并推动资源的循环利用,以期提高农业产量。① 在此基础上,部分美国农学家进一步提出了"持续农业"的概念。随后,联合国粮农组织在《登博斯宣言》中对"持续农业"进行了全面阐述,明确了其定义和三个战略目标:首先,积极提升粮食生产,同时遵循自力更生和自给自足的原则,确保粮食安全;其次,推动农村综合发展,开展多元化经营,实施生产、加工、销售的一体化,为农村劳动力创造更多就业机会,提高农民收入,尤其注重消除农村贫困;最后,合理利用、保护和改善自然资源,营造有益于人类生存和发展的良好生态

---

① 刘朝明:《持续农业:世界农业发展的新阶段》,《世界经济》1993年第1期。

环境。①

进入21世纪之后,以人工智能、清洁能源、机器人技术、量子信息技术、虚拟现实以及生物技术为主的科技创新催生了第四次工业革命浪潮。科技进步对经济增长和农业发展的贡献日渐突出,现代农业进入快速发展阶段。美国经济学家西奥多·W.舒尔茨(Theodore W. Schultz)认为:"发展中国家的传统农业是不能对经济增长作出贡献的,只有现代化的农业才能对经济增长作出重大贡献。问题的关键是如何把传统农业改造为现代化的农业。"② 从传统农业过渡到现代农业必须打破传统农业的技术束缚,利用现代科技对其进行改造,使其进入"路径依赖"的良性循环,从而提高农业生产效率。③ 在新的发展时期,农业现代化过程呈现农业气候智慧化、数字化和生态化的趋势。粮农组织提出了气候智慧型农业的理念,强调发展气候智慧型农业既可增加农业生产,为消除贫困作出贡献,也可使农业更适应气候变化,减少排放,并提高作物捕获和封存大气中碳的能力。④ 现代农业的一个重要特征是数字化,数字化将是农业粮食和食物体系转型发展的重要路径。数字技术创新可能是转型方案的重要组成部分,即通过引入一套自动化的、数据密集型的"精准"技术,用更少的土地、更节约的用水和其他投入生产出更多的健

---

① 刘朝明:《持续农业:世界农业发展的新阶段》,《世界经济》1993年第1期。
② 舒尔茨:《改造传统农业》,梁小民译,商务印书出版社,2011,第6页。
③ 逄锦彩:《日、美、法现代农业比较研究》,博士学位论文,吉林大学,2010,第14页。
④ 管大海、张俊、郑成岩等:《国外气候智慧型农业发展概况与借鉴》,《世界农业》2017年第4期。

康食物。[1] 农业生态化是一种对工业化农业方式和传统农业科研思维的深层次颠覆和革命，有利于农业可持续发展。[2]

总体来看，全球农业现代化的进程受到了多种因素的深刻影响，其中包括资本主义全球扩张的经济动因、农业与工业技术革新的科技推动力，以及两次世界大战和国际发展体系的政治塑造。这些因素共同作用于全球农业的现代化转型。在新的发展格局中，全球农业现代化更加紧密地与全球化和全球治理体系交织在一起。当前，WTO 等全球性机构以及各类自贸区，如欧盟、美墨加三国协议，以及众多双边自贸协定，都在全球经济中扮演着重要角色。[3] 随着新兴经济体在全球舞台上的影响力日益增强，迫切需要构建一个更加公正合理的全球治理体系，特别是针对全球农业的治理体系。这一体系应当能够反映不同国家和地区的利益，促进全球农业的可持续发展，并确保粮食安全与营养在全球范围内的均衡实现。

二 全球农产品品牌的快速发展

第二次世界大战后，世界经济逐步复苏，随着人口的高速增长，对农产品的需求急剧上升。在这一历史背景下，农业生产技术迎来了革命性的进步，催生了众多新兴的农产品品牌和大型农业企业。从 20 世纪 50 年代到 20 世纪 70 年代，全球农产品品牌经历了一个快速发展阶段。在这一关键时期，大型农业企业通过并购和收购等策略，不断扩张其业务规模，

---

[1] 钟文晶、罗必良、谢琳：《数字农业发展的国际经验及其启示》，《改革》2021 年第 5 期。
[2] 骆世明：《农业生态学的国外发展及其启示》，《中国生态农业学报》2013 年第 21 期。
[3] 宗良、冯兴科：《全球化的终结》，中信出版社，2020，第 50 页。

美国、加拿大、澳大利亚等国家的农业企业更是积极参与全球市场竞争，形成了一批具有强大影响力的跨国农业企业集团。这些集团凭借先进的生产技术和管理模式，显著提升了农产品的产量和质量。随着品牌和企业的共同发展，农业产业链条逐渐成熟，涵盖了从种子、化肥、农药等生产资料的生产，到农产品的加工、销售和运输的各个环节，形成了完整的产业体系。这不仅提升了农产品的附加值，也推动了全球农业领域的分工与合作。

到了20世纪八九十年代，全球经济一体化的步伐加快，农业的国际化趋势越发显著。在全球经济一体化的推动下，农产品品牌之间的竞争越发激烈，各国纷纷提升农产品品质，致力于打造享誉世界的品牌。与此同时，科技创新的力量不断推动农业产业链向更高层次发展，生物技术、信息技术等高新技术在农业领域的广泛应用，为农产品品牌和大型农业企业开启了新的成长空间。在21世纪，全球农产品品牌展现出丰富多元的发展态势。传统品牌持续巩固市场地位，与此同时，以有机、绿色、生态为特色的农产品品牌如雨后春笋般涌现，这些品牌迎合了消费者对高品质生活的追求，其市场份额逐年增长，成为农产品市场的新宠。同时，面对全球农业挑战，大型农业企业纷纷转型升级，从单一的生产环节向全产业链延伸。此外，这些企业还加大科技创新力度，推动农业现代化。

在第二次世界大战后全球农业发展过程中，少数大型农业企业发展迅速，并逐步形成对全球农产品市场的垄断优势。20世纪70年代末，随着国家垄断资本主义的不断演进，农业生产和农业资本呈现显著的高度集中趋势。在这一过程中，农业垄断组织迅速崛起并蓬勃发展。在国际农产品贸易领域，卡基尔、大陆公司（现隶属于孟山都公司）、路易斯-德莱弗斯、邦吉、三井库克和安德利集团这六大谷物商占据了主导地位。它们共同掌握了美国、加拿大、欧洲、阿根廷和澳大利亚等地区谷物出口总量的逾 90%，对全球农产品贸易产生了深远的影响。①

20 世纪 80 年代以来，美国农业的各个领域几乎都被垄断资本所掌控，逐步形成了一个成熟的现代食品供应体系。在农业种子领域，跨国公司通过对大豆种子专利的控制使得大豆种植日益趋向垄断化。② 在农业投入品领域，以孟山都公司为首的企业集团掌握了种子、化肥和农药市场的主导权。在粮食收购和加工环节，嘉吉公司、大陆公司和 ADM 公司这三家巨头掌握了市场的绝大部分。在谷物加工行业，ADM 公司、邦吉公司、嘉吉公司和农业加工公司这四大公司的影响力尤为显著。在进入 20 世纪 90 年代后，以沃尔玛为代表的大型零售商开始主导并控制食品销售环节，从而在整个食品供应链中扮演了举足轻重的角色。这些变化不仅重塑了美国农业的面貌，也对全球食品供应体系产生了深远影响。③

截至 2016 年，全球有价值近 2 万亿美元的农产品、食品贸易受控于最大的 10 家跨国公司，其中 ADM、邦吉、嘉吉、路易达孚这四大粮商控制了全球 80% 的粮食贸易。④ 孟山都、杜邦、先正达、陶氏这 4 家公司控制了全球 49% 的大豆种子市场和 77% 的玉米种子市场。拜耳、巴斯夫、孟山都、杜邦、先

---

① 范达娜·席瓦：《失窃的收成：跨国公司的全球农业掠夺》，唐均等译，上海人民出版社，2003，第 33 页。
② 范达娜·席瓦：《失窃的收成：跨国公司的全球农业掠夺》，唐均等译，上海人民出版社，2006，第 34 页。
③ 王帅：《垄断资本主导的世界资本主义农业生产方式与粮食危机》，博士学位论文，南开大学，2012，第 85 页。
④ 邓家琼：《世界农业集中：态势、动因与机理》，《农业经济问题》2010 年第 31 期。

正达、陶氏这6家公司控制了全球农药市场的70%到80%。[1]

在全球化的背景下,以农业跨国公司为代表的垄断资本对全球农业的控制直接影响全球农业格局的发展变化。一方面,农业跨国公司通过对食品销售环节的控制,严重挤压了小规模加工企业的生存空间,削弱了拉美国家对农产品的定价权。另一方面,跨国农业公司推动了农产品贸易的自由化,如1994年的GATT乌拉圭回合谈判中,嘉吉公司执行总裁起草了农产品贸易自由化的最初建议书,并促使农产品的自由贸易成为现实。[2]

三 全球农产品市场的壮大

第二次世界大战后,随着经济全球化的不断推进,农产品市场逐步融入日益开放的国际大市场,竞争越发激烈。根据粮农组织发布的《2020年农产品市场状况》(SOCO 2020)报告(以下简称《报告》),全球贸易以及高效运行的市场体系构成了发展进程的核心,它们不仅推动了包容性经济增长和可持续发展,还加强了各国抵御各种外部冲击的能力。粮农组织总干事屈冬玉在《报告》前言中强调:"我们需要依靠市场,将其作为全球粮食体系中不可分割的一部分。"这充分表明全球农产品市场在全球经济增长和全球粮食体系构建中扮演着极其重要的角色。

在全球农业现代化快速发展的背景下,全球农产品市场展现出三大显著特征:首先,全球农产品市场的一体化趋势

---

[1] 王帅:《垄断资本主导的世界资本主义农业生产方式与粮食危机》,博士学位论文,南开大学,2012,第134页。
[2] 王帅:《垄断资本主导的世界资本主义农业生产方式与粮食危机》,博士学位论文,南开大学,2012,第86页。

日益凸显。市场一体化不仅是农业现代化的表现，也是其发展的必然结果。推动这一进程不仅需要大型跨国公司及各国农产品市场主体的共同努力，还需借助电子商务、信息技术、区块链等数字化工具的全球普及和应用。其次，市场对高科技含量和高附加值加工产品的需求不断增长。随着经济进步和人类生活品质的提升，对高蛋白动物产品和各类水果的需求日益增长。这促使全球农产品市场进行转型升级，从原料型产品向加工型产品转变，以提升产品附加值，满足远洋运输和国际市场扩张的需求。最后，全球价值链崛起。《报告》中的数据显示：大约三分之一的全球农业和粮食出口产品在全球价值链中流动，且至少经历两次跨境贸易。全球价值链的形成得益于收入增长、贸易壁垒降低和技术进步这三大驱动因素，它们共同改变了市场与贸易的流程，实现了生产者、贸易商与消费者之间的有效对接。粮农组织总干事屈冬玉在《报告》前言中还指出："全球价值链能帮助发展中国家融入全球市场。当价值链将我们的食品市场密切联系在一起时，它们也提供了一种推广最佳做法的机制，以促进可持续发展。"通过参与全球价值链，小农户将能增加粮食产量与收入。从短期和平均水平来看，农业全球价值链参与度每增加 10%，劳动生产率就能提升约 1.2%。农产品供求平衡且基本稳定是保证社会稳定和经济发展的要求。因此，对于农产品市场的营销活动和农产品的价格，既要充分发挥市场机制的调节作用，又要加强宏观调控，以实现市场繁荣和社会稳定这两个目标。①

此外，随着全球农产品市场的不断发展，多种类型的市场主体逐步增强了主动性并发挥更为显著的作用。这些市场

---

① 安然：《供给总体充足市场运行基本平稳——农业农村部就 2019 年重点农产品市场运行情况举行发布会》，《中国食品》2020 年第 3 期。

主体包括小农户、农业合作社、私营企业、跨国公司以及政府支持的农业企业等，它们在全球农业治理中的地位不断上升，已成为全球农业治理体系的重要组成部分。这些主体不仅在推动农业生产现代化和提升市场效率方面发挥了关键作用，而且在全球农产品市场的繁荣与稳定中扮演着不可或缺的角色。市场主体的影响已经超越了单纯的商业交易，它们对主权国家和国际组织产生了多维度的影响。在政策制定、贸易规则、食品安全、环境保护和气候变化应对等方面，市场主体的参与度和声音都在不断增强。它们通过参与国际谈判、制定行业标准、推动技术创新等方式，对全球农业治理的议程设置和决策过程产生了深远影响。这种多维度的影响不仅促进了全球农业的可持续发展，也为国际社会提供了更多合作与对话的机会，使其能够共同应对全球性挑战。

小　结

本章深入探讨了全球农产品及其市场的起源与演变，追溯了全球农业的发展历程。全球农业的起源可追溯至早期的殖民主义时期。农业的全球化进程是在帝国扩张和殖民化的过程中逐步形成的，殖民帝国通过引入科学技术专家来辅助国家的殖民活动，从而促进了本国及殖民地的农业发展。在这一过程中，农业开始迈向技术化、专业化和管理科学化。

15世纪到18世纪60年代，是全球农业发展的早期阶段。自18世纪起，全球农业步入了现代化的新纪元。18世纪60年代至20世纪中叶，是全球农业现代化的成长期，而第二次世界大战结束至今这段时间则属于全球农业现代化的扩张阶段。为了深入理解农业现代化的本质，首先，我们需要将其置于资本主义全球扩张的宏观背景中进行审视。全球农业现代化的进程与资本主义全球化的发展息息相关,资本主义的全球化不断推动着农业现代化。其次,理解农业现代化还需将其与一系列关键的历史时刻相结合,例如1492年哥伦布发现美洲大陆、第一次工业革命、第二次工业革命、第一次世界大战和第二次世界大战等。这些重要的时间节点在全球化的历史进程中扮演了重要角色,它们不仅标志着农业发展的转折点,也揭示了全球农业现代化与更广泛的历史动态之间的紧密联系。

全球农业的发展历程验证了现代性的全球扩张和全球经济一体化的加速进程,一体化的经济使人类历史具有了真正的全球性。但是需要注意的是,"一体化"不等于"均等化"和"均衡化","一体化"是伴随"不平等"而生的。在新的发展时期,如何加快全球农业现代化发展、如何构建公正合理的全球农业治理体系成为值得我们思考的议题。

从全球农业的发展历程来看,主权国家在推动全球农业发展方面起到了至关重要的引领作用,对全球农业的进步产生了深远影响。全球农业发展的深入推进与市场状况的发展变化紧密相连,市场力量的兴起、国际贸易的动态以及全球供应链的整合都不断塑造着农业发展的新格局。此外,全球农业的发展不仅促使单一国家范围内的农业问题与全球农业整体发展情况更加紧密地联系在一起,而且使得这些问题的解决越来越依赖于国际合作与协调。这种相互依赖性是全球农业治理体系产生与发展的重要背景。全球农业治理体系的形成,既是应对全球农业挑战的需要,也是各国农业利益在全球范围内协调的结果。因此,全球农业治理不仅关注农业生产效率和食品安全的提升,还涉及可持续农业、气候变化、农村贫困问题以及农业贸易公平等多方面的全球性议题。

CHAPTER 2

第二章

全球农业生产系统

全球农业生产系统是支撑人类生存和发展的重要基石，涵盖了多样化的种植模式、养殖方式和经营规模等。全球农业生产系统呈现地域性、季节性和生态性的特点。从地理分布来看，农业生产遍布世界各地，既有广袤的农田，也有精致的农业园区。在季节性方面，农业生产受到气候、光照等自然条件的影响，呈现明显的周期性。全球农业生产系统的生态性是指在农业生产过程中，注重与自然环境的和谐共生，推广可持续发展理念。本章将重点介绍北美洲、欧洲、亚洲和非洲农业生产系统的特点。

第一节　北美洲农业生产系统

北美洲位于西半球北部，北临北冰洋，西接太平洋，东濒大西洋，南靠墨西哥湾。该地区有 20 多个国家，总面积约为 2422.8 万平方千米（含附近岛屿），占世界陆地总面积的 16.2%，是世界第三大洲。[1] 北美洲的中部平原是全球著名的农业生产区，其水稻、小麦、玉米、棉花、大豆和烟草产品在全球农业市场中占据重要地位。纵观北美洲的发展历史，在哥伦布发现新大陆之前，印第安人以传统的农耕生活为主，主要采用小规模且可持续的种植方式进行农业生产。随着欧

---

[1] Food and Agriculture Organization of the United Nations, "Global Water Resources Report," 2020, Accessed October 9, 2023, http://www.fao.org/publications.

洲移民的到来，北美洲进入了殖民时期，欧洲的农业技术、作物品种、农具以及牲畜饲养方法被大规模引入，这对北美洲农业体系产生了深远影响。这一时期，欧洲（旧大陆）与美洲（新大陆）农业生产方式的交会重塑了该地区的农业结构，这导致以印第安人为主体的传统农业逐渐衰落，资本主义农业体系逐步兴起。在殖民时期，由欧洲殖民者主导的资本主义农业逐步瓦解了北美洲原有的小规模传统农业系统，推动了农业向集约化和商品化方向发展。这一变革使得北美洲农业逐渐走向大规模、机械化的生产模式，并注重商品化农业的扩展，以满足全球市场的需求。当今北美洲的种族和文化是土著居民、欧洲殖民者、非洲奴隶及其后代长期互动和文化融合的结果。这种多元文化背景对北美洲的农业生产模式、土地利用方式以及社会经济结构产生了深远影响，促成了农业形式的多样性、土地使用的多元化以及社会经济发展中的复杂互动。这种文化交会为北美洲的农业体系注入了独特的发展动力，使其形成了独具特色的农业发展路径和多样化的生产模式。

一　北美洲农业资源分布情况

北美洲是世界第三大洲，面积约为2422.8万平方千米，人口总数约为5.53亿，美国、加拿大和墨西哥是北美洲主要国家。① 该洲大部分土地位于北回归线至北纬60°之间，气候类型多样，以温带气候为主，为农业生产提供了稳定的热量和降水条件。耕地资源主要集中在热量条件优越的中纬度地带，适合大规模农业生产。北美洲的水资源总量位居全球第

---

① World Bank, "World Development Indicators," 2022, Accessed October 21, 2023, http://databank.worldbank.org/data.

三，降水主要集中在西北太平洋地区和加勒比海沿岸地区，为农业灌溉提供了充足的水源。粮农组织的数据显示，北美洲具备优越的农业生产条件，水热资源的良好匹配有利于农作物的生长，形成了高度现代化且多样化的农业生产体系。得益于这些自然和技术条件，北美洲的粮食、油料作物生产和畜牧业在全球具有显著的优势，成为世界农业的重要组成部分。广袤的耕地、充足的水源和先进的机械化农业技术，共同促成了北美洲农业的高度现代化，确保其在国际农业市场中保持领先地位。

（一）耕地资源

北美洲的地形特征显著，其主要地貌特征为南北走向的山脉，这些山脉平行于东西两侧的海岸线，分布广泛。北美洲西部的落基山脉和东部的阿巴拉契亚山脉形成了贯穿整个大陆的两大主要山系，而中部地区为辽阔的大平原，平均海拔约 700 米，该区域集中了全球约 11% 的农业用地，[1] 是重要的农业生产区域。北美洲的农业生产主要由美国、加拿大和墨西哥主导。其中，如表 2-1 所示，美国的农业用地在其国土面积中占据了相当大的比重，约 20% 的国土为永久性耕地，另有 26% 为永久性草地和草原。[2] 这些广阔的土地资源为大规模农业生产提供了基础条件。尽管加拿大的耕地仅占国土面积的 7%，但其未开发的耕地潜力十分可观。[3] 关于土地的利用和开发，卡尔·马克思曾指出，即便是刚开垦、肥力有限

---

[1] Food and Agriculture Organization of the United Nations, "Global Water Resources Report," 2020, Accessed October 22, 2023, http://www.fao.org/publications.
[2] US Department of Agriculture, "Census of Agriculture," 2019, Accessed July 22, 2024, https://www.nass.usda.gov.
[3] 许世卫、信乃诠：《当代世界农业》，中国农业出版社，2010，第 23 页。

的土地,只要气候条件适宜,土壤表层积累了足够的植物养分,也能通过粗放型农业维持一定的产量。北美洲西部广阔的大草原正是这一现象的典型代表,这里的土地几乎不需要过多开垦和施肥,就能实现连年丰收。[①] 这些优质的土地条件为北美洲的农业生产提供了独特的地理优势,使得该地区成为全球重要的粮食和农产品供应地。然而,随着工业化和城市化的不断推进,北美洲的耕地资源正面临日益严峻的挑战。化学农药和杀虫剂的过度使用、土壤污染以及长期的过度耕作已导致部分耕地的质量明显下降和退化。土壤肥力的下降和土地退化问题对农业的可持续发展构成了重大威胁。因此,耕地资源的可持续利用已成为北美洲农业未来发展的重要课题。[②]

表2-1 北美洲土地资源分布情况

国家或地区	土地面积(万平方千米)	可耕地面积(千公顷)	多年生作物用地(千公顷)	草地和牧场(千公顷)	森林面积(千公顷)
美国	937	170530	2730	237800	303248
加拿大	998	45113	7033	15441	310134
墨西哥	196.4	24500	2400	79900	63978
北美洲	2422.8	251731	15674	348764	705849
世界	14900	1410305	143210	3375535	3952025

资料来源:World Bank, "World Development Indicators Database," 2022, Accessed September 11, https://databank.worldbank.org/source/world-development-indicators.

---

① 刘鹏:《殖民地时期北美地区农业经济快速发展的原因》,《洛阳师范学院学报》2013年第7期。
② World Resources Institute, "Global Forest Resources Assessment," 2020, Accessed June 25, 2024, https://www.wri.org.

(二) 水资源

北美洲拥有全球约13%的可用水资源（不包括冰川），其中加拿大和美国的水资源总量位居世界前五，[1] 如表2-2所示，北美洲人均水资源量远超世界平均水平。北美洲农业生产高度依赖水资源，然而水资源的地域分布极不均衡。五大湖作为全球最大的淡水湖泊群之一，是北美洲重要的水源地，为周边地区的农业生产提供了关键支持。密西西比河、圣劳伦斯河和科罗拉多河是北美洲最重要的河流系统，为广大的农业区域提供灌溉和淡水资源。区域性差异和气候变化对水资源的可持续管理构成了重大挑战，尤其在美国西部和墨西哥部分干旱地区，水资源短缺已成为限制农业发展的重要因素。

北美洲的水资源开发利用程度较高，但城市化和工业化进程的快速推进加剧了农业与其他行业之间的水资源竞争。人口增长、工业发展以及农业灌溉需求的不断上升，进一步增加了水资源的消耗。例如，美国的人均年用水量约为2080立方米，其中人均年淡水用量为1760立方米，居全球首位。[2] 在美国，农业用水占淡水总消耗量的大约40.9%，且主要集中在西部干旱地区；[3] 工业用水则占47%的比例，主要集中在

---

[1] Food and Agriculture Organization of the United Nations, "AQUASTAT: Global Water Resources Database," 2020, Accessed June 25, 2024, http://www.fao.org/aquastat/en/.

[2] US Geological Survey, "Water Resources of the United States," 2015, Accessed November 7, 2023, https://www.usgs.gov.

[3] 刘超，闫强：《美国水资源管理体制、全球战略及对中国启示》，《中国矿业》2019年第12期。

东部的重工业区域。① 北美洲许多农业区域严重依赖灌溉系统，尤其是在美国的加利福尼亚、内华达州以及墨西哥北部这些干旱或降水不足的地区。进入 21 世纪后，随着跨国水资源管理合作的深化、公众节约用水意识的提高，以及相关政策和法规的逐步完善，农业用水状况有所改善。地理信息系统（GIS）和高效灌溉技术（包括滴灌和喷灌）等现代技术的广泛应用，显著提高了水资源的利用效率，减少了农业的水资源消耗。② 这些措施在提高农业生产力的同时，也为水资源的可持续管理提供了有力支持。

表 2-2 北美洲水资源分布情况

指标	加拿大	美国	墨西哥	北美洲	世界
年均降水量（毫米）	537	715	758	640	990
水资源总量（百亿 m^3）	330	307	45.7	660	430000
人均水资源量 [m^3/（人·年）]	94353	9538	3603	18000	5800
年用水量（百亿 m^3）	3.62	32.2	8.96	62	400

资料来源：许世卫、信乃诠：《当代世界农业》，中国农业出版社，2010，第 146 页。

（三）气候资源

北美洲地域辽阔，从寒冷的加拿大北部到温暖的墨西哥平原，横跨多个气候带，因地形和气候的巨大差异，形成了

---

① US Geological Survey, "Water Resources of the United States," 2015, Accessed June 27, 2024, https://www.usgs.gov.
② Food and Agriculture Organization of the United Nations, "Global Water Resources Report," 2020, Accessed July 9, 2024, http://www.fao.org/publications.

多样化的农业资源分布。根据柯本气候分类法①，北美洲的气候类型包括温带海洋性气候、温带大陆性气候、地中海气候、热带雨林气候以及干旱和半干旱气候等多种类型。这种气候的多样性直接导致了北美洲农业生产的多样化，使其呈现出显著的区域差异。北美洲北部地区位于北极圈内，气候严寒，终年被冰雪覆盖，不适合农业生产；南部的加勒比海地区受赤道暖流影响，常年遭受飓风和洪水侵袭，给农业生产带来巨大挑战；中部地区大部分位于北温带，气候适宜，是农业生产的主要区域，得益于适宜的热量和降水条件，这里形成了广泛的粮食和经济作物种植带。

北美洲的日照时长表现出明显的地域差异，通常北部少于南部，东部少于西部。年均气温总体上由北向南递增，受海洋性气候影响显著。降水量的分布受山脉地形的影响，多呈纬向分布，整体上由东向西逐渐减少。东部地区降水充沛，特别是在美国东部和加拿大南部，稳定的降水为农业生产提供了良好条件。相比之下，西部地区，尤其是美国西部，气候干旱，降水稀少，需要依赖大规模的灌溉系统来维持农作物的种植。加拿大和阿拉斯加的太平洋沿岸年降水量最高，达到 1000 毫米～2000 毫米。美国的降水分布具有显著的地域差异，东部降水较为丰富，西部相对较少，年均降水量约为 715 毫米。② 墨西哥的降水分布也不均衡，年均降水量约为 758 毫米，但北部干旱地区的降水量远

---

① NOAA, "Köppen-Geiger Climate Classification," 2007, Accessed November 15, 2023, https://sos.noaa.gov/catalog/datasets/koppen-geiger-climate-classification-2007/.

② US Geological Survey, "Water Resources of the United States," 2022, Accessed December 16, 2023, https://www.usgs.gov.

低于这一平均水平。①

全球气候变化的加剧对北美洲农业生产产生了深远影响,尤其在热带和干旱地区,降水量减少已导致农业产量下降,威胁全球粮食安全。② 在北美洲,近几十年来气温持续上升,对农业生产的季节性、作物种植模式及水资源管理产生了显著影响。特别是在中部和西部地区,气候变化增加了干旱和极端天气出现的频率,对农业生产的稳定性构成了挑战。

作为北美洲主要国家之一,美国在应对气候变化方面的表现一直存在较大争议。美国温室气体排放量长期居于世界前列,对全球气候治理具有重要影响。③ 美国气候政策深受"美国优先"战略的影响,表现出明显的波动性和不确定性。克林顿政府时期,美国积极参与国际气候协定的谈判,推动了《京都议定书》的签署,但小布什政府却选择退出该协定,显示出政策上的反复性。奥巴马政府强调全球气候合作,努力重塑美国在气候治理领域的形象,而特朗普政府则采取"退群外交",宣布退出《巴黎协定》,进一步削弱了美国在全球气候治理中的领导力。拜登政府上台后,将气候变化提升至国家战略层面,重新加入《巴黎协定》,并积极推动国内外的气候行动,试图提升美国在气候环境领域的全球领导地位。然而,党派之间的分歧使得美国的气候政策存在较大的不确定性和波动性,这不仅影响了美国国内政策的施行,也

---

① Mexican National Water Commission, "Annual Report on National Water Resources," 2022, Accessed December 17, 2023, http://www.conagua.gob.mx.
② 李飞:《全球气候治理存在的问题及对策研究》,硕士学位论文,山东师范大学,2018,第16~21页。
③ Global Carbon Project, "Global Carbon Budget 2022," 2022, Accessed November 19, 2023, https://www.globalcarbonproject.org/carbonbudget.

对全球应对气候变化的努力产生了负面影响。如何在党派博弈中实现气候政策的持续和一致，是美国乃至全球应对气候变化时面临的关键挑战之一。

（四）生物资源

北美洲以其丰富多样的生物资源而闻名，拥有大量植物和野生动物，这对北美农业和区域生态系统的可持续发展至关重要。该地区广袤的草原和高森林覆盖率形成了多样化的生态系统，包括亚北极地区、温带森林、湿地和热带雨林，为野生动植物提供了理想的栖息地。北美洲各国通过设立自然保护区，致力于保护珍稀和濒危物种，维护生态平衡。墨西哥的海洋资源丰富，渔业产品如金枪鱼、沙丁鱼和大龙虾等在国际市场上具有竞争优势。美国则以其丰富的生物多样性和完善的种质资源库而著称，这些资源为农业发展奠定了坚实的基础。尽管加拿大国土的很大一部分位于高纬度地区，气候寒冷，但其生物资源的潜力同样不容小觑，这为生态系统和农业发展提供了重要支持。

1992年联合国环境与发展大会通过的《生物多样性公约》（CBD）明确了"遗传资源的原产国"及"提供遗传资源的国家"的定义，并声明各国对其生物资源拥有主权。[①] 这一框架为北美洲各国的生物资源保护和利用提供了法律依据。北美洲各国在生物资源的管理与保护上实施了一系列措施，涵盖野生动植物、水域生物以及农业多样性等多个领域。美国在生物资源保护方面处于全球领先地位，每年投入大量研究资金支持相关计划。自1946年以来，美国通过实施《研究

---

① 邹玥屿、王金洲：《全球生物多样性大国：概念与影响力评价》，《阅江学刊》2022年第6期。

与市场法案》，设立国家研究资源中心（NCRR）以及启动国家遗传资源计划（NGRP），系统收集、保存和记录重要动植物的种质资源。目前，美国建立的国家植物种质资源系统（NPGS）致力于应对气候变化和病虫害等挑战，为农业生产提供了强有力的支撑。[①] 这些措施不仅有效保护了生物多样性，也增强了农业系统的韧性和适应性。加拿大同样在生物资源保护方面采取了积极措施，通过《植物保护法》和《植物种质系统获取政策》等法规，以及植物基因资源保护（PGRC）和国家自然资源保藏（CNC）项目，致力于保护农业遗传资源。[②] 这些措施有助于保护生物多样性，并为农业的可持续发展提供了坚实基础。

（五）人力资源

北美洲总人口约为 5.52 亿，占全球总人口的 6.9%。根据粮农组织的数据，截至 2022 年年底，全球约 40% 的人口从事与农业相关的工作，包括农民、农业工人、渔民和畜牧业从业者。然而，由于高度的城市化及农业生产的规模化、机械化和智能化，北美洲从事农业生产的人口比例远低于全球平均水平。如表 2-3 所示，在美国和加拿大，农业从业人员的比例不超过 2%。[③]

作为农业产业高度发达的地区，北美洲的人力资源在农业生产、科技创新和可持续发展方面发挥着重要作用。该地

---

① 陈方、丁陈君：《生物资源领域国际发展态势研究及启示》，《世界科技研究与发展》2019 年第 6 期。
② Volk, G. M., "Integrating Genomic and Phenomic Approaches to Support Plant Genetic Resources Conservation and Use," *Plants* 10（2021）：2260.
③ Food and Agriculture Organization, "The State of Food and Agriculture 2022," 2022, Accessed November 24, 2023, https://www.fao.org/publications.

区拥有多家农业研究机构和高等院校，致力于农业科技的研发与创新，这些机构通过科研和培训项目培养了大量高水平人才，为农业可持续发展提供了有力支持。在劳动力市场上，考虑到农业生产的季节性和周期性，各国普遍采用季节性劳工制度，特别是在播种和收获等关键时期，通过吸引国内外劳动力来保持农业生产的稳定。此外，各国还推行农业培训项目，以提高劳动力的技能水平，确保其能够适应现代农业的复杂需求。

表 2-3　北美洲代表性国家农业人口比重（2020 年）

国家或地区	男性农业人口比重（%）	女性农业人口比重（%）
加拿大	1.97	1.00
美国	1.87	1.00
墨西哥	17.85	4.00
北美洲	5.88	1.60

资料来源：World Bank, "World Development Indicators Database," 2022, Accessed December 26, 2023, https://databank.worldbank.org/source/world-development-indicators.

美国和加拿大高度重视农业职业教育，致力于培养具备专业知识的职业农民。两国在农业人力资源开发方面投入了大量资金，许多农场主和农业从业人员具备大学及以上学历。高素质的农业人才不仅是科技创新的推动者，也是农业现代化的重要保障。他们将先进的农业技术和管理经验应用于生产中，显著提升了农业生产效率和产量，推动了北美洲农业的可持续发展。通过系统化的人力资源培养与管理，北美洲农业在全球市场中保持了竞争优势，为应对未来农业发展中的各种挑战奠定了坚实的基础。

二 北美洲农业产业分布

(一) 种植业

北美洲的种植业自 1492 年哥伦布发现美洲至 17 世纪中叶的殖民时期，经历了漫长的发展过程，逐步形成了独特的农业格局。在早期殖民时代，玉米、小麦和水稻是北美洲农业的基础，而烟草和蓝靛是主要的经济作物。在殖民时期，农业生产和工商业活动几乎完全依赖土地资源。随着时间的推移，北美洲逐渐成为全球最重要的粮食生产基地之一，其农业种植体系也发生了深刻变化。如今，北美洲因其多样化的作物资源和高度现代化的农业生产体系而闻名，不仅广泛种植玉米、小麦、大豆和棉花等粮食和经济作物，还在不同地区培育了具有地方特色的植物，如加拿大的枫树、美国的蓝莓以及墨西哥的番石榴和其他热带作物。

得益于先进的农业技术、较高的机械化水平和科学管理经验，北美洲的种植业具有低成本、高利润的特点。北美洲的主要粮食作物包括玉米、小麦、大豆等，此外，北美洲还种植棉花、烟草、油菜籽等经济作物，为全球市场提供重要的原材料。美国的农产品产量居全球前列，粮食总产量约占世界的 20%，它是全球最大的农产品出口国之一。[①] 加拿大以高品质的蔬菜和花卉而著称，其南部地区是主要的粮食生产区域，中部和大西洋沿岸地区则以生产饲料作物为主，其中小麦和大麦是最重要的谷类作物，油菜是最主要的油料作物，

[①] U. S. Department of Agriculture，"Agricultural Statistics Annual Report，" 2023，Accessed October 17, 2024, https：//www.usda.gov/publications.

加拿大的油菜籽产量位居世界第二。① 墨西哥在第二次世界大战后实现了农业现代化，尽管一度实现了粮食自给自足，但随着农业逐渐向畜牧业转型，粮食供给不足的问题开始出现，面临长期的粮食安全挑战。② 近年来，墨西哥加大对农业的投入，特别支持规模化种植鳄梨、番茄、黑莓等高价值作物，并鼓励种植水稻、豆类、玉米和小麦等基本谷物。2021年，墨西哥成为世界第七大农产品出口国，2022年全国粮食总产量达到2.94亿吨。③

北美洲在农业生产中广泛应用基因改良和生物技术，以提高作物的抗病虫害能力和逆境耐受性，从而提升产量和品质。④ 美国是全球最大的转基因作物种植国之一，主要作物如玉米和大豆的转基因品种普及率超过90%。⑤ 尽管转基因作物在全球范围内存在争议，但美国通过严格的监管框架，确保转基因作物在环境和食品安全方面符合标准。⑥ 加拿大近年来也在不断调整种植结构，传统粮食作物的种植面积逐渐减少，而大豆和油菜籽等作物的种植面积在增加。⑦ 加拿大是全球第

---

① Statistics Canada, "Agricultural Production Survey," 2023, Accessed September 19, 2024, https://www.statcan.gc.ca/en/publications.
② 王文仙：《第二次世界大战后墨西哥农业生产转型与粮食问题》，《拉丁美洲研究》2020年第6期。
③ Food and Agriculture Organization of the United Nations, "Statistical Yearbook: World Food and Agriculture," 2023, Accessed October 19, 2024, https://www.fao.org/publications.
④ 徐振伟：《美国转基因的输出：从农业生物科技援助项目到非洲节水玉米项目》，《国外社会科学前沿》2023年第4期。
⑤ 金文涌、叶凤林：《中美转基因作物产业化最新进展》，《中国种业》2022年第9期。
⑥ United States Department of Agriculture, "Crops Production Annual Summary," 2022, Accessed September 20, 2024, https://www.usda.gov/reports.
⑦ 福建省农产品质检中心：《加拿大成为转基因作物种植大国》，《福建农业》2013年第6期。

四大转基因作物种植国，种植管理受到相关法规的严格监督。[1]

总体来看，北美洲的种植业得益于科技进步和农业资源的有效利用，已成为全球农业生产的重要力量。农业现代化水平的提高，包括机械化、智能化生产以及生物技术的应用，推动了农业产业的升级和可持续发展。通过科学管理和政策支持，北美洲农业在全球粮食安全领域和农产品市场有着重要地位。

（二）林业

北美洲拥有丰富的森林资源，林业发展水平居于世界前列。该地区的森林类型多样，涵盖针叶林和阔叶林，总森林面积约为7.2亿公顷，占全球森林总面积的18%。[2] 北美洲的林业在生态保护和经济发展中均扮演重要角色，为木材生产、生物多样性保护以及碳汇提供了重要支持。

美国的森林面积约为3亿公顷，森林覆盖率为33.9%。[3] 在美国，森林主要分布在西部、中部和东部，呈现明显的地域差异。西部地区主要由落基山脉至太平洋沿岸的针叶林组成，主要树种包括北美黄杉和红杉，具有较高的经济价值。南大西洋和海湾沿岸地区以长叶松和火炬松为主，是南部木材和造纸工业的重要来源。密西西比河以东的地区以阔叶林为主，产出广泛用于家具和地板生产的优质硬木（如橡木和胡桃木）。

---

[1] Government of Canada, "Canada's Energy Future 2023," 2023, Accessed October 20, 2024, https://www.nrcan.gc.ca.
[2] Food and Agriculture Organization of the United Nations, "Statistical Yearbook: World Food and Agriculture," 2023, Accessed November 2, 2024, https://www.fao.org/publications.
[3] U.S. Forest Service, "Forest Health Highlights 2023," 2023, Accessed November 2, 2024, https://www.fs.usda.gov.

加拿大的森林面积约为3.4亿公顷，森林覆盖率为38.7%。① 加拿大的林业加工产业和贸易发达，尤其是不列颠哥伦比亚省的针叶林，为全球木材和纸浆市场作出了重要贡献。加拿大的森林不仅对国民经济至关重要，也在碳汇、生物多样性保护和水源涵养方面发挥着重要的生态功能。

墨西哥的森林面积约为6569万公顷，森林覆盖率为33.44%。② 墨西哥的森林类型多样，包括热带雨林和针叶林，对生态平衡、气候调节和支持生物多样性具有重要意义。墨西哥在森林保护方面注重当地社区和土著居民的参与，以确保森林开发过程中的社会公正性。

在森林保护与管理方面，由于美国和加拿大地处中高纬度地区，森林物种相对单一，应对自然灾害（如森林火灾）时面临较大挑战。③ 两国通过监测和预警系统、建设防火隔离带和道路等措施，降低火灾对生态系统和人类社区的影响。④ 此外，为确保森林的可持续利用，美国和加拿大通过实施林业认证体系、建设国家森林公园和设立自然保护区等方式，有效协调了森林资源的保护与开发。⑤

北美洲各国高度重视土著居民对森林资源的传统使用和

---

① Natural Resources Canada, "Canada's Forest Industry Annual Report 2023," 2023, Accessed October 9, 2024, https://www.nrcan.gc.ca.
② Food and Agriculture Organization of the United Nations, "Statistical Yearbook: World Food and Agriculture," 2023, Accessed November 15, 2024, https://www.fao.org/publications.
③ 傅一敏、刘金龙：《美国森林政策如何规范管理行为：经验与启示》，《林业经济》2019年第7期。
④ U. S. Forest Service, "National Forest Management Report," 2023, Accessed October 15, 2024, https://www.fs.usda.gov.
⑤ Forest Stewardship Council, "Annual Certification Report," 2022, Accessed November 20, 2023, https://fsc.org.

依赖,致力于保护他们的权益,确保森林资源的可持续开发不损害土著居民的生计。近年来,森林管理逐渐从传统的行政管理转向多方协同的社会治理,涉及政府机构、非政府组织、社区及私营部门。各国通过提供技术支持和资金支持,通过与当地居民和相关利益方协同管理森林资源,形成了包含风险共担和监督惩罚机制的治理体系。在加拿大,政府和私人部门通过圆桌会议和商业合作等方式加强协作,减少利益冲突,确保各方在森林管理中的共同决策。[①] 地方社区和林场主协会也在协调林业小生产者与其他利益方方面发挥重要作用,逐步实现了森林资源的可持续管理,并在生物多样性保护、碳汇能力提升及地方经济发展方面取得显著成果。

总体来看,北美洲的林业通过科学管理和社会治理,兼顾了生态保护与经济发展的需求。通过多方协同合作和对土著居民权利的保护,北美洲的森林管理逐渐向可持续方向迈进,为全球林业的可持续发展提供了经验与启示。

(三) 渔业

北美洲的渔业在经济和社会发展中扮演着至关重要的角色,同时也对全球渔业治理产生了深远影响。得天独厚的地理位置和丰富的海洋资源成就了北美洲的渔业产业,使其沿海渔场面积占全球沿海渔场总面积的约20%。[②] 加拿大东海岸、美国东西海岸及墨西哥湾是主要的渔业产区,盛产鳕鱼、鳗鱼、鲱鱼等经济鱼类,满足北美洲及国际市场的渔业需求。

---

① 檀艺佳、李嘉:《世界林业经济管理研究的前沿与展望——基于国际林联第25届世界林业大会》,《中国林业经济》2021年第3期。
② Food and Agriculture Organization of the United Nations, "The State of Food and Agriculture," 2023, Accessed November 20, 2024, https://www.fao.org/publications.

美国西临太平洋，东濒大西洋，拥有长达 19928 千米的海岸线，这为其海洋资源的开发提供了天然优势。美国的海洋渔区超过 170 万平方海里，水产资源丰富，年捕捞量约为 600 万吨，其中 82.6% 来自海洋捕捞，约占全球捕捞量的 15%。① 美国在渔业产量、品种多样性及市场规模方面均占据全球领先的地位。

加拿大也是世界主要的渔业国之一，其东海岸的纽芬兰渔场为世界著名渔场。捕捞渔业在加拿大渔业中占据主导地位，并为全国提供超过 12 万个就业岗位。② 此外，加拿大是全球人工养殖三文鱼和大马哈鱼的主要供应国，尤其在不列颠哥伦比亚省，水产养殖已成为当地经济的重要支柱。

墨西哥的渔业以近海捕捞为主，水产养殖业规模相对较小。墨西哥湾丰富的渔业资源是墨西哥渔业发展的重要优势，但其整体规模仍落后于美国和加拿大。近年来，墨西哥通过政策激励和技术引进，推动水产养殖的发展，特别是在韦拉克鲁斯海岸附近，水产养殖业逐步走向规模化。

在渔业发展过程中，过度捕捞曾是北美洲渔业面临的主要挑战，对海洋生态系统产生了显著的负面影响。为应对这一挑战，北美各国采取了一系列科学管理措施，以实现渔业的可持续发展。美国国家海洋和大气管理局（NOAA）建立了过度捕捞动态名单，③ 当某类鱼种的捕捞量超出可持续水平，或环境因素导致种群数量下降时，该鱼种会被列入名单，

---

① National Oceanic and Atmospheric Administration, "Annual Fisheries Report 2023," 2023, Accessed November 22, 2024, https://www.noaa.gov.
② Fisheries and Oceans Canada, "Annual Fisheries Statistics," 2023, Accessed October 5, 2024, https://www.dfo-mpo.gc.ca.
③ National Oceanic and Atmospheric Administration, "Annual Fisheries Report 2020," 2020, Accessed October 12, 2023, https://www.noaa.gov.

并被采取相应的限制措施。① 为保护渔业资源,美国通过实施捕捞配额、季节性禁渔、建立海洋保护区和保护鱼类栖息地等措施,努力降低对生态系统的负面影响。此外,美国还推行了可持续渔业认证体系,如海洋管理委员会(MSC),以确保捕捞活动符合可持续性原则。② 远洋拖网和渔业遥感等先进捕捞技术的引入,不仅提高了捕捞效率,也减少了对海洋环境的破坏。通过这些管理和技术手段,美国大多数鱼类种群的数量已经恢复到可持续水平,渔业管理系统正逐步实现其长期可持续发展的目标。③ 在加拿大,联邦政府通过与各省的协同合作,制定区域性捕捞配额,并开展科学研究,以确保鱼类种群的可持续性。同时,墨西哥也逐步加强了渔业管理,特别是通过社区参与的模式,在渔业发展中平衡经济收益与生态保护。

北美洲渔业在全球渔业治理中具有重要地位,这不仅体现在其渔业产量和资源的丰富度上,还体现在其对渔业管理模式的不断探索与创新上。通过实施科学的管理措施,北美洲在经济发展与生态保护之间取得了良好的平衡,从而在全球渔业治理和可持续发展方面发挥了示范作用。

(四)畜牧业

畜牧业是北美洲农业体系的重要组成部分,对食品生产、经济发展和社会稳定起着关键作用。自欧洲殖民者将家畜引

---

① National Oceanic and Atmospheric Administration, "Annual Fisheries Report 2023," 2023, Accessed October 17, 2024, https://www.noaa.gov.
② Marine Stewardship Council, "Annual Fisheries Sustainability Report 2022," 2022, Accessed October 25, 2023, https://www.msc.org.
③ U. S. Department of Agriculture, "Agricultural Statistics Annual Report," 2023, Accessed October 25, 2024, https://www.usda.gov/publications.

入北美洲以来，该地区的畜牧业取得了显著的发展，涵盖了牛、羊、猪和家禽等多种畜禽。在北美洲，牛类养殖尤为重要，美国、加拿大和墨西哥均拥有大规模的肉牛养殖业，以满足国内外市场的需求。猪肉和家禽也是北美洲畜产品中的重要组成部分，美国和加拿大是主要的养猪国家，拥有现代化的大型猪场，而北美洲在全球家禽产品出口中亦占有重要地位。[1]

美国是北美洲最大的畜牧业国家，畜牧业高度发达，呈现出规模化、集约化、机械化和专业化的特点。美国的养禽业规模、生猪存栏量和猪肉产量均位居世界前列，而养牛业是其最重要的畜牧产业。得益于资金和技术的密集投入，美国畜牧业在食品供应、就业和经济发展中发挥着至关重要的作用。近年来，美国政府通过财政支持和政策激励，积极促进畜牧业的可持续发展。同时，信息技术的引入推动了畜牧业的数字化进程，通过建立追溯系统和智能化畜舍管理系统，生产效率和资源利用率均得到了提高。[2]

加拿大的畜牧业主要分布在中部的草原三省，尤其是阿尔伯塔省和萨斯喀彻温省。这些草原地区自然条件优越，非常适合大规模肉牛养殖，牧场主要采用牧草饲养和农牧结合的方式。加拿大的畜牧业产值约占农业总产值的45%，其中肉牛养殖占畜牧业的50%。[3] 肉牛养殖规模较大，平均每个牧

---

[1] Food and Agriculture Organization of the United Nations, "The State of Food and Agriculture," 2023, Accessed October 21, 2024, https://www.fao.org/publications.

[2] U. S. Department of Agriculture, "Agricultural Statistics Annual Report," 2023, Accessed October 24, 2024, Retrieved from https://www.usda.gov/publications.

[3] Statistics Canada, "Canadian Agricultural Statistics Report," 2023, Accessed October 10, 2024, https://www.statcan.gc.ca.

场饲养超过500头肉牛,而奶牛养殖则集中在东部地区,平均每个牧场饲养约80头奶牛。① 加拿大的畜牧业管理水平居于全球前列。加拿大采用先进的肉类加工和冷藏技术,并实施严格的检验检疫制度,使得肉牛产品在国际市场上具有很强的竞争力。此外,加拿大还建立了完善的溯源系统,例如猪的登记工作由加拿大种猪育种者协会(CSBA)负责,严格执行标准,确保每个个体都有详细的遗传历史记录。②

墨西哥的畜牧业因地形和气候的多样性呈现出独有的特点。北部和中部的大面积牧场是肉牛养殖的主要区域,其牛肉供应不仅满足国内市场,还在国际市场上占据重要地位。猪肉是墨西哥居民饮食中最常见的肉类之一,养殖场主要集中在各州的农村地区,以满足城乡居民的需求。禽类养殖近年来在墨西哥得到快速发展,逐渐成为畜牧业的重要组成部分。此外,墨西哥的高品质蜂蜜也已成为特色畜产品之一。③为推动畜牧业的现代化发展,近年来墨西哥政府采取了财政补贴和技术推广等措施,以提高生产效率,满足不断增长的市场需求。

总体来看,美国畜牧业以高度机械化和集约化发展为特征,加拿大依靠区域性养殖和严格的管理措施来保障其国际竞争力,墨西哥则主要依赖传统养殖方式,正在逐步迈向现代化。北美洲畜牧业的高度发展,离不开政策支持、技术投入和严格管理体系的支撑,这些措施为其在全球畜牧业中占据重要地位提供了有力保障。

---

① 李翔:《加拿大农业发展经验及对中国的启示》,《世界农业》2020年第4期。
② Canadian Swine Breeders' Association, "Annual Report on Swine Breeding Practices," 2023, Accessed September 9, 2024, https://www.csba.org.
③ Food and Agriculture Organization of the United Nations, "The State of Food and Agriculture," 2023, Accessed September 21, 2024, https://www.fao.org/publications.

三 北美洲的主要农业生产方式

(一) 北美洲土地制度

北美洲土地制度概况。北美洲各国的土地制度因不同的历史背景和社会经济结构而各具特色,形成了独特的土地管理模式。

美国的土地制度以私有制为主,绝大多数土地由个人、公司和政府机构所有。土地所有权可以通过购买、继承或政府授予的方式获得,各州和地方政府在土地规划和使用中发挥重要作用。州级规划委员会负责确保土地使用符合法规,并推动土地资源的可持续利用。[1]

与美国类似,加拿大的土地制度也以私有制为基础,但在管理中更加重视原住民的土地权益。原住民对土地享有特殊的使用权和自治权,这些权利受到法律保护。在土地管理方面,加拿大各省和地区政府负责规划和监管,以确保土地的合理和可持续利用。[2]

相比之下,墨西哥的土地制度兼具公有制和私有制的特征。尽管墨西哥经历了多次土地改革,试图减少土地分配的不平等问题,但土地问题依然复杂。土地权属关系中存在许多不确定性,如土地争端和土地记录系统的不完善,这些因素限制了土地的有效管理。[3]

---

[1] U. S. Department of Agriculture, "2023 Agricultural Statistics Annual Report," 2023, Accessed September 25, 2024, https://www.usda.gov.
[2] Natural Resources Canada, "Canada's Forest Industry Annual Report 2023," 2023, Accessed September 11, 2024, https://www.nrcan.gc.ca.
[3] Food and Agriculture Organization of the United Nations, "The State of Food and Agriculture," 2023, Accessed September 20, 2024, https://www.fao.org/publications.

北美洲土地制度的历史沿革。北美洲土地制度的历史可以追溯到 15 世纪末欧洲殖民者抵达之前。在那之前，印第安人将土地视为共同的自然资源，土地被用作共享的财富，而非个人财产。土地的使用权通过馈赠或继承的方式进行转移。① 随着欧洲殖民者的到来，印第安人的传统土地观念被摧毁，取而代之的是欧洲式的土地所有制。1607 年，英国殖民者在詹姆士镇建立了第一个永久定居点，欧洲移民开始引入他们本土的土地制度，大量原属于印第安人的土地被夺走。在英国殖民地，土地私有化逐渐成为主流，租佃制被广泛推行，土地在移民之间买卖和租赁。佃农在北美洲的生产独立性相对较高，他们拥有独立的生产资源和农具，生产独立性远高于欧洲传统租佃制下的农民。② 法国在魁北克推行领主制，国王对土地拥有最高权力，并将土地授予领主，领主再将土地层层分封给佃农。然而，加拿大殖民地的经济主要集中在毛皮贸易领域，农业并不占据核心地位。③ 在墨西哥，西班牙殖民者推行债役雇农制，通过对土地和劳动力的控制迫使印第安人成为庄园主的依附劳动力，从而使他们失去了对土地的支配权。④ 1910 年革命后，墨西哥废除了殖民时期的债役雇农制，通过一系列土地改革逐步建立村社土地制度，土地归村社所有，社员对土地只有使用权而无所有权。然而，随着人口增长和地块细分，农业生产效率逐渐下降。1991 年，墨西哥政府宣布终止土地改革，开始逐步推进村社土地的私

---

① 张兰星：《殖民时期北美印第安农业的发展》，《农业考古》2021 年第 3 期。
② 王玢：《内战后美国南方农业生产关系的演变过程》，《边疆经济与文化》2014 年第 8 期。
③ 钟月强：《殖民地时期美洲经济南北差距的制度因素》，博士学位论文，天津师范大学，2016，第 129～140 页。
④ 王文仙：《试论殖民地时期墨西哥大庄园的特征》，《世界历史》2004 年第 4 期。

有化，以改善土地利用效率。①

北美洲土地制度的影响。北美洲的土地制度深受殖民历史和国家政策的影响，对各国农业发展产生了重要影响。美国通过土地私有化和政策创新，使家庭农场成为农业的核心主体，推动了农业的现代化发展。加拿大在土地管理中兼顾经济发展和原住民权益，通过合理的土地规划，确保土地的可持续利用。而墨西哥的土地制度在公有化和私有化之间不断调整，尽管这种变化在一定程度上提高了土地利用效率，但现代农业的发展仍受到限制，难以与美国和加拿大的农业体系相竞争。北美洲土地制度的不断变迁反映了该地区农业发展的复杂性与多样性。未来，通过进一步完善和创新土地政策，各国有望在现代农业中取得更大的竞争优势。

（二）北美洲农业生产经营方式

北美洲农业生产经营方式概述。北美洲农业生产经营方式因国家和地区的不同而有所差异，但总体上呈现出高度现代化、科技驱动和规模化的发展趋势。家庭农场是这一体系的核心，其发展深刻影响了北美洲农业的整体结构与发展态势。

美国家庭农场的现代化与规模化发展。美国是家庭农场的发源地之一，这种农业经营模式在19世纪中叶逐渐形成，并推动了现代农业的发展。凭借丰富的自然资源、适宜的气候条件以及政策支持，家庭农场成为美国农业的主体，并为农业现代化奠定了基础。美国家庭农场通过对自然资源的科

---

① 董国辉：《墨西哥村社土地制度的历史变迁》，《世界近现代史研究》2008年第5期。

学规划、稳定的农作物播种、多元化经营、先进农机装备的广泛应用，以及保护性耕作方法，保持了较高的劳动生产率和土地产出率，这使得美国在全球农产品市场中占据重要地位。美国的农业政策在家庭农场发展中扮演了至关重要的角色。政府通过财政补贴、技术推广等多方面的支持措施，保障了家庭农场的稳定经营，并促进了可持续发展。美国的家庭农场经营者普遍具备较高的文化素质，能够有效运用现代农业技术，实现土地和资源的利用效率的最大化。[①] 尽管农业生产逐步向大规模经营转变，家庭农场依然贡献了美国九成以上的农业产量，灵活而高效的经营方式为家庭农场赢得了长久的生命力。

加拿大的高效家庭农场。加拿大与美国相似，以家庭农场为农业经营的主要形式。得益于人少地多的优势，加拿大的农业现代化和机械化水平甚至高于美国，尤其在南部地区与美国接壤的农业带，已实现高度集约化和规模化。加拿大农场主广泛应用现代化农业机械，大幅提升了生产力，节省了劳动力，降低了生产成本，从而提高了整体农业效益。此外，加拿大政府根据不同农地类型和环境问题制定了补偿计划，以推动农业的可持续发展。这些政策使加拿大农产品在国际市场上赢得了绿色和安全的美誉，为可持续农业树立了典范。[②] 近年来，加拿大部分家庭农场逐步实现智能化管理，通过利用传感器、无人机等技术实时监控作物生长状况和土壤条件。这种基于数据和智能技术的现代管理模式，不仅优化了农业投入与产出，还为环境友好型农业提供了

---

① 李社潮：《美国家庭农场经营发展新特点》，《农机市场》2022 年第 6 期。
② 沈佳音、张茜：《加拿大农地保护机制以及对我国的借鉴意义》，《中国国土资源经济》2010 年第 12 期。

新的可能性。①

墨西哥现代化农业与传统村社共存的二元结构。与美国和加拿大不同，墨西哥的农业生产方式深受地理条件和历史背景的影响，呈现出明显的二元结构。在北部与美国接壤的地区，农业生产高度现代化，主要发展商品农业。该地区农业基础设施良好，机械化水平较高，农场规模较大，主要致力于生产高价值的出口农产品，如鳄梨和番茄。相比之下，在墨西哥的中南部地区，农业生产仍以传统村社农业为主。这里的农业主要依赖人力，技术水平较为落后，经营规模较小，商业化程度低，资金投入也远不及北部的现代农业区。然而，近年来墨西哥逐步探索发挥农业合作社和农民组织的作用，通过加强成员间合作，帮助小农户提升议价能力并促进资源共享。这些合作社在技术支持、市场信息提供和销售渠道拓展等方面为农民提供了重要支持，有助于提高农业生产效率，改善农民的经济状况。②

北美洲农业经营方式的共性。尽管北美洲农业生产经营方式在不同国家和地区表现出差异，但整体上都体现了现代化、科技驱动和规模化的发展特点。无论是美国和加拿大高度现代化的家庭农场，还是墨西哥并存的北部现代化农业与中南部传统村社农业，北美洲农业的成功离不开技术进步、政策支持和资源的高效配置。

北美洲农业的未来发展将依赖信息技术、人工智能和生物技术，逐步向智能化和绿色化方向转型。通过优化农业政

---

① Natural Resources Canada,"Canadian Forest Industry Report,"2023, Accessed November 22, 2024, https://www.nrcan.gc.ca/forests.
② Food and Agriculture Organization of the United Nations,"The State of Food and Agriculture,"2023, Accessed July 20, 2024, https://www.fao.org/publications.

策、应用先进管理技术,以及推动多方协作的治理模式,北美洲将为农业的可持续发展提供坚实基础,助力全球粮食安全和农业经济的增长。

(三) 北美洲农户的主要特点

北美洲农户在农业资源的利用和农业发展的推动中发挥着关键作用,其农业活动展现出显著的多样性,涵盖了粮食生产、畜牧业、果园及蔬菜种植等多个领域。尽管北美各国农户的生产规模和经营方式存在差异,但普遍应用现代农业技术以提高生产效率和农产品质量,许多农户不仅面向国内市场,还积极参与国际市场,农产品出口已成为其重要的经营方向。

美国与加拿大农户的特点。美国和加拿大的农户主要以家庭农场作为农业经营形式。依靠先进的农业技术、充足的资金支持以及高度机械化,这些国家的农户具备极高的生产力。他们的生产并不局限于传统的耕作和畜牧方式,而是注重科学管理,包括合理使用化肥和农药,并详细记录生产过程,以减少对环境的负面影响。2017 年,美国仅有 204 万户农户,占全国总户数的 1.6%。[①] 尽管农户数量较少,但凭借高度现代化的生产工具和完善的职业教育,美国农户的劳动生产率和土地产出率均位居全球领先地位。加拿大的农户同样展现出高生产力,但在农业生产中受农地保护补偿机制的影响,具有其独特之处。通过直接支付现金、税收减免、农业保险及农业技术培训等补偿措施,加拿大政府激励农户合

[①] U.S. Department of Agriculture,"Agricultural Statistics Annual Report," 2017, Accessed October 20, 2023, https://www.usda.gov/reports.

理种植,确保农业的可持续发展,并提高农户的经济收益。①

墨西哥农户的特点。与美国和加拿大相比,墨西哥农户在农业生产和经营方式上表现出显著差异。资源匮乏、技术落后和基础设施不完善是墨西哥农业发展的主要制约因素。在墨西哥北部与美国接壤的地区,农业现代化程度较高,基础设施相对完善,农户主要生产出口导向的高价值农产品,如鳄梨和番茄。而在中南部地区,农户多采用传统的村社农业形式,耕作主要依赖人力,生产规模较小,以自给自足为目的。由于缺乏资金和技术支持,中南部地区的农户难以在国际市场中形成竞争力,这导致整体农业生产率较低,农户的经济收入也相对有限。

北美洲农户的共性与差异。尽管北美洲各国农户在农业生产中存在差异,但在一些方面也展现出共性。美国和加拿大的农户普遍具备较高的知识水平,注重现代化技术的应用和环境保护,通过农业协会等组织实现农业经营的市场化和组织化。这些协会在技术推广、提高农民的市场议价能力和保障农户利益方面发挥了重要作用。与之相比,墨西哥的农户在生产方式上仍较为传统,他们资源受限且缺乏政府的有效支持,农业经营面临较大不确定性。因此,北美洲农业体系呈现出显著的两极分化:一方面是现代化程度高的美国和加拿大农户,另一方面是仍然采用传统生产方式的墨西哥农户。

北美洲农户的发展趋势。随着现代农业技术的发展,北美洲的农户正面临新的机遇和挑战。随着农业技术的发展,

---

① 李武艳、徐保根等:《加拿大农地保护补偿机制及其启示》,《中国土地科学》2013年第7期。

美国和加拿大的农户在未来将继续推动农业智能化,广泛应用无人机、智能传感器和大数据等技术,以提高资源利用效率和生产力。同时,农业的可持续性问题也日益受到重视,农户们正通过使用有机农业和减少化学品,积极推动绿色发展。相比之下,墨西哥需要进一步提升农业生产的现代化水平,加大对基础设施和农业科技的投入,通过农业合作社帮助小农户提高生产效率并拓展市场渠道。农业合作社和农民组织可以在增强小农户市场参与度方面发挥重要作用,能够有效弥补小规模生产的不足,提升农民的经济地位和生活水平。

总体来看,北美洲的农户在推动农业现代化和可持续发展方面发挥着关键作用。无论是依靠高科技支持的现代化家庭农场,还是面临挑战的传统农业农户,他们都通过不断适应和创新,为农业发展作出了重要贡献。

四 北美洲农业生产系统的主要特点和挑战

(一)北美洲农业生产系统的主要特点

第一,高度规模化与集约化的农业生产。北美洲农业生产的首要特点是高度规模化和集约化。丰富的自然资源为北美洲农业提供了强大的支撑,包括广阔的耕地、充沛的水资源和适宜的气候条件,这些因素共同奠定了农业生产的坚实基础。北美洲的农业涵盖粮食作物、畜牧业、果园和蔬菜种植等领域,形成了多元化和综合性的生产体系。在农业生产中,北美洲不仅重视食品安全和质量标准,还积极推进可持续农业实践,体现了先进的生产理念。农场经营模式在农业生产中占据主导地位,普遍采用现代农业技术和机械化设备,农场组织化程度高,规模经济效益显著。特别是美国和加拿大，农业资源的丰富性与高效的生产经营使这两个国家的农业在全球具有明显优势。虽然农业从业人数相对较少，但由于从业者普遍具备较高的科技文化素养，再结合先进的管理理念，这些生产者推动了农业劳动生产率和农户收入的提高，使北美洲农业生产水平稳居全球领先地位。

第二，区域化布局与产业分工的专业化。北美洲的农业生产系统具有显著的区域化布局和专业化分工特点。各地区根据气候和土地条件因地制宜，充分发挥自身优势，形成了多样化的农业生产格局。这种区域化的生产模式使得各地能够最大限度地发挥比较优势，构建了一个相对完善和高效的农业体系，有效降低了生产成本，提升了整体效益。在北美洲的家庭农场中，产业分工非常明确。根据产品属性，家庭农场可以分为谷物农场、畜牧业农场、农牧混合农场和特种作物农场等类型。这些农场专注于特定的生产活动，而农资供应、产品加工、运输和销售等环节则由专业化的协会和合作社负责协调管理。这种分工合作的模式不仅提高了生产效率，还增强了农业产业链的精细化管理和市场竞争力。

第三，高度市场化与健全的社会化服务体系。北美洲的农业市场化程度极高，农产品种类丰富、商品率高，其中大部分用于出口，占据了重要的国际市场份额。农业生产追求经济效益最大化，农户与供应商、加工商、运输商和零售商在市场规则下展开合作，农业活动高度依赖市场体系。家庭农场主积极参与农业协会、联合会等行业组织，以提高市场议价能力，并在生产和销售等环节中获得专业的社会化服务和支持。政府在农业科技研发、农业信贷和保险等方面提供财政支持，为农业生产提供了有力保障。此外，北美洲的农业法律体系较为完善，覆盖从生产到销售的各个环节，保障了农产品质量以及农户、生产者和相关利益主体的权益。

第四,迈向全球领先的农业发展方向。北美洲农业生产系统的发展趋势是技术创新与可持续实践的结合,以进一步提高生产效率和环境友好性。近年来,北美洲引入了大量智能农业技术,如精准农业、遥感监测、自动化机械和大数据分析,极大优化了农业资源的利用,减少了生产过程中的浪费。同时,有机耕作和生态农业等可持续农业方法逐渐被广泛接受,有利于减少对化学肥料和农药的依赖,保护土壤健康和生物多样性。在应对气候变化方面,北美洲农业采取了积极的措施,如种植耐旱或耐涝作物、实施有效的水资源管理和土地保护策略,以应对极端气候事件。此外,市场导向的农业生产决策的重要性日益提高,农户逐渐注重生产本地食品、非转基因产品和符合公平贸易标准的商品,以满足消费者日益增长的需求。为推动农业的持续发展,美国和加拿大政府通过农业补贴、研发资助和税收优惠等政策,鼓励农业技术创新和可持续发展,这些政策为北美洲农业生产提供了长期动力,保障了农产品质量和农业产业健康发展,使北美洲农业始终处于全球发展的前沿。

(二) 北美洲农业生产系统的主要挑战

尽管北美洲的农业生产系统在全球农业中占据领先地位,但也面临着一系列严峻的挑战。这些挑战不仅影响农业生产的可持续性,还威胁到生态环境、经济效益和社会稳定。主要挑战包括生态环境的恶化、气候变化的影响、资源利用效率的低下、科技创新的局限性以及社会与政策支持不均。

第一,生态环境的恶化。生态环境的恶化是北美洲农业生产系统面临的重要挑战之一。长期以来,农业生产中的过度开发和化学农业的滥用对生态系统造成了严重的负面影响。首先，大量使用化肥、农药和农膜等化学物质，虽然有效提高了农作物的产量，但也导致了土壤质量下降和环境污染问题。例如，化肥和农药的长期滥用导致土壤板结、盐碱化和有机质流失，严重影响了土壤的健康和肥力。据统计，美国农田的土壤侵蚀速度是自然形成速度的10倍以上。其次，农业生产对水体的污染同样值得关注。氮、磷等营养物质通过农田径流进入地表水和地下水，导致水体富营养化，进而引起藻类大量繁殖，破坏水生生态系统的稳定。在北美洲的部分农业密集地区，这种污染对生态环境和居民生活构成了双重威胁。此外，单一作物种植和过度开垦导致生物多样性降低，农田生态系统的脆弱性加剧。虽然单一作物种植能够带来一时的高产，但从长远来看，这种生产模式使得农业生态系统缺乏足够的物种多样性，削弱了其应对病虫害和极端气候的能力。

　　第二，气候变化的影响。气候变化对北美洲农业生产系统的影响日益加剧，已成为现代农业面临的主要挑战之一。近年来，全球气候变暖导致极端天气事件频发，如高温、干旱、洪涝和寒潮，这对农业生产的稳定性构成了严重威胁。例如，2012年，美国经历了历史上罕见的高温和干旱，导致玉米和大豆等主要作物的产量大幅下降，对国内外粮食市场产生了深远影响。气候变化还影响了作物的生长周期和病虫害的发生规律，增加了农业生产中的不确定性。预计在未来几十年，北美洲的气温将继续上升，降水分布将更加不均衡，这将给农业生产带来更大的挑战。为应对气候变化，北美洲农业需要进行相应的调整，包括改良作物品种，培育耐旱耐涝的农作物，以及推广水资源管理技术和土地保护策略，以提高农业系统的适应能力。

第三,资源利用效率低下。资源利用效率低下是北美洲农业生产系统面临的另一大挑战。农业生产对水资源的依赖程度较高,尤其是在部分干旱地区,农业高度依赖灌溉。然而,灌溉系统的老化和不合理使用导致了水资源的浪费和利用效率低下。尽管北美洲整体水资源丰富,但部分农业生产地区的水资源短缺问题依然严重,特别是在美国西部和墨西哥的干旱地区,这种不平衡进一步加剧了农业用水方面的矛盾。在土地资源的利用方面,过度开垦和不当管理导致了土地退化,部分农田逐渐失去了生产能力。为了追求短期经济利益,许多农场主忽视了对土地的合理管理,导致土壤结构被破坏、肥力下降和生产力降低。此外,无序的土地开发活动也对自然生态系统造成了破坏,威胁到了生物多样性和农业的可持续性。

第四,科技创新的局限性。尽管北美洲在农业科技创新方面居于世界领先地位,但在面对一些新挑战时,其农业系统仍表现出科技创新方面的局限性。生物技术在提高作物产量和抗逆性等方面展现了巨大潜力,但转基因作物的安全性尚未获得社会的广泛认可,这限制了转基因技术在农业中的推广应用。部分消费者对转基因作物持怀疑态度,担心其可能对健康和环境产生负面影响,这导致政策制定者在推广相关技术时受到阻碍。同时,尽管北美洲拥有先进的农业机械化设备,但在信息技术和数字农业技术的推广应用方面仍存在不平衡现象。特别是在小型农场和偏远地区,农户往往缺乏引入先进农业技术所需的资金和技术支持。这些技术壁垒使得部分农户无法享受到智能农业和精准农业带来的效益,导致其生产力和竞争力逐渐落后于大型现代化农场。

第五，社会与政策支持不均。尽管政府为农业生产提供了大量的财政补贴和政策支持，但在资源分配上仍存在不平衡问题。大型农场和农业企业通常能够获得更多的财政补贴和信贷支持，而小型农户和家庭农场在获取资源和市场准入机会方面面临困难。这种不平等加剧了农业系统中的两极分化，使小规模生产者在市场竞争中逐渐处于不利地位。此外，劳动力短缺也是北美洲农业面临的主要挑战之一。尤其在加拿大和美国的部分农业产业中，随着人口老龄化和劳动力成本上升，许多农场难以吸引年轻人进入农业生产领域，导致部分农场生产力下降，这进一步阻碍了新技术在农业中的有效推广和应用。

综上，北美洲的农业生产系统在全球农业中处于领先地位，但也面临着生态环境恶化、气候变化、资源利用效率低下、科技创新受限以及社会与政策支持不均等多方面的挑战。这些挑战使得北美洲农业的可持续发展面临严峻的考验。未来，北美洲农业系统需要在提高资源利用效率、推动科技创新、加强政策支持以及应对气候变化等方面作出更多努力，以确保农业生产的竞争力和可持续性。

第二节 欧洲农业生产系统

欧洲位于东半球的西北部，地理位置优越，北接广阔的北冰洋，西邻浩瀚的大西洋，南靠地中海与黑海。欧洲面积达 1016 万平方千米（含岛屿），约占全球陆地总面积的 6.8%。值得一提的是，欧洲陆地总面积中有超过三分之一为半岛和岛屿，其中半岛面积占全欧洲总面积的 27%。[①] 作为全

---

① 中国机构编制网：《欧洲概述》，最后访问日期：2023 年 9 月 25 日，2021，http：//www.scopsr.gov.cn/hdfw/sjjj/oz/index.html。

球人口排名第三的大洲，欧洲的人口数量仅次于亚洲和非洲。欧洲大多数国家都属于发达国家，如英国、法国、德国、瑞士、丹麦、冰岛等。欧洲的农业发展水平极高，是全球农业生产系统的重要一环。这里不仅是全球重要的农产品贸易区域，还形成了高度集中、专业化、附加值高的规模化农业体系。本节旨在深入剖析欧洲农业生产系统的资源状况、主要作物种植情况以及现有的生产模式，并揭示其当前面临的挑战与问题。

一 欧洲农业资源分布

欧洲的耕地资源相对集中，但近年来，耕地面积持续缩减，同时面临着耕地撂荒和水土流失的双重挑战。尽管从整体上看，欧洲的水资源较为充沛，但水资源在地区间的分配极不均衡，且存在较为严重的水资源污染问题。得益于充足的热量和降水量，欧洲拥有多样化的动植物资源。然而，欧洲农村人口和农业就业人数正逐年下降，农业劳动力的老龄化问题日益突出。此外，人为活动导致的气候变化和环境恶化等问题，对农业资源的数量和质量构成了严重威胁，这无疑对欧洲农业实现可持续发展构成了重大挑战。

（一）耕地资源

欧洲耕地总面积约为 278135 千公顷。在欧洲，耕地相对集中，主要分布在国土面积大且耕作条件好的国家，部分国家由于国土面积狭小或自然条件限制，耕地面积小。东欧耕地面积占欧洲总耕地面积的 1/2 以上，欧洲耕地面积排名前 10 的国家的耕地总面积占欧洲耕地总面积的 82.17%。[1] 俄罗

---

[1] World Bank, "Agricultural Land," 2021, Accessed December 13, 2023, https：//data.worldbank.org/indicator/AG.LND.AGRI.ZS.

斯是欧洲耕地面积最大的国家，约占欧洲总耕地面积的36.5%；其次是乌克兰，占欧洲总耕地面积的9.46%；法国耕地面积位居欧洲第三，是欧洲重要的农业大国和农产品供应国。① 南欧、中欧、西欧等区域的耕地面积呈逐年减少的趋势。出于城市扩张、经济发展和环境保护的需要，西班牙、波兰、英国等国的耕地面积持续减少，20世纪50年代西欧耕地面积减少了6.5%。欧洲还广泛存在着耕地撂荒现象，分布于中欧山区、地中海地区、东欧地区等。② 同时，欧洲正面临水土流失的严峻问题。据估计，欧盟范围内的水土流失速度平均为每年2.4吨/公顷，大约有13%的可耕种土地遭遇了中度至重度的水土流失问题。这种情况导致了土壤有机质的显著流失，严重威胁了土壤的肥力和生态系统的健康。③

为缓解土地撂荒，提高耕地利用率，欧盟出台了不受关注地区（Less-Favoured Areas）农业发展政策，后更名为自然约束区域（Areas of Natural Constraint）政策。该政策主要通过财政支持帮助落后地区提升农业能力和竞争能力，鼓励农户继续耕种。④ 为防止水土流失，保护现有耕地，欧洲多国制定了保护土地的规章条例。例如，欧盟2018年出台了《关于未来食品和农业的立法建议》，强调环境保护，设置了30%的强制性直接支付额度，定向用于农业生产环境保护；强制要求农民通过保护湿地和泥炭地，限制对土壤使用危险化学品，

---

① 项铭涛等：《2000—2010年欧洲耕地时空格局变化分析》，《中国农业科学》2018年第6期。
② 李升发、李秀彬：《耕地撂荒研究进展与展望》，《地理学报》2016年第3期。
③ 胡祖恒等：《欧洲地区不同温室气体背景下土地利用/覆盖变化的气候效应》，《气候与环境研究》2018年第2期。
④ European Environment Agency, "Less Favoured Areas," 2009, Accessed December 14, 2023, https://www.eea.europa.eu/data-and-maps/figures/less-favoured-areas.

并对污染地开展治理,加强对富含碳土壤的保护,鼓励加强农作物轮作以保护土壤肥力。①

(二)水资源

欧洲水资源整体较充足,以 2020 年为例,欧洲当年实际可用水量为 6874 亿立方米,约占世界总淡水量的 15.2%,年人均水资源量为 9445 立方米。②但欧洲地区水资源分布不均,表现为东部多、西部少。如挪威西部平均每年降水量为 3000 毫米,中欧大部分地区仅为 100 毫米~400 毫米,西班牙中部和南部则不足 25 毫米。随着工业发展和灌溉农业的扩张,欧洲对水资源的需求日渐增加。由于欧洲有较多的工业化国家,工业用水需求量较大。2017 年,欧洲农业用水量占欧洲淡水总用量的 31%,工业用水约占 46%。③ 同时,欧洲面临严重的水资源污染问题。由于工业污染排放和农药化肥的滥用,2017 年欧洲地表水的 31.7% 为中等水质,11.4% 属于劣质水,对欧洲居民的身体健康和日常生活构成威胁。④

由于水资源问题日益突出,欧洲各国十分重视水资源管理。早在 2000 年,欧盟就颁布了《欧盟水框架指令》(Water Framework Directive),该框架指令的 26 项条款涵盖了水域保

---

① 马红坤等:《欧盟农业支持政策的改革方向与中国的未来选择》,《现代经济探讨》2019 年第 4 期。
② Food and Agriculture Organization of the United Nations, "AQUASTAT," 2022, Accessed December 14, 2023, https://www.fao.org/aquastat/en/databases/.
③ United Nations Educational, Scientific and Cultural Organization, "The United Nations World Water Development Report," 2023, Accessed December 14, 2023, https://unesdoc.unesco.org/ark:/48223/pf0000384655.
④ European Parliament, "EU Agricultural Policyand Climate Change," 2020, Accessed December 16, 2023, https://www.europarl.europa.eu/RegData/etudes/BRIE/2020/651922/EPRS_BRI(2020)651922_EN.pdf.

护和管理，使欧盟各国在水域保护、污染控制和水域危险品管理方面有法可依；法规要求农民减少化肥、杀虫剂的使用量，主张污染者付费原则。2012年，欧盟委员会启动了《保护欧洲水资源蓝图》（Blueprint to Safeguard Europe's Water Resources），旨在完善现有水资源管理政策，将水资源政策目标整合到其他政策领域。此外，为确保欧洲的用水安全，欧盟在1998年颁布了《关于人类饮用水水质的欧洲理事会指令》（Council Directive 98/83/EC of 3 November 1998 on the Quality of Water Intended for Human Consumption）。该指令自实施以来，每六年进行一次补充修订，以定期更新饮用水的质量标准，从而确保其与最新的科学研究和环境保护要求保持一致。该指令对各类有害物质的含量设定了严格的限量标准，以保障欧洲公民的饮水健康和环境的可持续发展。[①]

（三）气候资源

欧洲的主要气候类型为温带大陆性湿润气候、温带海洋性气候和亚热带地中海气候。从光照资源来看，欧洲南部受地中海气候影响，日照时间较长；而欧洲北部受大西洋和极地海洋气团的影响，日照时间较短，因此欧洲地区的光照时间分布特征为南部长、北部短，东部长、西部短。从热量资源来看，欧洲的年平均气温自东北向西南逐渐升高，西部温度高于东部。从雨水资源来看，欧洲的降水量自西向东减少。[②] 西欧常年湿润，雨量分布均匀；中欧年降水量为500毫

[①] European Commission, "The Quality of Water Intended for Human Consumption," 2015, Accessed September 17, 2023, https://eur-lex.europa.eu/legal-content/EN/TXT/?uri=CELEX:01998L0083-20151027.

[②] 许世卫、信乃诠主编《当代世界农业》，中国农业出版社，2010，第16页。

米~800毫米；东欧年降水量为400毫米~600毫米。人类活动给欧洲气候带来了较大的负面影响。例如，欧盟地区的土壤中包含510亿的二氧化碳当量，远超欧盟每年排放的温室气体量；欧盟农业部门共排放温室气体4.36亿吨，约占欧盟总排放量的10%。① 此外，IPCC评估指出，过去一个世纪欧洲的平均温度上升了0.9℃。②

为应对气候变化，欧盟委员会于2019年出台了应对气候变化、推动可持续发展的"欧洲绿色协议"（Green Deal），以期在2050年前实现欧洲地区的"碳中和"。③ 欧盟委员会于2021年出台了《欧洲气候法》（European Climate Law），将"欧洲绿色协议"的"碳中和"目标写入其中。《欧洲气候法》规定，欧洲环境机构将每五年追踪各国气候行动项目进展并调整成员国的国家气候计划。④

（四）生物资源

在动物资源方面，欧洲有丰富的野生动物种类，其中许多是欧洲大陆所特有的。在森林资源方面，2022年欧洲森林面积为10.01亿公顷，占全球森林面积的25.3%，森林覆盖率达44.3%。如图2-1所示，在1990年至2020年间，欧盟

---

① European Commission, "EU Agricultural and Climate Change," 2020, Accessed September 17, 2023, https://www.europarl.europa.eu/RegData/etudes/BRIE/2020/651922/EPRS_BRI（2020）651922_EN.pdf.
② IPCC, "IPCC Sixth Assessment Report," 2022, Accessed September 17, 2023, https://www.ipcc.ch/report/ar6/wg1/chapter/chapter-3/.
③ European Commission, "A European Green Deal," 2019, Accessed September 18, 2023, https://ec.europa.eu/info/strategy/priorities-2019-2024/european-green-deal_en.
④ European Commission, "European Climate Law," 2021, Accessed September 18, 2023, https://www.europarl.europa.eu/RegData/etudes/BRIE/2020/649385/EPRS_BRI（2020）649385_EN.pdf.

大部分国家的森林面积不断增加；芬兰、瑞典、斯洛文尼亚、拉脱维亚、爱沙尼亚的森林面积占国土面积的50%以上。①

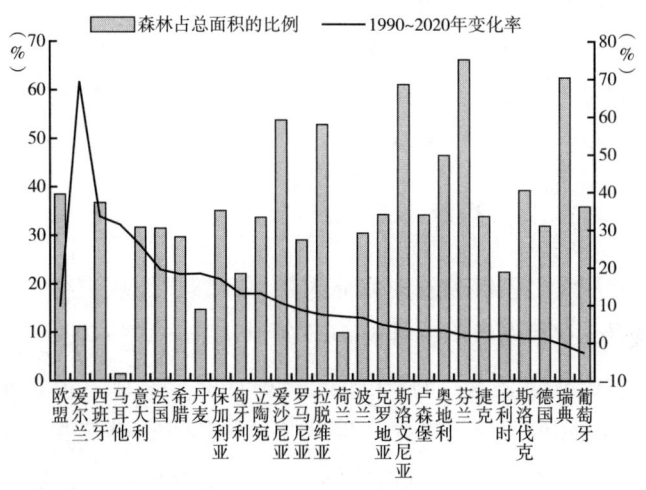

图 2-1 欧盟各国 1990 年与 2020 年林地面积变化率

资料来源：Eurostat, "Area of wooded land," 2023, Accessed September 23, 2023, https：//ec.europa.eu/eurostat/databrowser/view/for_area_efa/default/map? lang=en.

欧洲生物多样性面临多重挑战。国际自然保护联盟评估了欧洲约6000个物种的保护情况，结果显示多达25%的欧洲动植物物种面临灭绝的风险。② 环境污染、极端天气等问题严重威胁欧洲的生物多样性，而大部分生物群落和生态系统难以适应气候变化。为保障欧洲地区的生物多样性，欧盟于2020年5月出台了《欧盟生物多样性2030战略》(Biodiversity Strategy for 2030)，旨在保护自然环境，逆转生态系统退化，减少生物

---

① Eurostat, "Area of Wooded Land," 2023, Accessed September 23, 2023, https：//ec.europa.eu/eurostat/databrowser/view/for_area_efa/default/map? lang=en.
② Council of Europe, "Convention on the Conservation of European Wildlife and Natural Habitats," 2022, Accessed September 25, 2023, https：//coe.int/en/web/bern-convention.

多样性损失。该战略要求欧盟成员国在2023年前合法制定新的保护区和生态走廊，鼓励各国政府将原始林、老龄林、泥炭地和湿地等生态系统指定为"严格保护"的生态系统。①欧盟支持由国际自然保护联盟制定的欧洲濒危物种红色名录，该名录概述了欧洲约6000个物种的保护状况，以便采取适当的行动保护濒临灭绝的物种。

（五）人力资源

欧洲农村人口和农业就业人数逐年减少。从农村人口数量来看，据粮农组织统计，2023年欧洲农村人口约为1.3亿人，约占欧洲总人口的24%。② 从欧洲农业就业人员数量来看，据国际劳工组织统计，2022年欧洲农业、林业和渔业就业人数为1816万人，仅占欧洲总就业人口的4.7%，较2000年的农业就业人数减少了约1698万人。③ 2019年欧盟从事农业、林业和渔业的人数较上一年减少了约21万。欧洲各国还面临着农民收入少，农业劳动力老龄化程度高，难以吸引年轻人参与农业活动等问题。2020年，欧盟国家农民的平均收入仅为其他行业人员的47%。④ 据欧洲统计局统计，在欧盟1080万个农场中，31.3%的农场由65岁以上的人员管理，

---

① European Commission, "Biodiversity Strategy for 2030," 2020, Accessed September 25, 2023, https://environment.ec.europa.eu/strategy/biodiversity-strategy-2030_en.
② FAO, "FAOSTAT," 2021, Accessed September 25, 2023, https://www.fao.org/faostat/en/#data/OEA.
③ International Labour Organization, "Population," 2021, Accessed September 25, 2023, https://www.ilo.org/global/statistics-and-databases/lang--en/index.htm.
④ 刘武兵：《欧盟共同农业政策2023—2027：改革与启示》，《世界农业》2022年第9期。

24.7%的农场由55~64岁的人员管理。①

为应对农业人口减少的问题,欧洲国家出台多项政策支持农业生产,鼓励农民积极开展农业活动。欧盟于2021年年底出台的共同农业政策(CAP)提出,给予"活跃农民"农业补贴,增加对中小家庭农场的收入支持,推动国内农地补贴均等。② 与此同时,欧洲各国充分重视农业人力资源开发教育,大力吸引年轻人参加农业活动。欧盟鼓励成员国至少将支付总额的3%用于支持青年农民,鼓励女性进入农业。法国建立了高等农业教育、中等农业职业技术教育等农业教育体系,规定农民必须接受职业教育和培训。荷兰形成了由预备农业职业教育、中等农业教育、高等农业学院、农业大学和农业成人教育组成的五层次农业教育体系。③

二 欧洲农业产业分布

欧洲农业产业专业化程度高,通过积极构建经济作物产业链,形成了花卉、葡萄等专业产业链。欧洲森林资源丰富,构建了林业生产、贸易产业链;依靠临海的地理优势,着力发展海洋捕捞业;欧洲畜牧业产业化起步早,畜牧业发展水平位于世界前列。尽管欧洲形成了完善的产业链,但各国为保护生态环境,出台了多项农业生产制约措施,增加了农业生产成本,降低了欧洲农业的竞争力。

---

① Europe Commission, "Household Farm," 2021, Accessed September 25, 2023, https://ec.europe.eu/eurostat/statistics explained/ index.php.
② 邓冠聪:《新欧盟共同农业政策如何体现对农民更加公平?》,中国农业外经外贸信息网,2021年9月14日,最后访问日期:2023年10月8日,http://www.mczx.agri.cn/mybw/202109/t20210914_7756587.htm。
③ 周洁红、魏珂:《发达国家职业农民培育政策的演变及启示》,《农业经济问题》2019年第8期。

(一) 种植业

欧洲除法国和德国之外的其他国家由于国内耕地面积有限、城市用地较多等原因，粮食作物产量难以满足国内需求，多依赖进口。根据粮农组织数据库的信息，2020年欧洲种植业总面积约为283064千公顷。如表2-4所示，2022年欧盟成员国中农作物产值排名靠前的国家依次为法国、德国、意大利、西班牙、波兰、荷兰等。

表2-4 欧盟部分国家2020~2022年农作物产值

单位：百万欧元

国家	2020年	2021年	2022年
法国	76630.72	82418.56	96575.18
德国	57415.74	59347.78	74534.83
意大利	57833.34	61191.84	71157.79
西班牙	51787.22	57102.25	63171.91
波兰	26405.78	27920.01	39960.87
荷兰	28235.59	20614.24	36253.01
罗马尼亚	16824.18	21107.10	22776.02
丹麦	11727.60	11764.91	14532.29
希腊	12051.74	12402.77	14322.22
爱尔兰	8891.82	10106.30	12576.31

资料来源：Eurostat, "The future of crop protection in Europe," 2023, Accessed September 25, 2023, https://ec.europe.eu/eurostat/statistics explained/index.php.

在粮食作物方面，欧洲各地区种植的主要粮食作物为小麦、大麦、燕麦、玉米等。[1] 谷物是欧洲的主导作物。2021年欧盟谷物总产量约为2.97亿吨。如表2-5所示，作为欧盟最大的农业生产国，法国2022年的谷物产量遥遥领先，

---

[1] Europe Commission, "The Future of Crop Protection in Europe," 2021, Accessed September 25, 2023, https://ec.europe.eu/eurostat/statistics explained/index.

约为 5.967 万吨。欧洲在世界种植业中的地位逐渐降低，欧洲谷物产量在世界总产量中的占比逐年降低。与 1961 年相比，2007 年欧洲谷物产量在世界总产量中的占比减少了 8.29 个百分点。①

表 2-5　欧盟部分国家 2020~2022 年谷物产量

单位：吨

国家	2020 年	2021 年	2022 年
法国	57086.04	66877.88	59673.50
德国	43301.20	42397.60	43520.80
土耳其	38050.79	32601.95	39562.14
波兰	35031.30	33996.28	34616.03
罗马尼亚	18153.71	27791.26	19183.59
西班牙	27329.48	25517.60	19055.60
保加利亚	8599.06	11639.98	9790.00
丹麦	9467.62	8640.05	9464.18
匈牙利	15561.08	13969.54	8872.15
捷克	8126.66	8227.11	8218.42

资料来源：Eurostat,"Cereals production," 2023, Accessed September 26, 2023, https://ec.europa.eu/eurostat/databrowser/view/APRO_CPSH1__custom_3535754/defaul.

在经济作物方面，葡萄作为欧洲的特色经济作物种植产业，具备了专业化、规模化、加工程度高等特点。加工程度高是欧洲国家葡萄产业的突出特点，欧洲 80% 的葡萄用于酿酒，法国、意大利、西班牙等国形成了多个著名葡萄酒品牌。②

---

① Eurostat,"Crop Production in EU," 2022, Accessed September 25, 2023, https://ec.europa.eu/eurostat/databrowser/view/apro_cpsh1/default/table?lang=en&category=agr.apro.apro_crop.apro_cp.apro_cpsh.
② 吴永红、邝佳艺：《欧洲休闲农业发展的成功经验与四川路径选择》，《农村经济》2018 年第 8 期。

此外，花卉也是欧洲的重要经济作物之一，形成了具备专业化分工、由科技创新驱动的产业。欧洲花卉栽培面积达22.3万公顷，荷兰和德国为花卉重要产地。荷兰是世界上最大的花卉出口国，年出口量占世界花卉总出口量的40%以上。荷兰的花卉产业分工细，形成了高度发达的专业配套服务体系，花卉的繁育选种、温室设备、物流运输等各环节均有专门的公司和合作社提供服务。荷兰持续加大花卉新品种的研发力度，目前花卉品种已超1万个。荷兰温室面积约为1.1万公顷，温室园艺种植花卉的出口量占世界交易量的60%。[1]

（二）林业

欧洲拥有较丰富的森林资源，2020年林业总面积约为21754941公顷。据世界银行统计，2020年欧盟森林面积近1.82亿公顷，占土地面积的39.8%。[2]

在林业生产方面，2020年欧洲的圆木产量为803680908立方米，锯材产量为390155172立方米，木浆产量为213826217立方米，森林能源产量为170452315立方米。[3] 近年来，欧洲林业资源逐年增加，工业材产量大幅度上升，在1988年至2007年间增幅高达109.3%。如图2-2所示，2000年至2019年间，欧盟多数国家的木材储备占比均有所提升，

---

[1] 许世卫、信乃诠主编《当代世界农业》，中国农业大学出版社，2010，第119页。

[2] World Bank, "Forest Area," 2021, Accessed September 26, 2023, https://data.worldbank.org/indicator/AG.LND.FRST.ZS.

[3] Eurostat, "Timber Removals, Wood Products," 2023, Accessed September 26, 2023, https://ec.europa.eu/eurostat/databrowser/explore/all/agric?lang=en&subtheme=agr&display=list&sort=category.

且德国、瑞典、法国的木材储备量均占欧洲总储备量的 10% 以上。①

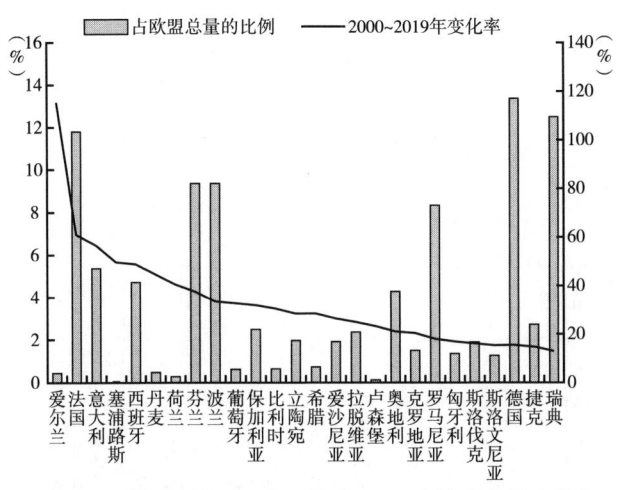

图 2-2 欧盟部分国家 2000 年与 2019 年木材储量变化率

资料来源：Eurostat, "Stocks of timber in EU forests," 2023, Accessed September 27, 2023, https://ec.europa.eu/eurostat/databrowser/view/for_vol_efa/default/table?lang=en.

在林业加工贸易方面，欧洲作为世界木材的主要贸易区，木材贸易量和贸易额为全球最高。欧洲是针叶林工业原木、锯材的主要出口地，2004 年欧洲原木出口总量为 8076.9 万立方米，占全球出口量的 65.4%；锯材出口量为 6536.1 万立方米，占全球总量的 51.3%。② 欧洲也是纸和纸板的主要出口地区，2004 年出口量为 6795.2 万吨，占全球总出口量的 63%。如图

---

① Eurostat, "Stocks of Timber in EU Forests," 2023, Accessed September 27, 2023, https://ec.europa.eu/eurostat/databrowser/view/for_vol_efa/default/table?lang=en.
② Eurostat, "Value Added for Forestry and Logging," 2023, Accessed September 27, 2023, https://ec.europa.eu/eurostat/databrowser/view/for_vol_efa/default/table?lang=en.

2-3 所示，与 2000 年相比，2019 年欧洲多数国家的每公顷林业产值均有所增长，且荷兰、罗马尼亚、斯洛伐尼亚等国的每公顷林业附加值翻了超一番。与此同时，瑞典、丹麦等欧洲国家研发了成熟的木质能源转化技术，加强了林业可持续资源的利用，在直接燃烧、热化学能转换、生物化学转换等方面取得了重要进展。

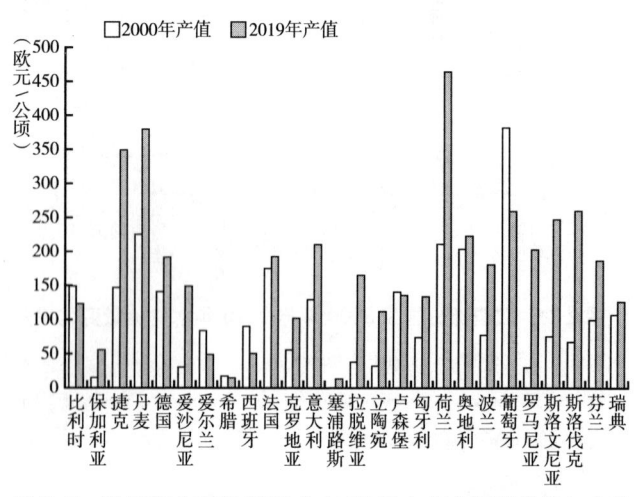

图 2-3　欧盟部分国家 2000 年与 2019 年每公顷林业附加产值

资料来源：Eurostat,"Gross value added for forestry and logging," 2020, Accessed September 25, 2023, https：//ec. europa. eu/eurostat/databrowser/view/for_vol_efa/default/table? lang=en.

（三）渔业

欧洲得天独厚的海洋环境为其提供了富饶的渔业资源，欧洲在充分利用其海洋地理环境优势的基础上大力发展渔业。从全球渔业产量占比来看，欧洲在 1951~1970 年间的世界捕捞渔业产量排名中位列第二；2011~2020 年，欧洲在世界捕捞渔业产量中的占比逐渐降低，美洲后来居上。①

从欧洲的渔业构成来看，2020年欧盟渔业总产量为511.36万吨，其中捕捞渔业产量约为401.93万吨。如图2-4所示，捕捞渔业在欧洲渔业产业中占据重要地位，海洋捕捞也是欧洲渔业生产的重要组成部分。在水产养殖方面，欧洲2020年水产养殖总产量为329.17万吨，占世界总产量的2.69%。欧洲水产养殖产量稳定增长，增速缓慢。其中淡水养殖产量基本保持稳定，海水养殖的产量稳步增加。②

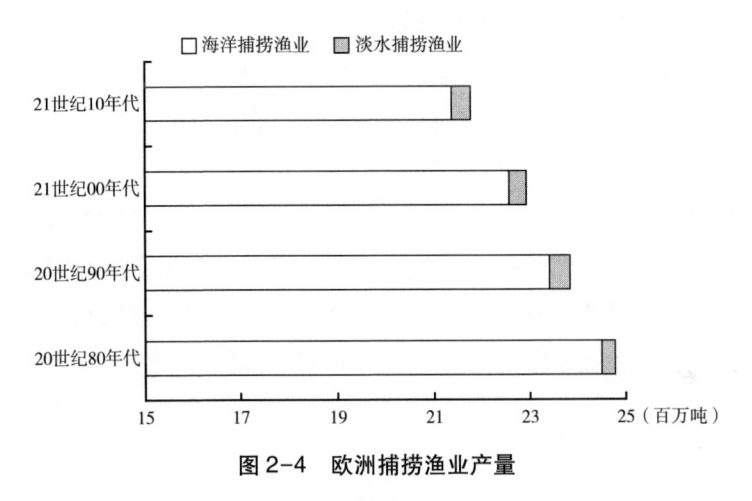

图2-4 欧洲捕捞渔业产量

资料来源：FAO, "The State of World Fisheries and Aquaculture," 2022, Accessed September 26, 2023, https://www.fao.org/3/cc0461zh/online/sofia/2022/trade-of-aquatic-products.html.

---

① FAO, "The State of World Fisheries and Aquaculture," 2022, Accessed September 26, 2023, https://www.fao.org/3/cc0461zh/online/sofia/2022/trade-of-aquatic-products.html.
② Eurostat, "Fisheries," 2022, Accessed September 26, 2023, https://ec.europa.eu/eurostat/databrowser/explore/all/agric?lang=en&subtheme=agr&display=list&sort=category.

欧洲也是全球渔业的重要贸易区。欧洲生产的水产品中约有67%在欧洲内部交易，12%流向亚洲，10%流向非洲。2020年欧盟在全球水产进口总额中的占比为34%（若不包括欧盟内部贸易，则占比为16%）。①

挪威作为欧洲渔业大国，捕捞量位列全球第九。2020年该国海洋捕捞量为245万吨，约占全球海洋捕捞总量的3%。在水产养殖方面，挪威2020年水产养殖产量占欧洲总产量的45.28%，剩余欧盟27国共占33.24%。自2004年起，挪威成为世界第二大水产品出口国和全球最大的养殖大西洋鲑出口国。挪威2020年水产品出口额为110亿美元，占全球总额的7.4%。②

欧洲多国在发展渔业的同时，注重渔业的可持续发展。2018年，欧盟委员会修订了渔业管制制度（Fisheries Control System），主要修订内容包括：第一，给予自愿安装抛弃行为监测设备的渔民额外的捕鱼配额奖励；第二，强制要求所有船只使用地理定位和电子日志监测；第三，加强对所有渔业或水产养殖产品食品链的信息追溯；第四，对不遵守欧盟措施或共同渔业政策的休闲渔民采取适当的制裁措施。③

（四）畜牧业

欧洲国家畜牧业产业起步早，畜牧业发展水平走在世界

---

① Eurostat, "The Value of Fisheries," 2022, Accessed September 26, 2023, https://ec.europa.eu/eurostat/databrowser/explore/all/agric?lang=en&subtheme=agr&display=list&sort=category.
② Food and Agriculture Organization of the United Nations, "The State of World Fisheries and Aquaculture," 2022, Accessed September 26, 2023, https://www.fao.org/3/cc0461zh/online/sofia/2022/trade-of-aquatic-products.html.
③ European Commission, "EU Fisheries Control System," 2018, Accessed September 26, 2023, https://oceans-and-fisheries.ec.europa.eu/fisheries/rules/enforcing-rules/eu-fisheries-control-system_en#documents.

前列。欧洲西部的温带海洋性气候为牧草提供了良好的生长环境，欧洲草食性畜牧业发达，主要养殖牛羊。欧盟国家具备较完备的畜禽养殖技术，依靠繁育技术和现代化的管理模式提高产量，并通过专业化和集约化的生产方式提高生产效率。欧洲的畜牧业由传统、分散的养殖阶段过渡到了集约化、高生产效率的工业系统养殖阶段。在肉类方面，欧洲是世界肉类的重要生产地，2007年肉类产量为5387.14万吨，占全球总产量的20%。在蛋类方面，2007年欧洲鸡蛋产量占全球的16.7%，主要分布在俄罗斯、法国、乌克兰等地。在奶类方面，欧洲奶业发达，奶和奶制品的产量和质量居世界前列。欧盟2007年牛奶产量占世界总产量的26.23%，主要生产国为德国、法国、西班牙等①。

尽管欧洲部分国家具备了较完备的畜牧业生产体系，但与国际竞争者相比，欧洲畜牧产品在生产成本上劣势明显。同美国等国相比，欧洲地区的基础性资源禀赋较差；而同发展中国家相比，欧洲生产者需遵守更复杂的环境保护、动物福利、食品安全等方面的法规，这使得他们将付出更高的生产成本②。欧盟国家的猪和家禽养殖场因遵守法规，需额外支付5%至10%的生产成本，而奶牛、肉牛养殖者则需要额外支付2%至3%的生产成本③。

欧洲多国完善了食品安全监管法律，旨在保障欧洲食品安全。欧盟委员会通过了"从农田到餐桌"战略，旨在建立可持续的食品供应系统，开展全过程食品安全监控。该战略

---

① 许世卫、信乃诠主编《当代世界农业》，中国农业大学出版社，2010，第147页。
② European Commission. *Economic challenges facing EU Agriculture* (Luxembourg: Publications Office of the Europe, 2018), p. 6.
③ 唐振闯等：《德国畜牧业生产体系特征及对我国的启示》，《中国畜牧杂志》2018年第12期。

主要包括保障动物福利、减少碳排放和农产品包装标签规范等内容。例如，欧盟提出禁止笼养蛋鸡，鼓励"谷仓养鸡"和"自由散养鸡"；欧盟规定市场出售的鸡蛋必须在标签上注明是来源于自由放养的母鸡还是笼养的母鸡。为减少畜牧业对农牧环境的影响，欧盟共同农业政策制定了种植业规模决定养殖业结构的原则，限制大规模的畜禽养殖。现有养殖农场如要扩大养殖规模必须购买、租用农田或者与其他种植业农场签订粪污购买合同，以保证增加的动物数量所产生的粪污有足够的土地进行消纳。[1] 例如，德国将农场每公顷的畜禽饲养量限制为 9 头牛、18 只羊、15 头猪、3000 只鸡、450 只鸭。[2]

三 欧洲的主要农业生产方式

欧洲的主要农业生产方式融合了工业化农业、传统小规模农业、精准农业、有机农业和混合农业等多种形式，其中工业化农业在北欧和中欧占主导地位，强调机械化和高科技的应用，而南欧和东欧则保留较多传统小农经济特色，地中海地区则以混合农业和特殊作物种植为特点，同时有机农业和精准农业的应用日益广泛。整个欧洲农业体系在共同农业政策的影响下，注重可持续发展与环境保护。

（一）欧洲土地制度

欧洲各国的土地制度呈现多样化的特点，这些制度深受

---

[1] 王淑彬等：《种养结合农业系统在欧美发达国家的实践及对中国的启示》，《世界农业》2020 年第 3 期。
[2] 杨筠桦：《欧洲低碳农业发展政策的实践经验及对中国的启示》，《世界农业》2018 年第 2 期。

各自历史、法律和文化传统的影响。允许土地交易是这些不同的土地制度一个共同且重要的组成部分。这种灵活性不仅为土地的流转和优化配置提供了可能性,而且构成了欧洲地区建设和发展家庭农场的基本前提。土地的可交易性促进了农业生产的规模化和专业化,使得农民能够根据市场需求和自身条件调整土地使用,进而提高了农业生产效率和农场经营的经济效益。

以传统资本主义国家英国为例,英国的全部土地在法律上均归英王或国家所有,英王(国家)是土地所有者,个人、企业和各种机构团体仅拥有土地的使用权或者占有权。[1] 在英国,拥有土地使用权者被称为土地持有人或租借人,持有人拥有土地产业权,完全拥有土地产业权的租借人往往被称为地主。地主只要不违反土地法或侵犯他人利益,就可以随心所欲地利用和处分土地。地主将分散的土地集中起来,向农场主出租。19世纪中后期,英国的绝大多数土地由农场主经营,农场主不再仅是为了维持生计的耕作者,而是面向市场展开竞争,自主决定生产经营状况的资本家。[2]

中东欧地区的社会主义国家在土地制度上经历了显著的历史变迁。20世纪末,随着政治经济体制的转型,这些国家相继提出并实施了向市场经济过渡的政策,其中包括土地私有化的改革措施。在此之前,东欧各国的土地主要由大型集体农场统一管理和运营,呈现出集中的农业生产模式。然而,在经济体制转型之后,除了白俄罗斯继续保持农地的国有状态,其他国家纷纷启动了土地私有化进程,但具体实施方式

---

[1] 柴强:《各国(地区)土地制度与政策》,北京经济学院出版社,1993,第29页。
[2] 郭爱民:《英国农业革命及其对工业化的影响》,《中国农史》2005年第2期。

各有不同。① 例如，捷克和斯洛伐克选择将1948年收归国有的土地返还给资本家、地主、贵族和富裕农民，恢复了私有产权。罗马尼亚则提出了"耕者有其田"的原则，虽然对土地面积有所限制，但允许土地的自由买卖，同时设定了防止土地过度集中的规定。保加利亚则采取了将土地返还给原所有者及其继承人的策略，并建立了土地的"自由买卖市场"，以促进土地资源的合理流动和分配。② 这些不同的土地私有化方式反映了中东欧国家在转型过程中对历史遗留问题、社会稳定和经济发展需要的综合考量，同时也标志着这些国家在农业和土地管理方面向更加市场化和个体化的方向迈进。

（二）欧洲农业生产与经营方式

家庭农场是欧洲农业经营的主要组织形式。据欧洲委员会统计，独立经营的家庭农场占欧洲农场总数的85%、农业经营总面积的68%、农业总产出的71%。随着现代农业的发展，欧洲家庭农场数量减少、规模扩大，经营方式呈现多样化。在农场总数减少的过程中，大型家庭农场（50公顷及以上）的经营规模日益扩大。③ 法国50公顷以上的大农场数量虽然仅占全国农场数量的1/4，但经营面积却占全国农业用地的3/4。英国2015年50公顷以上的中大型农场数量仅占全国农场数量的38.78%，但面积占比达85.78%。瑞典1990年有51万个家庭农场，2015年家庭农场数量减少到了6.7万个，

---

① 傅晨：《农地制度私有化的国际借鉴及启示》，《改革》2010年第3期。
② 柴强：《各国（地区）土地制度与政策》，北京经济学院出版社，1993，第38页。
③ 张红宇：《在变革中发展的欧洲家庭农场与合作社——瑞典、丹麦农业考察报告》，《世界农业》2016年第10期。

平均规模从39公顷扩大到了46公顷。专业化、规模化是欧洲中大型农场的主要特征，如法国划分不同产区，形成了以巴黎盆地为中心的粮食生产区、西部高原畜牧区和南部山地果蔬区三大重要产区，建立了集产前、产中、产后于一体的农业服务体系。①

尽管欧洲的大型农场不断发展，但小型农场仍是欧洲农业生产中不可或缺的重要组成部分。欧盟国家平均农场规模为34公顷，不足美国农场规模的十分之一。欧盟人均耕地面积仅有3.17亩左右，中型、小型和极小型农场占欧盟农场总数量的80%左右。② 其中兼业化家庭农场和市民农园是欧洲发展小型家庭农场的重要标志。兼业化家庭农场一般为小规模经营。欧洲居民在固定的非农职业之余，经营小规模农场，将其当作个人爱好和休闲娱乐活动。随着城市化的高度发展和城市居民经济收入的不断增长，欧洲多地推行"市民农园"，主要通过出租城内或者近郊农地，种植水果、蔬菜、树木等，让居民体验农家生活。③ 不同于北美和东亚地区灵活经营的市民农园，欧洲市民农园租期长达25~30年，且租赁关系稳定。④ 以德国为例，德国目前约有140万个市民农园，面积约4.7万公顷，形成了家庭花园、混合种植园、植物迷宫等多种形式。

欧洲是世界农业合作社的发源地，农业合作社已成为荷

---

① 汪明煜、周应恒：《法国乡村发展经验及对中国乡村振兴的启示》，《世界农业》2021年第4期。
② Eurostat, "Share of Total Number of Farm Holdings," 2022, Accessed September 26, 2023, https：//ec. europa. eu/eurostat/statistics_explained/index. php? title = File：Share of_total_number_of_farm_holdings,_by_economic_size_of_farm,_EU-28.
③ 耿红莉、何艳琳：《欧洲市民农园发展、运行机制及经验借鉴》，《世界农业》2017年第4期。
④ 周慕华、徐浩：《我国市民农园发展的国际经验借鉴》，《上海交通大学学报（农业科学版）》2018年第3期。

兰、法国、丹麦等农业大国维护农民利益、促进农业现代化的重要途径。法国有 90% 以上的农民参与了合作社，有多达 1.3 万家专业合作社；瑞典某些行业的农业合作社市场占有率高达 90%；意大利参与各类农业合作社的社员多达 900 万。以丹麦为例，丹麦自然资源匮乏，但农业产业发达，家畜饲养和作物种植产业世界闻名。丹麦农业合作社形成了鲜明的特色。首先，丹麦的农业合作社在从生产到销售的各环节中实现了专业化运作。其次，合作社形式多样化。丹麦形成了奶业、水果、种子、化肥等多类型的合作社。最后，丹麦合作社对内实行合作制，对外实行公司制。丹麦农业合作社的经营方式类似于私人企业，由合作社成员自负盈亏。①

（三）欧洲农户的特点

在欧洲，农业的主要组织形式是家庭农场，这些农场通常由家庭成员共同运营，其中家庭农场主及其亲属构成了劳动力的主体。这些农场主通过运用现代化的农机设备，能够独立开展农场的生产经营活动，因而对外部劳动力的依赖相对较低。由此，家庭农场主不仅是农业生产的直接参与者，也成为欧洲农业生产活动中不可或缺的核心力量。他们在维护农业传统、推动技术进步和保障食品安全等方面发挥着至关重要的作用。欧洲家庭农场主具备较高的文化程度和专业素养，既是农场经营者又是劳动者，参与了专业的基础教育和技术教育。② 丹麦规定，如果农民购买 30 公顷以上的土地，必须持有绿色证书；

---

① 陈小方等：《欧洲农业合作社的发展对中国的启示——以北欧的丹麦为例进行分析》，《世界农业》2015 年第 6 期。
② 赵黎：《欧洲农业合作社的制度创新及其对中国的启示》，《农村经济》2017 年第 11 期。

要获得绿色证书，须接受48个月的基础教育和技术教育以及15个月的管理教育。德国开展了多项职业人才培养活动，着力开展农业教育和职业教育，为家庭农场输送高素质人才。①

为培养职业农民，提高农业生产效率，欧洲国家构建了较完善的农民教育体系。法国是欧洲的重要农业产地，是欧盟农业用地面积最大的国家，世界第二大农产品出口国。法国的农村人口占法国总人口的4%，农业劳动力占总劳动力的4.3%。法国农业以中小型农场和家庭经营性农场为主，形成了农业合作社与家庭农场的双层经营结构。② 在20世纪四五十年代，法国农业以小农经营为主。为改变传统农业经营方式，法国推行了鼓励农户开展规模经营的农业政策，政府成立公司从不愿务农的私人手中购入土地再低价卖给中等经营规模的农民，并为自愿合并土地的农民减免税费。政府注重提升农民的生产技能，出资对农村青壮年开展培训，并推动建设农业合作社和农业协会，为农民提供专业化教育培训。

四 欧洲农业生产系统的主要特点及其面临的挑战

（一）欧洲农业生产系统的主要特点

第一，因地制宜发展特色农业。欧洲农业生产体系的一个显著特征在于其因地制宜的策略，在这一策略下欧洲各国精心培育了各具特色的农业产业。根据各自的地理、气候条件和文化传统，欧洲各国培育了多样化的农业模式。例如，地中海沿岸国家凭借其适宜的气候，专注于葡萄和橄榄的种

---

① 洪仁彪、张忠明：《农民职业化的国际经验与启示》，《农业经济问题》2013年第5期。
② 周洁红、魏珂：《发达国家职业农民培育政策的演变及启示》，《农业经济问题》2019年第8期。

植,而北欧国家则因其独特的环境条件,重点发展花卉和牧草产业。同时,沿海国家如挪威和葡萄牙充分利用海洋资源,积极推动海洋捕捞业的发展。这种基于地区特色的农业发展战略,不仅显著提升了农业的市场竞争力,还助力了区域经济的增长与繁荣。更为重要的是,它为消费者带来了丰富多样的农产品,满足了不同地区和人群的口味与需求。

第二,农业科技的广泛应用与创新发展。欧洲各国在农业科技方面投入巨大,推动了农业的现代化和高效化。农业机械化程度的提高,使得欧洲农业实现了规模化生产。荷兰的花卉产业就是一个典型例子。通过品种研发和温室技术的应用,荷兰不仅提高了花卉的产量和质量,还形成了完整的产业链。这种科技创新不仅限于荷兰,欧洲各国都在不断推进农业科技的发展,从而提高农业生产效率和产品质量。

第三,重视生态环境保护与农业可持续发展。欧洲国家在追求农业高产的同时,也意识到了农业生产对生态环境的影响。因此,各国通过政策引导、资金支持和技术支撑,推动农业向可持续发展转型。例如,欧盟颁布的《硝酸盐指令》有效控制了化肥的使用,减少了农业对水体的污染。这些措施体现了欧洲对生态环境保护的高度重视,也为全球农业可持续发展提供了宝贵经验。

第四,有机农业和生态农业的推广。从20世纪80年代开始,欧洲各国就开始立法支持有机农业的发展,并通过补贴等措施鼓励农业生产者转向有机农业。意大利和法国在有机农业领域的发展尤为突出,有机耕地的比例位居世界前列。这种对有机农业的推广,不仅提升了农产品的品质,也满足了消费者对健康食品的需求,同时促进了对生态环境的保护。

第五,数字农业的实践与推广。欧洲国家在数字农业领域也取得了显著成就。英国和德国等国家通过实施农业技术战略，充分利用大数据和信息技术，提升了农业生产效率。德国的数字化农业技术如奶牛养殖监控和农业机械 GPS 控制技术，不仅提高了生产效率，还减少了资源浪费。这些数字农业实践，为欧洲农业的未来发展开辟了新的道路。

（二）欧洲农业生产系统面临的主要挑战

首先是气候变化对农业的影响。根据多项科学研究，全球气候变暖导致了气温和降水模式的改变，这些变化对农业产生了深远的影响。在欧洲，极端天气事件——如干旱、洪水和风暴——的频率和强度增加，这对农作物的生长周期和产量造成了严重威胁。例如，干旱导致的水资源短缺影响了灌溉，进而降低了农作物的产量和质量。同时，气候变化还导致了病虫害的蔓延，增加了农业生产的成本和不确定性。

其次是资源可持续性与环境保护。欧洲农业生产系统在追求高产的同时，也面临着土壤退化、水资源污染和生物多样性下降等问题。过度使用化肥和农药虽然短期内提高了产量，但长期来看却造成了土壤板结、水体富营养化和生态系统的破坏。此外，农业活动对自然景观的改造也威胁到了许多野生物种的生存。

最后，欧洲农业生产系统还面临着市场和经济方面的挑战。全球化和国际贸易协定为欧洲农产品提供了广阔的市场，但同时也带来了激烈的国际竞争。同国际竞争者相比，欧洲存在农业基础性资源禀赋差距；同发展中国家相比，欧洲更为复杂的环境保护、动物福利和食品安全等法规，则要求农民付出更多的生产成本。消费者对食品质量和安全的要求日益提高，这要求农业生产者投入更多资源以符合更高的标准。

而利润空间的收窄,则进一步导致了农民贫困、农村人口流失等一系列问题。生产成本劣势所带来的利润差距降低了农民的生产积极性。由此形成的农业劳动力老龄化和年轻一代对农业职业的兴趣下降,进一步加剧了农业劳动力的短缺现象。农业部门面临"后继无人"的窘境。上述多种因素损害了农业部门的生产能力,降低了欧洲农业的竞争力。

第三节 亚洲农业生产系统

亚洲,作为七大洲中面积最大、人口最多的一个洲,地理上分为东亚、东南亚、南亚、西亚、中亚和北亚六个地区,涵盖48个国家。根据联合国公布的榜单,世界上共有37个发达国家,其中4个发达国家位于亚洲,分别是日本、韩国、新加坡、以色列;中国则是世界上最大的发展中国家。随着16世纪地理大发现的推进和欧洲商业资本主义的发展,西方商人的贸易活动逐渐增多,亚洲各国原本以自给自足为主的经济模式开始发生转变。为了迎合世界市场的需求,亚洲各国开始更加重视农业的发展,成了世界资本主义经济链条中的重要一环。

一 亚洲农业资源分布情况

亚洲拥有优越的耕地资源,土壤动物和微生物种类繁多,多样化的生态体系为农作物的丰富种类提供了条件。然而,亚洲农业资源的分布不均,尤其是水资源的分布不均,导致了农业产量在地区间差异显著。近年来,气候变化对农业活动的冲击越发严重,给亚洲农业带来了前所未有的挑战。同时,随着城镇化和工业化的加速推进,农业劳动力人口呈现持续下降的趋势,也给亚洲农业的持续发展带来了新的考验。

(一) 耕地资源

亚洲的耕地面积占全球耕地总面积的1/3。[①] 其中，以日本、韩国为代表的国家，农业资源匮乏，耕地面积有限，农业发展受到很大的限制，呈现了人多地少的资源状况。以中国、印度为代表的传统农业大国，农业耕地面积占比较大。印度和中国的耕地面积位居全球第一的美国之后，分列全球第二位、第四位。然而，中国耕地资源长期处于高压状态，不仅人均耕地面积不足世界平均水平的1/2，还面临着单位生产成本高、综合竞争力低等问题。[②]

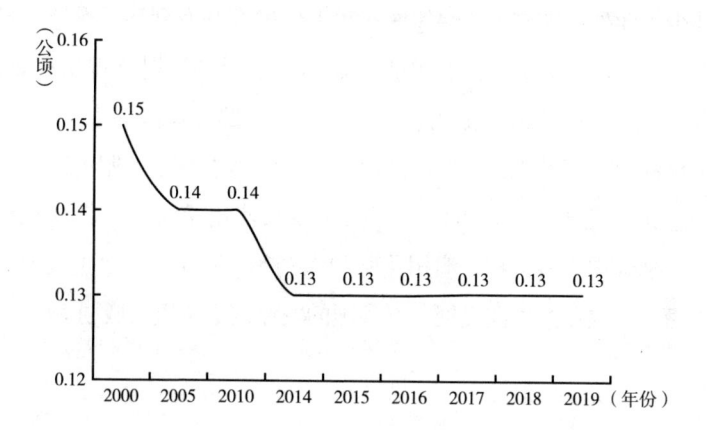

图2-5 2000~2019年亚洲人均耕地面积

资料来源：Food and Agriculture Organization of the United Nations, "World Food and Agriculture-Statistical Yearbook 2021," 2021, Accessed September 16, 2023, https://doi.org/10.4060/cb4477en.

[①] 陈迪、吴文斌、周清波等：《亚洲耕地利用格局十年变化特征研究》，转引自FAO (2014), http://www.fao.org/faostat/。
[②] 郑海霞、尤飞、罗其友：《面向2050我国农业资源平衡与国际进口潜力研究》，《中国工程科学》2022年第1期。

受自然条件、地理位置、社会政策等要素的影响，亚洲耕地被严重分割，呈现碎片化的分布特征，这一直是困扰亚洲农业发展的一大问题。① 一方面，亚洲耕地的碎片化增加了农业耕作的成本，导致粮食生产效率低下、效益不高，进而阻碍了农业规模化生产效益的提升以及农业现代化的发展。另一方面，亚洲耕地的碎片化却为农作物的多样化种植提供了有利条件，有助于降低农业生产面临的风险，并减少了在机械和资金方面的投入。

在中国，随着工业化、城镇化的快速发展，大批劳动力向城市转移，农村土地大量撂荒，耕地资源受到剧烈冲击，数量急剧减少。此外，随着人口快速增长和土地过度开发利用，耕地质量下降、生产力衰退。据有关研究显示，中国耕地退化现象严重，退化耕地面积已超过耕地总面积的40%，部分地区的水土流失、土地沙化与荒漠化、土地盐碱化、土壤污染以及土地肥力减退等问题尤为突出。② 在印度，因多年以来使用杀虫剂、集约化种植、焚烧作物残留物、滥用化肥和农药等，71%的耕地正在朝着不再支持农业的方向发展，对该国的农业构成了重大威胁。③

（二）水资源

亚洲的地形特征以中部高地为核心，四周逐渐降低，这种地貌结构显著影响了亚洲水系的分布，呈现出不均匀的辐

---

① 陈迪、吴文斌、周清波等：《亚洲耕地利用格局十年变化特征研究》，《中国农业科学》2018年第6期。
② 马瑞明、郧文聚：《耕地退化敲响粮食安全警钟》，《中国科学报》2019年12月3日，第5版。
③ GRAIN, "Reviving Diversity in India's Agriculture," 1994, Accessed October 10, 2023, https：//grain.org/es/article/514-reviving-diversity-in-india-s-agriculture.

射状格局。受此地形特征的制约，亚洲部分地区长期面临降水不足的问题，导致约三分之一的区域成为干旱地带。① 在此背景下，人工灌溉成为推动亚洲农业产量增长的关键因素。相较于依赖自然降水的农作物，人工灌溉农作物的产量显著提高，有效缓解了干旱对农业生产的负面影响。② 然而，中国北部地区用于灌溉的可再生水资源极为有限，这限制了灌溉农业的进一步扩展。③ 由此可见，合理利用和保护水资源，对于亚洲农业的可持续发展至关重要。

在水资源总量上，由于人口增长、城市化和工业化的不断发展，以及受气候变化的影响，水资源短缺的状况可能还会进一步恶化。④ 此外，亚洲许多国家正在以非可持续的方式开采和利用水资源，一些国家的取水比例已经超过了本国水资源总量的一半，全球地下水开采量最大的15个国家中有7个在亚洲和太平洋地区。⑤ 但也有少数水资源匮乏的国家，以其高效利用水资源的能力而著称于世，如以色列。

案例 2-1

以色列地处中东，其实际管辖国土面积中约一半以上为

---

① 孙钰：《亚洲：推进土地荒漠化防治进程》，《环境保护》2012年第11期。
② Food and Agriculture Organization of the United Nations, "Food Outlook-Biannual Report on Global Food Markets," 2023, Accessed September 26, 2023, https://doi.org/10.4060/cc3020en.
③ FAO Agricultural Development Economics Division, "World Agriculture Towards 2030/2050: the 2012 Revision," 2021, Accessed September 18, 2023, www.fao.org/economic/esa.
④ Food and Agriculture Organization of the United Nations, 《粮食和农业的未来——实现2050年目标的各种途径》, Accessed October 13, 2023, ISBN: 9789251310052.
⑤ UNESCO on behalf of UN-Water, "The United Nations World Water Development Report 2021 Valuing Water," 2021, Accessed September 18, 2023, ISBN: 9789231004346.

沙漠地区。受地中海气候特点影响，以色列降雨稀少且分布不均，天然淡水资源短缺，再从人均水资源占有量来看，以色列属于严重缺水的国家。

为解决这一困境，以色列政府一直致力于发展水资源高效利用技术来摆脱缺水困境，在水资源生产、运输、回收等领域研发出诸多领先全球的新技术，比如节水灌溉技术、微咸水灌溉技术、污水回收技术、海水和微咸水淡化技术、收集利用雨水技术、收集空气水技术。此外，以色列政府还通过法律手段合理利用水资源，从立法上保护及重视水资源，多次出台水资源保护法，明确浪费水资源的惩罚措施，使得以色列人长期以来就有着强烈的节水意识。由此，以色列从一个缺水的国家一跃成为水资源强国，甚至向邻国及周边地区供给水资源。

资料来源：秦同春：《以色列依靠科技创新走出缺水困境的经验》，《水文地质工程地质》2022年第3期。

（三）气候资源

亚洲气候资源丰富多样，从北部的寒带气候到南部的热带季风气候，涵盖了亚热带、温带和高原等多种气候类型。亚洲地域辽阔，地形复杂，因此气候分布极为复杂，既有终年多雨的地区，也有长期干旱的地带，这种多样的气候条件对亚洲农业产生了深远的影响。适宜的气候为某些地区提供了丰富的农作物种植机会，如东南亚的热带作物种植区；而极端气候，如干旱、洪涝和台风等，则对农业产量和粮食安全构成了严重威胁。气候变化还导致农作物生长周期和种植模式的改变，影响了农业劳动力的分配和农业结构的调整。

当前气候变化和极端天气对亚洲可持续发展带来的负面

影响在不断加剧，危及亚洲农业的发展和人类的健康与生活，影响到土壤质量、鱼类栖息地和种群、景观生物多样性，并造成病虫害流行和抗生素耐药性提高等问题。[1] 据世界气象组织（WMO）发布的《2023年亚洲气候状况》报告显示，受天气、气候和水文有关的危险因素影响，2023年亚洲是世界上灾害最多发的地区。2023年，亚洲共报告了79起与水文气象危害事件相关的灾害，其中80%以上与洪水和风暴事件有关，造成2000多人死亡，900万人直接受灾。此外，亚洲大部分干旱地区经历了严重的沙尘暴，亚洲西部的多起沙尘暴事件严重影响了该地区民众的生活。[2]

（四）生物资源

亚洲生物资源十分丰富，拥有森林、草原、湿地、海洋等多种自然栖息地，孕育了大量种类丰富的动植物，其中不乏珍稀和特有的物种，不仅为世界生物多样性宝库作出了重要贡献，也对亚洲农业产生了重要影响。丰富的植物资源为农业提供了多样的作物种类和遗传资源，增强了农业的抗风险能力。动物资源则为农业提供了必要的劳动力（如耕牛）和肥料（如蚯蚓），还发挥了生物防治的作用（如益虫），促进了生态农业的发展。生物多样性的保护有助于保持土壤肥力和生态平衡，对农业可持续发展具有不可替代的作用。

农业系统极其依赖其周围的植物、动物和微生物群落。

---

[1] Food and Agriculture Organization of the United Nations,《粮食和农业的未来——实现2050年目标的各种途径》, 2018, Accessed October 13, 2023, ISBN：9789251310052。

[2] World Meteorological Organization, "World Meteorological Organization. State of the Climate in Asia 2022," 2023, Accessed May 16, 2023, https：//library.wmo.int/records/item/66314-state-of-the-climate-in-asia-2022.

丰富的生物多样性直接提升了生产系统应对外界冲击的能力,并为适应新的挑战提供了多样化的可能性,成为实现可持续产量增长的关键资源。虽然亚洲各国逐渐认识到生物多样性在农业领域的重要性和作用,但有确凿的证据显示,亚洲正面临着生物多样性危机,濒临灭绝的牲畜品种数量正在增加,农民田间的农作物种类也在持续减少,这反映出生物多样性的丧失和生态系统的严重退化。①

(五) 人力资源

在农业从业人数上,亚洲农业粮食体系从业人员最多,达到7.93亿人。② 在东亚和东南亚的一些地区,妇女劳动力占农业劳动力的大多数。③ 随着亚洲各国经济的发展,农业粮食体系中直接从事农业的劳动力比例呈下降趋势,而在粮食加工、服务、贸易和运输领域的非农从业人数不断上升,农业粮食体系从业人员数量在总就业人口中的占比逐年下降。④

---

① Food and Agriculture Organization of the United Nations, "The State of the World's Biodiversity for Food and Agriculture," 2019, Accessed June 29, 2023, http://www.fao.org/3/CA3129EN/CA3129EN.

② Food and Agriculture Organization of the United Nations, "Almost Half the World's Population Lives in Households Linked to Agrifood Systems," 2023, Accessed August 12, 2023, https://www.fao.org/newsroom/detail/almost-half-the-world-s-population-lives-in-households-linked-to-agrifood-systems/zh.

③ Food and Agriculture Organization of the United Nations, "The State of Food and Agriculture 2010 - 11. Women in Agriculture: Closing the Gender Gap for Development," 2011, Accessed August 09, 2023, http://www.fao.org/docrep/013/i2050e/i2050e.

④ Food and Agriculture Organization of the United Nations, "Almost Half the World's Population Lives in Households Linked to Agrifood Systems," 2023, Accessed August 12, 2023, https://www.fao.org/newsroom/detail/almost-half-the-world-s-population-lives-in-households-linked-to-agrifood-systems/zh.

在农业人力资源开发上,亚洲各国尤其注重农业科教交流。2017年成立的亚洲农业研究中心,旨在不断加强亚洲各国在农业教育和科技领域的密切合作,以共同应对亚洲面临的农业挑战,推进亚洲及全球农业可持续发展。[①]

案例 2-2

农民田间学校是由粮农组织和东南亚合作伙伴在20世纪80年代末开发的。尼泊尔于1998年开办了综合虫害管理农民田间学校,旨在通过学习和实践增强小农户的能力。目前,尼泊尔的75个地区开办了这种学校,最初是为了应对突发的水稻虫害问题,后来致力于解决更广泛的管理实践和生产系统问题。研究发现,大多数接受培训的农民改变了他们的种植方式,例如采用改良种子,使用有机和无机肥料的混合物,减少化学农药的使用,实行轮作,引入生物农药等。通过参加培训,农民的收入有所提高,种植能力也得到了加强。

资料来源:www.fao.org/farmer-field-schools.

二 亚洲农业产业分布

亚洲是全球最大的农产品生产区之一,其代表性农产品涵盖了种植业、林业、畜牧业和渔业等多个领域。在种植业方面,亚洲以水稻、小麦、玉米等粮食作物为主,同时还有茶叶、咖啡、橡胶、棉花等经济作物;在林业方面,

---

① 中国日报:《深化合作互鉴!南农倡议设立亚洲农业科教创新联盟》,2023,最后访问日期:2023年9月8日,https://js.chinadaily.com.cn/a/202307/19/WS64b784d3a3109d7585e458e2.html。

亚洲以中国、日本等国的竹子、红木、松树等资源闻名；在畜牧业方面，印度、蒙古国等地的牛、羊、马等牲畜养殖占有重要地位；在渔业方面，亚洲沿海地区如日本、韩国、印度尼西亚等以丰富的海产品资源著称，淡水渔业在湄公河、长江等流域也十分发达，这些共同构成了亚洲农业的丰富画卷。

（一）种植业

亚洲种植业历史悠久，代表性农产品丰富多样。在粮食作物方面，水稻是亚洲最重要的主食来源，尤其在中国、印度、印度尼西亚等国家广泛种植。水稻种植区主要集中在东亚、南亚和东南亚的湿润地区，其中，中国的长江流域、珠江流域，印度的恒河平原，以及印度尼西亚的爪哇岛等地是世界著名的水稻产区。亚洲各国在水稻品种选育、栽培技术等方面具有丰富的经验，为世界粮食安全作出了巨大贡献。

小麦和玉米在亚洲的种植业中也占有重要地位。在西北亚和中亚地区，如哈萨克斯坦、乌兹别克斯坦等国家，小麦是主要的粮食作物，其产量和出口量在全球范围内具有重要地位。而在中国的黄淮海平原、印度的德干高原等地，小麦也是重要的粮食作物。玉米在亚洲的众多地区被广泛栽培，尤其在中国的东北、华北等地，玉米是重要的粮食和饲料作物。

在经济作物方面，东南亚的橡胶和棕榈油产量位居世界前列。泰国、印度尼西亚和马来西亚是全球重要的天然橡胶生产国，其橡胶产量和出口量占据全球市场的大部分份额。棕榈油产业在马来西亚和印度尼西亚等国家发展迅速，马来西亚成为全球最大的棕榈油生产和出口基地，其棕榈油总产量的 90% 被用来出口。[①] 印度的棉花和茶叶产量在全球范围内也具有较高的地位，其中，棉花产量位居世界前列，茶叶产量则位居全球第二。中国的茶叶产量和品种繁多，绿茶、红茶、乌龙茶等声名远播。

亚洲的果蔬种类同样丰富，如泰国和越南的芒果、菲律宾的香蕉、土耳其的开心果等，这些产品不仅满足了本地需求，也大量出口至全球市场。泰国是全球最大的榴莲出口国，其榴莲品质优良，深受消费者喜爱。越南的龙眼、荔枝等水果产量丰富，出口量逐年增长。菲律宾的香蕉种植业历史悠久，香蕉品种多样，口感鲜美，是全球香蕉市场的重要供应商。土耳其的开心果产量和出口量位居世界前列，其开心果品质上乘，具有很高的市场竞争力。

在发展过程中，亚洲种植业还注重农业生态环境保护和技术创新。例如，在水稻种植过程中，中国、日本等国家推广了节水灌溉、秸秆还田等技术，提高了水稻的产量和品质，降低了农业生产对环境的负面影响。在果蔬种植过程中，印度、泰国等国家采用了绿色防控、有机栽培等技术，提升了产品品质，保障了食品安全。

总之，亚洲种植业的代表性农产品基本情况表现为：粮食作物以水稻、小麦、玉米为主，经济作物以橡胶、棕榈油、棉花、茶叶等为主，果蔬作物种类繁多，特种作物具有地域特色。亚洲种植业在保障粮食安全、促进农民增收、推动农业可持续发展等方面发挥了重要作用，为全球农业发展作出

[①] 百度知道：《世界上最大的棕油生产国是"马来西亚"》，2022 年，最后访问日期：2024 年 11 月 24 日，https://zhidao.baidu.com/question/1840127636476447100.html。

了巨大贡献。然而，亚洲种植业也面临着资源约束、气候变化、市场需求波动等挑战。

案例 2-3

日本是世界主要的水稻生产国和消费国之一，稻米产业化程度、机械化程度较高，有效节省水稻生产的时间和人力、降低农业生产成本和保护农业生态环境。当前日本稻米自给率超过95%，插秧机普及率已达99.8%，联合收割机普及率达91%，共同育苗设施普及率为17%，共同干燥设施普及率为29%。近两年，日本出现大米消费过剩的情况。这一方面是因为水稻种植面积的减少，另一方面是因为日本人口持续减少，劳动力不足，水稻产量也随之不断下滑。粮农组织数据显示，2000年以来日本水稻种植面积总体呈现逐年下降的趋势，从2000年的177.0万公顷持续下滑至2018年的147.0万公顷；单产从2000年的6.70吨/公顷下降至2018年的6.67吨/公顷；总产量也从2000年的1186.3万吨减至2018年的972.8万吨。

资料来源：黑龙江新浪：《亚洲水稻概况——日本》，2020年，最后访问日期：2023年5月8日，http://hlj.sina.com.cn/news/b/2020-10-13/detail-iiznctkc5245470.shtml。

（二）林业

亚洲的林业资源相对有限，其森林覆盖率仅占全球的12.95%，低于非洲的17.43%，且远低于北美和南美的20.9%与20.45%。[①] 面对这一挑战，亚洲各国积极采取措施，每年大

---

① 胡锡骥：《亚洲林业资源的现状和对策》，《世界农业》1998年第1期。

约增加100万公顷的森林面积，用于生物多样性的保护。① 从1990年到2015年，亚洲有24个国家实现了森林面积的净增长，总增长量达7310万公顷。此外，部分地区通过在废弃的农业用地上进行人工造林，有效地补偿了原生森林的减少。②

为了促进亚洲林业的可持续发展，多个国家采取了高效的农林复合经营模式，这一模式不仅带来了显著的生态效益，还创造了可观的经济收益和良好的社会效益，极大地改善了生态景观。例如，越南在其修订的《林业法》中纳入了条款，允许在划定的林地上实施农林业活动，为农林地正式成为森林土地使用类型奠定了法律基础。③ 印度则采取在农场种植树木的措施，使农场木材产量占到了全国木材产量的65%，几乎占了全国木材产量的一半，这一举措显著促进了木材资源的可持续利用。④

（三）渔业

2020年，亚洲国家渔业和水产养殖业的水生动物产量占全球总量的70%，稳居领先地位，美洲、欧洲、非洲和大洋洲紧随其后。然而，亚洲各个区域之间以及区域内各个国家

---

① Food and Agriculture Organization of the United Nations, "The State of the World's Biodiversity for Food and Agriculture," 2019, Accessed September 18, 2023. https://openknowledge.fao.org/handle/20.500.14283/ca3129en.
② Food and Agriculture Organization of the United Nations, "State of the World's Forests 2016. Forests and Agriculture: Land-Use Challenges and Opportunities," 2016, Accessed September 2, 2023. http://www.fao.org/3/a-i5588e.
③ Food and Agriculture Organization of the United Nations, "The State of the World's Biodiversity for Food and Agriculture," 2019, Accessed September 18, 2023. https://openknowledge.fao.org/handle/20.500.14283/ca3129en.
④ Government of India, "Indian State of Forest Report (ISFR) -2017," 2017, Accessed June 16, 2023, https://fsi.nic.in/forest-report-2017.

之间呈现出水产养殖产量分布不均、发展状况各异的情况。中国是全球最大的渔业生产国，在全球水产品产值最高的50个品种中，中国有29个；在产值前十的品种中，中国有9个，可谓水产资源丰富、产能优势明显。相比之下，蒙古、东帝汶以及部分中亚和西亚国家在发展水产养殖方面面临诸多挑战。这些国家很难通过水产养殖增加国家食物供给，供养不断增长的人口并为其提供就业机会。因此这些国家需要进一步发挥本国水产养殖的潜力。[①]

案例2-4

在中国，渔业发展观念由追求渔业产量转变为追求渔业可持续发展。为了缓解海洋捕捞产量高速增长对资源造成的压力，中国对海洋渔业结构实行战略性调整，实现了"以养为主"的历史性转变。同时，中国不断加大渔业资源和生态环境保护力度，实行严格的禁渔区和禁渔期制度，严格控制捕捞强度，并削减捕捞渔船数量，对资源和生态环境保护产生了积极的影响。

在越南，人们开始寻求渔业发展和生态保护的平衡。在养虾业高利润的推动下，湄公河三角洲的大片红树林栖息地已被改造成养虾场和稻田。为保护现有沿海红树林栖息地，越南采取了各种措施。首先，出台专项法规支持向红树林—虾综合养殖过渡，要求在私人土地上保持60%的森林覆盖率，否则将取消水产养殖租约。其次，提供关于有机红树林—虾综合管理的培训，通过私营部门支持的有机生产虾认证计划，

[①] Food and Agriculture Organization of the United Nations, "The State of World Fisheries and Aquaculture 2022," 2022, Accessed April 19, 2023, https://doi.org/10.4060/cc0461en.

推广红树林—虾综合系统的产品，鼓励消费者购买有机生产的虾。最后，私营部门为水产养殖场红树林区域的维护提供财政奖金（30美元/公顷），以确保环境的可持续性。

资料来源：Food and Agriculture Organization of the United Nations, "Incentives for ecosystem services," 2018, Accessed April 12, 2023, http://www.fao.org/in-action/incentives-for-ecosystem-services/en/.

（四）畜牧业

畜牧业处于产业链中间环节，其直接的上游行业为饲料行业，下游行业则为食品制造业与纺织业，在国民经济中占有极其重要的地位：一方面提供肉、奶、蛋类等动物性食品，另一方面为工业提供羊毛、山羊绒、皮、鬃、兽骨、肠衣等原料。纵向来看，2000年、2010年、2015年和2019年的亚洲肉类总产量分别是91355千吨、123062千吨、138839千吨、135538千吨，整体呈平稳上升趋势。横向来看，以2019年为例，亚洲共生产42812千吨鸡肉、54862千吨猪肉、15055千吨牛肉、22809千吨其他肉类，其中猪肉产量占比较大。[1]

从国别来看，亚洲各国畜牧业发展水平不一，存在区域间发展不平衡现象。柬埔寨得天独厚的气候条件为其畜禽养殖业的发展提供了优越的自然环境，使畜禽养殖业成为该国农业开发的重点领域。在柬埔寨的畜牧业中，牛和猪养殖占据主导地位，家禽养殖紧随其后，而羊和马的占比则相对较

---

[1] Food and Agriculture Organization of the United Nations, "World Food and Agriculture-Statistical Yearbook 2021," 2021, Accessed April 25, 2023, https://doi.org/10.4060/cb4477en.

少。哈萨克斯坦也具有较好的自然气候条件，牧场面积大，占农业用地的80%，畜牧业极为发达，乳制品、肉类、皮革、羊毛产业在该国占据举足轻重的地位。中国的畜产品和种业国际竞争力都较弱，虽然当前许多畜禽的养殖可以实现品种自主，但与世界先进水平还有较大差距。在孟加拉国，有14%的人口依赖畜牧业作为家庭的主要经济支柱，畜牧业在国民生产总值中所占比例达6.5%。[1]

三　亚洲农业系统生产方式

亚洲农业土地呈现碎片化的特点，主要采用小农户经营模式，这深刻影响了亚洲农业的生产方式。针对这一特点，各国政府制定了多样化的土地制度，旨在通过整合分散的土地资源，实现规模化经营，进而提升农业生产效率。此外，亚洲地区还涌现出了各式各样的农业合作社，这些合作社将分散的小农户有效组织起来，通过集体行动增强了农业的整体竞争力。

（一）亚洲土地制度

亚洲的农业用地分布极为零散，这一特点严重制约了农业的发展。自20世纪60年代起，为了克服这一障碍，亚洲各国相继启动了对土地资源的适度集中化改革，纷纷出台各具特色的土地流转制度，旨在促进土地的规模化经营，为农业的现代化和高效发展奠定基础。

在韩国，政府结合国家的实际情况制定了一系列相关的法律法规。1972年，《农地法》出台，旨在保护国家耕地资

---

[1] 杜炜：《亚洲畜牧业概览（部分国家）》，《中国畜牧业》2016年第19期。

源；随后又相继颁布了《农地转用许可制度》和《开发促进法》，旨在提升土地利用效率。1980年韩国政府修改宪法，允许农户之间进行委托经营和租赁活动；1994年《农地基本法》进一步放宽了农地租赁与买卖条件的限制，简化了土地流转的办理手续，并明确规定农业区的农地不得用于非农用途，特殊情况须经政府批准，这一规定在一定程度上有效保护了耕地。①

在越南，1993年国会颁布的《土地法》明确了土地所有权为国家所有。1998年越南对该法进行了修订，调整了农地的使用期限和面积，使农民能够获得更大的土地面积并延长了使用期限。2001年修订的《土地法》中新增了农民对农地的赠予权，允许农民对土地进行市场交易。2004年新版《土地法》正式实施，该法对农地进行分类，并为农地交易市场提供价格指导。②

在中国，土地制度的变迁历程可大致划分为三个主要阶段：第一阶段为1949~1977年，这一时期的特征为土地所有权与使用权的统一，即土地两权合一，这一制度体现了计划经济体制下的土地管理模式；第二阶段为1978~2012年，这一阶段实现了土地所有权与使用权的分离，成为中国土地制度改革的转折点，为农村经济繁荣和农民权益保障注入了新活力；第三阶段自2013年延续至今，这一时期的特点是城乡土地产权的同权化，法律上逐步消除城乡土地权利的差异，促进了土地资源的优化配置及城乡融合发展。这一连续的改

---

① 张海峰、齐巍巍：《"日韩台模式"农地流转的内在逻辑及启示》，《农村金融研究》2010年第12期。
② 曹丽君：《越南农地制度变迁：历程、特点及启示》，《广西大学学报》2009年第1期。

革历程不仅展现了中国土地制度的演进,也映射了中国社会经济发展的历史轨迹。①

在日本,政府根据国家形势的变化,适时调整土地制度。1946年,日本在全国范围内推行农地流转制度改革,建立了《自耕农特别措施法》和《农地调整法》,从此确立了以家庭为单位的自耕农制度,取代了封建地主土地所有制。② 进入20世纪80年代中期,日本出台法律鼓励其他经济体参加农地经营,促进了农地由分散向集中经营模式的转变,大大提高了农业劳动生产率和经济效益。③

(二) 亚洲的农业生产与经营方式

亚洲的农业生产与经营方式长期依赖于小农经营模式,但随着工业化和城市化的快速发展,这种传统的小农经营模式已难以满足城乡协调发展的需求,亟须向规模化和现代化转型。以日本为例,为了实现农业规模化经营,日本自1961年起就一直积极探索改造传统小农经营、推动农业规模化和现代化的路径。其过程经历了三个阶段:第一阶段主要通过提供补贴和培育流转中介来促进土地所有权和经营权的流转;第二阶段依靠农户间的生产合作并通过提供农业生产服务来实现规模化经营;第三阶段,也就是当前,依靠政府主导的农地中间管理事业,促进土地要素的整合。④

---

① 蔡继明、李蒙蒙:《当代中国土地制度变迁的历史与逻辑》,《经济学动态》2021年第12期。
② 曹睿亮:《日本土地流转经验对促进中国土地流转的借鉴》,《世界农业》2009年第5期。
③ 唐杰:《亚洲国家农地流转制度比较与分析》,《世界农业》2016年第6期。
④ 胡霞、刘晓君:《东亚小农现代化的土地难题——以日本为例》,《中国农业大学学报(社会科学版)》2021年第3期。

此外，亚洲各国人民普遍青睐合作社模式，这一模式在亚洲各国广泛存在且形式多样，已然成为当今亚洲社会经济发展中不可或缺的组织与推动力量。合作社把农户组织起来，将传统的分散经济与现代的规模经济联系起来，改变了过去一家一户、孤立无援的生产状况。比如闻名世界的日本农协组织，不仅负责农产品的销售，还承担农业生产所需物资如肥料、农药及农业机械的采购工作，并提供金融、技术与经营指导等服务，有效充当了农户与市场、农户与政府之间的桥梁和纽带。①

（三）亚洲农户的基本特点

亚洲庞大的人口基数与相对紧张的人地关系促进了以家庭为根基、融合生产与消费功能于一体的小农户群体的形成，进而构建了一种以小规模农户为主导的农业生产经营模式。②韩国自20世纪90年代起放开对农户经营规模的限制，但直到2010年规模小于1公顷的小农户占农户总数的比例仍然高达65.3%。③当前人们对于小农户的看法存在一定的偏见，认为它是落后的、保守的。然而，我们在承认小农户发展存在限制的同时，也要看到小农户所具有的优势。④小农户的局限主要表现为：在融资贷款方面，无论是信用贷款还是抵押贷款，与规模经营农户相比小农户都处于不利地位；在信息获

---

① 韩玮：《日本：农协模式》，《中国投资》2017年第31期。
② 郭庆海：《小农户：属性、类型、经营状态及其与现代农业衔接》，《农业经济问题》2018年第6期。
③ 潘伟光、徐晖、郑靖吉：《韩国农业现代化进程中农业经营主体的发展及启示》，《世界农业》2013年第9期。
④ 王珏珏、洪名勇：《乡村振兴下我国小农户命运的思考》，《农业经济》2022年第10期。

取方面，小农户作为单个生产主体面对农产品交易的大市场获得信息的能力弱，且获得的信息往往具有滞后性；在产品销售方面，供应链中的收购商、加工商和零售商攫取了大部分利益，限制了小农户进入市场和获得公平分享农产品价值的机会。不可否认的是，小农户也具备一系列不可替代的优势。作为历史遗留下来的最主要的生产方式，小农户是毫不逊色于任何资本主义现代化农场的。由于小农户采取家庭经营方式，农业管理更加精细且因为无须外部监督而减少了人员管理的成本；低投入的农作体系为其转向有机农业提供了坚实基础，通过精耕细作的生产方式，小农户能够生产出具有高品质的农作物，受到众多消费者的青睐。

四 亚洲农业生产系统的主要特点与挑战

（一）亚洲农业生产系统的主要特点

亚洲农业生产系统的主要特点首先体现在其对自然资源的依赖性。农作物的生长高度依赖于自然环境和气候条件，如热量、光照、水资源、地形和土壤等，这些因素共同决定了农业的地理分布和农作物种类的选择。亚洲农业在空间分布上显示出明显的地域差异，不同地区的农作物种类与产量各异，反映出农业生产强烈的区域性特征。从北部的寒冷地区到南部的热带地区，农作物的生长周期和熟制方式各不相同，充分展示了亚洲农业在地理层面上的多样性。

其次，亚洲农业生产系统的发展深受人力开发和科技普及程度的影响。随着社会进步，农业正从传统的资源依附型向智能依附型转变，农民的收入增长越来越依赖于农业技术的投入，科技水平和劳动者素质成为决定农业发展水平的关键因素。亚洲各国在农业科技创新和应用方面存在明显差异，这导致了农业生产方式的多样化，从发达国家的机械化农业到发展中国家的传统农业，这一现状反映了亚洲农业发展的不均衡。

最后，亚洲农业的人力资源管理和科技研发对于推动农业现代化具有重要意义。不同国家在人力资源的开发和利用上的差异直接影响了农业的生产效率和产出产量。亚洲各国正积极探索农业科技的创新，旨在提高农业生产力和改善农民生活水平。然而这一进程面临着技术普及和人才培养的双重挑战。

（二）亚洲农业生产系统的主要挑战

亚洲农业生产面临的首要挑战是农业资源遭受的严重破坏。在亚洲的许多发展中国家，工业化和城镇化正在加速，这导致了能源资源的过度消耗和污染排放的急剧增加，这给农业环境带来了沉重的负担。空气污染、灌溉水污染、酸雨等问题日益严重，已经对农业发展构成了实质性威胁。此外，耕地资源的紧张和耕地数量的减少，导致部分土地长期处于超负荷利用状态，优质耕地资源也在不断减少，这些因素共同加剧了农业资源的紧张局势，对农业的可持续发展构成了重大挑战。

农业产业化程度较低是另一个挑战。亚洲各国普遍处于从传统农业向现代农业的过渡阶段，但产业化进程相对缓慢。大多数农民仍然沿用单家独户的传统生产经营方式，小规模且低水平的粗放生产模式普遍存在。这种生产方式导致生产主体的组织化和规模化程度不高，使得亚洲农业在市场上的竞争能力较弱，经济效益的提升面临困难。因此，如何推动农业产业化，提高农业的市场竞争力和经济效益，成为亚洲农业发展的关键问题之一。

农业劳动力质量不高也是一个重要挑战。农民的文化水平和科学素养普遍不高，缺乏必要的农业生产知识和专业技能，这限制了他们将科学技术手段有效应用到农业生产。农业领域存在低素质、低技能的劳动力过剩，而高素质、高技能的劳动力短缺的问题，这种劳动力结构的不平衡成为亚洲农业发展的主要障碍之一。

第四节 非洲农业生产系统

非洲位于东半球的西南部，地跨赤道南北，西北部的部分地区延伸至西半球。非洲大陆东侧毗邻印度洋，西侧则与浩瀚的大西洋相接，北部隔着地中海和著名的直布罗陀海峡与欧洲遥遥相对，东北角则通过狭窄的红海和苏伊士运河与亚洲紧密相连。非洲大陆的面积约为3020万平方千米（含附近岛屿），占全球陆地总面积的20.2%，是仅次于亚洲的世界第二大洲。[①] 农业在非洲国家的经济版图中占据着举足轻重的地位，大多数非洲国家依旧保持着传统农业国的特征，农业生产是绝大多数非洲民众的主要生计所在。非洲的农业历史悠久，其与世界的联系可追溯至殖民时期，殖民者到来前，非洲大陆以自然经济为主，各地因地理环境和资源条件的差异，形成了多样化的生产模式。

一 非洲农业资源分布情况

非洲大陆拥有丰富的耕地资源，其人均耕地面积超过了全球平均水平。在水资源方面，非洲的可再生水资源占全球总量

---

① 姜忠尽主编《非洲农业图志》，南京大学出版社，2012，第49页。

的10%，但这些水资源的分布呈现显著的时空不均衡性。① 非洲的气候类型极为多样，从热带气候到地中海气候，为农业生产提供了充足的热量资源。同时，非洲大陆以其生物资源多样性而著称，这为农业发展提供了丰富的种质资源。就劳动力资源而言，非洲拥有充足的农业劳动力，然而，在劳动力质量，尤其是劳动力技能培训和教育方面，仍有很大的提升空间。

（一）耕地资源

非洲耕地资源丰富。根据粮农组织相关统计报告，2000～2019年，非洲的农业面积增加了三分之一以上，占全球农业面积增加总量的52%。② 从各区域情况来看，非洲的耕地呈现"东西多、南北少"的特点。从人均耕地的情况来看，尽管自1970年以来，撒哈拉以南非洲地区的人均耕地面积呈现持续减少趋势，但仍明显高于中国和世界平均水平（见表2-6）。

表2-6　1970~2020年撒哈拉以南非洲的人均耕地面积变化

单位：公顷

国家或地区	1970年	1980年	1990年	2000年	2005年	2010年	2015年	2017年	2019年	2020年
撒哈拉以南非洲	0.5	0.35	0.31	0.26	0.24	0.22	0.22	0.21	0.2	0.2
世界	0.31	0.26	0.23	0.22	0.21	0.2	0.19	0.21	0.18	0.18
中国	0.12	0.1	0.11	0.09	0.09	0.09	0.09	0.09	0.08	0.08

资料来源：World Bank Open Data, Accessed October 07, 2023, https://data.worldbank.org.cn/indicator/AG.LND.ARBL.HA.PC?year_high_desc=false.

---

① 张瑾：《非洲水问题及其治理》，《现代国际关系》2018年第12期。
② Food and Agriculture Organization of the United Nations, "Africa: Arable land increased by 52% in 20 years," 2022, Accessed October 05, 2023, https://www.fao.org/family-farming/detail/zh/c/1601642/.

非洲大陆拥有丰富的可耕地资源，其中大部分尚未被开垦。根据世界银行的数据，撒哈拉以南非洲地区仅有9%的土地被划定为可耕种，① 而该大陆仍有高达7亿公顷的可耕地未被开发利用，其中60%的未开垦土地集中在刚果（金）、安哥拉、刚果（布）和赞比亚这四个国家。在灌溉方面，除了摩洛哥、埃及、苏丹和南非的耕地基本实现了灌溉，撒哈拉以南非洲的灌溉率不足10%，② 显示出巨大的发展需求和潜力。在化肥使用方面，撒哈拉以南非洲的平均施肥量为每公顷22公斤，远远低于世界平均水平（146公斤）。③

（二）水资源

非洲大陆拥有约5630立方千米的水资源，④ 河流网络发达，包括举世闻名的刚果河、尼罗河、赞比西河和尼日尔河等。非洲的外流区域约占全洲面积的68.2%，内流水系及无流区约占全洲总面积的31.8%。⑤ 非洲的水资源在分配上呈现出季节性变化和地区分布不均衡的特点。超过70%的水资源集中在非洲的中部和西部地区，而非洲北部和苏丹—萨赫勒

---

① World Bank Open Data, Accessed October 08, 2023, https：//data.worldbank.org.cn/indicator/AG.LND.ARBL.ZS?locations=ZG&year_high_desc=false.
② International Food Policy Research Institute, "Global Water Outlook to 2025: Averting an Impending Crisis," 2002, Accessed October 10, 2023, https：//ebrary.ifpri.org/digital/api/collection/p15738coll2/id/59035/download.
③ World Bank Blogs, "A Transformed Fertilizer Market is Needed in Response to the Food Crisis in Africa," 2022, Accessed October 12, 2023, https：//blogs.worldbank.org/en/voices/transformed-fertilizer-market-needed-response-food-crisis-africa.
④ Food and Agriculture Organization of the United Nations, Accessed October 08, 2023, http：//www.fao.org/nr/water/aquastat/data/query/index.html.
⑤ 张瑾：《非洲水治理的研究视角和特点》，《中国非洲学刊》2022第3期。

地区只占非洲水资源总量的5.5%。① 非洲在农业用水的调配和管理上远远落后于其他地区，水资源利用率仅为3%，只有5%左右的可耕地得到灌溉，② 这些数据表明，非洲在提高水资源利用效率方面仍有巨大潜力。

非洲长期以来面临清洁水源不稳定的问题。在非洲，只有44%的城市人口和24%的农村人口能享受足够的水处理设施，③ 多数非洲人仍在使用以河流、湖泊为载体的地表水。农村地区有半数人口面临着清洁饮用水资源匮乏问题，这一现状凸显了非洲在水资源分配和基础设施建设方面所面临的挑战。④

（三）气候资源

非洲大陆以其独特的气候闻名，常被称为"热带大陆"。撒哈拉沙漠是世界上最大的沙漠，占据了非洲大陆北部的大部分地区。非洲的气候类型在地理位置和地形结构的共同影响下，呈现出沿赤道对称的带状分布特征。非洲的主要气候类型包括热带雨林气候、热带草原气候、热带沙漠气候、地中海气候以及高原山地气候。这些气候类型不仅影响了非洲的自然环境，也对农业、水资源管理和社会经济发展产生了深远的影响。

在太阳能资源方面，非洲是世界上阳光最充足的大陆，其

---

① United Nations Department of Economic and Social Affairs, "The United Nations World Water Development Report 2021: Valuing Water," 2021, Accessed October 09, 2023, https://www.unesco.org/reports/wwdr/2021/en.
② 李淑芹，石金贵：《全球粮食危机与非洲农业发展》，《世界农业》2008年第10期。
③ Ian Kunwenda, "Trends and Outlook: Agricultural Water Management in Southern Africa," 2015, Accessed October 10, 2023, https://agrilinks.org/sites/default/files/resource/files/Country%20Report%20Malawi.pdf.
④ 张瑾：《非洲水问题及其治理》，《现代国际关系》2018年12期。

辐射强度和日照时数均居于世界前列。尽管非洲拥有丰富的太阳能资源,但在太阳能应用和能源结构转型方面的发展却相对缓慢,巨大的太阳能利用潜力尚未得到充分开发和利用。

在雨水资源方面,非洲的降水量从赤道向南北两侧逐渐减少,导致许多沙漠地区的年均降水量低于 100 毫米,如埃及的西奈半岛和撒哈拉沙漠边缘地区。[①] 降水分布的不均衡显著影响了水资源的可用性和农业生产。

2020 年,世界气象组织牵头发布的《2019 年非洲气候状况》报告指出,非洲正面临着气温升高、海平面上升、降水模式改变以及极端气候事件频繁发生的严峻挑战。[②] 这些气候变化现象不仅威胁着非洲居民的身体健康,也对粮食安全和社会经济发展构成了重大挑战。报告强调了非洲在应对气候变化方面的脆弱性,并指出需要采取紧急行动来增强其气候适应能力,以保障非洲人民的生活质量和福祉。此外,非洲各国政府和国际社会正在努力推动可持续的气候适应策略,包括提高农业灌溉效率、培育气候韧性作物、推广可再生能源技术以及完善气候变化的监测和预警系统。

(四) 生物资源

非洲拥有丰富的生物资源,包括可可、棕油、剑麻、丁香、花生和棉花等,它们均在世界占据重要地位。非洲拥有全球三分之一的陆地生物物种,超过 45000 种热带和亚热带植物,占

[①] 姜忠尽主编《非洲农业图志》,南京大学出版社,2012,第 58 页。
[②] World Meteorological Organization, "State of the Climate in Africa 2019," 2020, Accessed October 10, 2023, https://www.uneca.org/sites/default/files/ACPC/State-of-the-Climate-in-Africa/State%20of%20climate%20in%20Africa%20report%202019%20-%20EN.pdf.

世界植物遗传资源的25%。① 在动物资源方面，非洲的野生动物品种繁多且数量巨大，其蹄类哺乳动物和淡水鱼种类分别为90多种和2000多种，都远远多于其他洲。在森林资源方面，热带雨林是非洲木材的最大产区。非洲的很多森林资源由于交通不便、林内蔓藤缠绕、施工困难，或是因为距海岸港口及交通干道过远而未被开发利用。非洲草地资源具有面积大、类型多、总体质量不高等特点，草场资源约占世界草场总资源的1/4。②

当前非洲生物多样性正遭受多重威胁，其优势正在迅速消失。由于气候变化及农业砍伐，目前非洲有近三分之一的热带植物种类面临灭绝的风险。特别是在坦桑尼亚的中部地区、刚果民主共和国的南部地区，以及西非的塞拉利昂、几内亚、利比里亚等国家，预计有超过40%的热带植物物种面临灭绝的威胁。③

（五）人力资源

非洲人口增长速度较快，据联合国估计，到2050年，非洲人口将从2021年的14.27亿增至24.85亿，将占全球人口的约1/4。此外，非洲人口总体上非常年轻，整个大陆60%的人口年龄在25岁以下，这使其成为世界上最年轻的大陆。④在非洲农业人力资源方面，从农村人口数量来看，2020年撒

---

① 王珩：《中非合作新向度：保护非洲生物多样性》，《当代世界》2021年第11期。
② 姜忠尽主编《非洲农业图志》，南京大学出版社，2012，第83页。
③ Stévart T, Dauby G, Lowry P P, Blach-Overgaard A, Droissart V, Harris D J, MackindeB A, Sosef M S M, Svenning J C, Wieringa J J, Couvreur T L, "A Third of The Tropical African Flora is Potentially Threatened With Extinction," *Science Advances* 11 (2019): eaax9444.
④ United Nations Department of Economic and Social Affairs, "Youth Population Trends and Sustainable Development," 2015, Accessed October 13, 2023, https://www.un.org/esa/socdev/documents/youth/fact-sheets/YouthPOP.pdf.

哈拉以南非洲农村人口总数为6.76亿，占世界农村人口总数的19.65%，与1970年相比增加了4.36亿，年均增长率为2.09%（见表2-7）。

表2-7 非洲主要国家及撒哈拉以南非洲农村人口数量

单位：亿人

国家或地区	1970年	1980年	1990年	2000年	2010年	2020年
尼日利亚	0.46	0.57	0.67	0.80	0.90	1.00
埃塞俄比亚	0.26	0.32	0.42	0.57	0.73	0.92
埃及	0.21	0.25	0.32	0.40	0.48	0.61
民主刚果	0.15	0.19	0.24	0.31	0.39	0.50
坦桑尼亚	0.13	0.16	0.21	0.27	0.33	0.40
肯尼亚	0.10	0.14	0.19	0.25	0.32	0.37
乌干达	0.09	0.12	0.16	0.20	0.27	0.33
苏丹	0.09	0.12	0.14	0.18	0.23	0.29
南非	0.12	0.15	0.18	0.20	0.19	0.19
莫桑比克	0.08	0.10	0.10	0.13	0.17	0.20
撒哈拉以南非洲	2.40	3.02	3.75	4.60	5.63	6.76
撒哈拉以南非洲占世界比重（%）	10.26	11.23	12.42	14.02	16.71	19.65

资料来源：World Bank Open Data, Accessed October 11, 2023, https://data.worldbank.org/indicator.

从非洲农业就业人员数量来看，根据世界银行的统计数据，撒哈拉以南非洲地区农业就业人员数量占总就业人数的比重由2000年的62%逐步降低至2021年的52%，[①]虽然农业就业人数在减少，但仍然占到总就业人数的一半以上。尤其在乌干达、乍得、中非等国，农业就业人数达到总就业人数

[①] World Bank Open Data, Accessed October 11, 2023, https://data.worldbank.org.cn/indicator/SL.AGR.EMPL.ZS?locations=ZG&year_high_desc=false.

的70%以上。虽然劳动力充足，但非洲劳动力总体质量不高。2019年撒哈拉以南非洲地区的成人识字率仅为66%，与世界87%、中国97%的成人识字率存在较大差距。

二 非洲农业产业分布

非洲大陆的农业生产以木薯、玉米和小麦为主要粮食作物，这些作物在保障地区粮食安全方面发挥着关键作用。同时，非洲在可可、咖啡等经济作物的种植领域占据重要地位，这些作物的出口对非洲国家的经济发展具有重要意义。非洲森林资源丰富多样，林业发展势头强劲，为木材生产和林业加工业提供了较大的发展空间和潜力。此外，非洲拥有广阔的海域，海洋生物资源尤其是渔业资源丰富。在渔业管理、技术推广、水产加工及养殖等方面，非洲展现出巨大的发展潜力，有望成为全球渔业的重要力量。在畜牧业方面，非洲拥有全球三分之一的从事畜牧业的人口，畜牧业是非洲第二大农业部门。畜牧业不仅在满足当地居民营养需求方面发挥着重要作用，而且在促进经济增长和改善农民生活方面也具有不可替代的地位。

（一）种植业

在粮食作物方面，玉米是非洲的首要粮食作物，根据粮农组织的统计数据，非洲2021年的玉米产量为9663.7万吨（见表2-8），其次是高粱、粟、小麦、薯类、豆类等。非洲是世界经济作物，特别是热带经济作物的重要产地和主要出口地区之一，生产棉花、剑麻、花生、油棕、腰果、咖啡、可可、茶叶、甘蔗等，还生产烟叶、橡胶、除虫菊、丁香、椰子、香蕉以及非洲特有的乳香、可拉果、阿尔法草等。非洲纤维作物种类很多，但大量种植的只有棉花和剑麻。非洲的油料作物主要是花生、油棕、腰果、芝麻，饮料作物主要是咖啡、可可和茶叶。

表 2-8　2015~2021 年非洲玉米、大豆、薯类、棉花产量情况

单位：万吨

作物	2015 年	2016 年	2017 年	2018 年	2019 年	2020 年	2021 年
玉米	7373.2	7349.0	9032.5	8286.3	8376.9	9397.3	9663.7
薯类	2523.8	2305.0	2421.5	2547.6	2655.8	2798.3	2809.9
棉花	415.1	418.5	477.6	501.4	549.6	477.9	530.8
大豆	262.0	277.1	359.0	368.5	344.5	388.8	467.9

资料来源：Food and Agriculture Organization of the United Nations, Accessed October 14, 2023, https://www.fao.org/faostat/en/#data/QCL.

非洲经济作物种植业的发展始于 19 世纪末，形成于 20 世纪二三十年代，当时西方国家开始在非洲开辟种植园，寻求原料来源，推行单一经济作物制度。这一时期，非洲经济作物种植的推广将当地小农与以欧洲、北美洲为主导的全球市场相联系。出口导向型经济作物的发展，将非洲小农逐步纳入全球农业体系。① 非洲独立以后，各国力图改变经济单一的状况，但收效甚微。就整个非洲大陆来看，经济作物出口收入依然是农业出口收入的重要部分。非洲农业出口收入中约 2/3 来自可可、咖啡、棉花、糖、烟草和茶叶。尽管非洲经济作物在世界市场上占有重要地位，但是总体生产水平不高。例如，占世界总种植面积近 1/3 的油棕，其产量不到世界总产量的 1/10。②

---

① 李小云、李嘉毓、徐进：《非洲农业：全球化语境下的困境与前景》，《国际经济评论》2020 年第 5 期。
② 姜忠尽主编《非洲农业图志》，南京大学出版社，2012，第 111 页。

(二) 林业

非洲森林资源种类繁多，林业发展迅速。粮农组织《全球森林资源评估（2020）》报告显示，非洲森林面积约为6.496亿公顷，占世界森林总面积的16%。[1] 非洲的森林资源类型丰富，包括热带雨林、热带落叶林、热带稀树草原林和温带混交林等，这些森林盛产红木、黑檀木、花梨木等经济林木。非洲人均森林覆盖率0.8公顷（约2英亩），超过全球平均水平0.6公顷（约1.5英亩）。非洲的森林资源丰富，刚果盆地是仅次于南美洲亚马逊盆地的世界第二大热带雨林。非洲丰富的森林资源主要集中在中部和南部地区，中部非洲森林覆盖面积占非洲总面积的35%。[2]

在丰富的森林资源的基础上，非洲大多数国家的森林产业均具有较大发展潜力。根据粮农组织发布的《2022年世界森林状况》报告预测，到2050年，为满足预期的住房需求，非洲的木材生产和初级加工行业预计将创造830亿美元的经济产值，并创造2500万个工作岗位。同时，报告中的数据显示，2010~2020年，全球森林净损失最高的是南美洲和非洲，非洲超过75%的毁林是由农田扩张导致的。此外，非洲对木质燃料的依赖程度最高，有90%以上的木材被用作木质燃料。面对木材可持续利用的挑战，当前已有一些国家开始采取行动推动木材的可持续生产和利用，如加蓬。

---

[1] Food and Agriculture Organization of the United Nations, "Global Forest Resources Assessment 2020-Key findings," 2020, Accessed October 15, 2023, https://doi.org/10.4060/ca8753en.

[2] National Geographic, "Africa: Resources," 2021, Accessed October 06, 2023, https://education.nationalgeographic.org/resource/africa-resources/.

案例 2-5　加蓬木材可持续生产利用行动

加蓬于 2010 年创建的加蓬特别经济区被认为是世界上第一个获得认证的碳中和产业园区。该经济区由加蓬政府、奥兰国际和非洲金融公司共同建立，耗资 4 亿美元，是在非洲建立木材加工厂的平台。木材部门的发展是加蓬"紧急 2025"国家战略中确定的一个政府优先重点，旨在减少温室气体排放、鼓励林产品的可持续利用和开拓新兴市场。政府还发起了加蓬第一座交叉层压木材建筑的建设，该项目旨在最大限度地利用当地采购的木材，将重型木结构的开发置于可持续森林管理价值链中，促进木材价值链和建筑业的技术转让。根据初步计算，该项目有望减少约 150 万公斤的二氧化碳排放。

资料来源：Food and Agriculture Organization of the United Nations, "The State of the World's Forests 2022. Forest Pathways for Green Recovery and Building Inclusive, Resilient and Sustainable Economies," 2022, Accessed October 16, 2023, https：//www.fao.org/policy-support/tools-and-publications/resources-details/en/c/1628401/.

（三）渔业

渔业是非洲国家主要的农业部门之一。非洲拥有辽阔的海域，海岸线超过 3 万千米，浮游生物多，鱼类资源丰富。根据世界银行 2012 年发布的《非洲渔业报告》，渔业和水产养殖为非洲创造了 240 亿美元的经济价值，占非洲国内生产总值的 1.3%，为 1200 多万人提供了就业机会。[①] 大多数非洲

---

① World Bank, "Africa Program for Fisheries," 2020, Accessed October 16, 2023, https：//www.worldbank.org/en/programs/africa-program-for-fisheries.

国家居民大量食用谷物和块根类植物，蛋白质摄入常常不足。同时，由于牲畜饲养方面的社会和经济问题，肉类供应量低，因此富含蛋白质且价格低廉的鱼类成了许多非洲国家居民重要的蛋白质来源。非洲最大的两个渔业生产国为摩洛哥和南非。在生产方式上，非洲大部分国家的渔业以传统渔业为主，渔具和捕捞方法比较简单，捕捞活动往往仅限于沿海沿湖地区，产量低下。[①] 只有部分国家拥有相对高效的渔业管理系统，如南非、纳米比亚等国。

案例2-6　南非水产养殖业发展情况

南非有适合水产养殖发展的自然环境与政策条件，是非洲主要的渔业生产国之一。南非的水产养殖业分为两个主要的生产部门：海洋养殖业和淡水养殖业。目前，南非运营的养殖场数量为200余个，其中淡水养殖场约占80%。南非海洋水产养殖以鲍鱼养殖为主，大多数鲍鱼养殖场位于海岸线附近，主要采用陆基养殖系统和小规模海水网箱养殖技术。南非淡水养殖品种主要包括虹鳟、橙色莫桑比克罗非鱼、尖齿胡鲶等品种，其中虹鳟的产量尤为突出。在技术推广方面，南非农业、林业和渔业部在其渔业司中设立了水产养殖技术服务理事会，任务是推进水产养殖技术和社会经济方面的发展。尽管南非政府部门成立了水产养殖技术服务理事会作为专门的渔业管理部门，但由于渔业在南非国民经济中的地位有限，以及南非国内水产养殖专业技术人员的缺乏和相关技术研发的滞后，农民在通过水产养殖技术服务理事会获取技术和咨询服务方面仍然面临较大困难。

---

① 姜忠尽主编《非洲农业图志》，南京大学出版社，2012，第173页。

资料来源：王芸，张霖，马晓飞，敬小军：《南非水产养殖模式及技术推广研究》，《安徽农业科学》2020年第19期。

（四）畜牧业

非洲畜牧业在区域经济和社会发展中占据着举足轻重的地位。非洲广阔的草原为畜牧业提供了得天独厚的天然牧场，使得畜牧业成为非洲继种植业之后的第二大农业部门。据统计，非洲从事畜牧业的人口约占全球畜牧业从业人数的三分之一，畜牧业对非洲农业国内生产总值的贡献率约为40%，但各国之间存在较大差异，从10%到80%不等。在毛里塔尼亚、索马里、博茨瓦纳等国家，超过70%的人口以畜牧业为生；在苏丹、尼日利亚等国，牧民比例也达到了20%至36%。[1] 对于乍得、布基纳法索、尼日尔等国家而言，畜产品出口的价值占其农产品出口总值的30%至50%，[2] 显示出畜牧业在国际贸易中的重要性。随着非洲经济持续发展，对畜牧业的重视程度不断提升，相应的投资也在逐步增加。然而，非洲牲畜数量的不断增长也引发了一系列环境问题，包括过度放牧导致的土地退化、温室气体排放量增加、灌木侵占以及荒漠化等。[3] 这些问题不仅威胁到生态系统的稳定，也对畜牧业的可持续发展构成了

---

[1] International Food Policy Research Institute, "Policy Innovations to Shepherd Inclusive and Sustainable Livestock Systems in Africa," 2020, Accessed October 16, 2023, https://doi.org/10.2499/9780896293861.
[2] 姜忠尽主编《非洲农业图志》，南京大学出版社，2012，第136页。
[3] Balehegn M, Kebreab E, Tolera A, Sarah H, Polly E, Crane T A, Adegbola T A, "Livestock Sustainability Research in Africa With a Focus on the Environment," *Animal Frontiers* 11 (2021): 47-56.

挑战。

非洲畜牧业和草原开发利用面临的最突出的问题是过度放牧,这导致了广泛的土地退化和生物多样性的丧失。[1] 此外,非洲地区越来越多的牧场被用于粮食作物种植。一项研究表明,在1984年至2016年间,埃塞俄比亚中部高地的耕地增加了16%,而牧场减少了52%。[2] 另有研究表明,如果非洲地区畜牧业相关的知识、科学和技术状况得不到改善,预计到2030年,非洲的物种丰富度将因放牧而普遍下降。[3]

三 非洲农业系统生产方式

在土地制度方面,由于受到正式法律和习惯法的双重约束,非洲的土地买卖市场活跃程度有限,相比于土地买卖,土地租赁现象更为普遍。[4] 非洲的农场特征表现为,现代大农场高产和周边小农低产并存,[5] 家庭农场通常面积小、资产可用性低。在农户特征方面,小农是非洲农业发展的核心,在发展潜力方面仍有待提升。

(一) 非洲土地制度

非洲国家的土地制度普遍呈现出现代土地制度与传统土

---

[1] 姜忠尽主编《非洲农业图志》,南京大学出版社,2012,第157页。
[2] Mekuria W, Mekonnen K, Thorne P, Bezabih M, Tamene L, Abera W, "Competition for Land Resources: Driving Forces and Consequences in Crop-Livestock Production Systems of the Ethiopian Highlands," *Ecological Processes* 7 (2018): 1-15.
[3] Alkemad R, Reid R S, M. van den Berg, LeeuwJ D, Jeuken M, "Assessing the Impacts of Livestock Production on Biodiversity in Range-Land Ecosystems," *Proceedings of the National Academy of Sciences* 110 (2013): 20900-20905.
[4] 唐丽霞、宋正卿:《非洲土地买卖和租赁制度及对中国对非洲投资的启示》,《世界农业》2015年第2期。
[5] 文春晖、徐海涛:《中非减贫惠农工程的建设路径》,《中国投资(中英文)》2022年第2期。

地制度并存的特点,后者的适用范围和影响人群更为广泛。①传统土地制度根植于习惯法框架,其核心在于否认土地私有权的存在,而是由特定个体——通常是酋长或部落首领——负责土地的分配和管理。在这一制度下,社群中的每一个成员都拥有对土地使用和交换等事宜提出意见和建议的权利。在殖民时期,西方势力对非洲的土地制度进行了一系列改革,在引入西方资本主义土地所有制元素的同时,保留了习惯法框架。这种改革导致了非洲土地制度的二元结构,即在大多数非洲国家中,现代土地产权与传统的习惯法土地管理并行。20世纪50年代,非洲国家相继独立后,各国政府试图通过改革土地制度来解决习惯法框架下存在的问题。然而,这些努力在短期内难以根本改变根深蒂固的传统土地制度。② 改革面临着诸多挑战,包括平衡传统与现代土地管理方式的矛盾、保障土地权利的公平分配以及促进土地资源的可持续利用等。因此,非洲国家的土地制度改革仍然是一个复杂而长期的过程,需要综合考虑法律、经济、社会和文化等多方面的因素。

在一些非洲国家,传统土地制度管理下的土地依然遵照习惯法管理,并没有建立起完善的土地产权登记制度,买卖交易程序复杂。即便是允许外国人购买土地,一些非洲国家也设置了相对严苛的限制条件。③ 相比于土地买卖,非洲的土地租赁现象更为普遍。例如,加纳相关法律规定外国投资者可以通过租赁方式获得土地使用权,租期最长为50年,期满

---

① 胡洋:《传统与现代:加纳传统土地制度改革析论》,《西亚非洲》2021年第5期。
② 刘伟才:《重视非洲国家土地问题的复杂性——读〈经济自由化下的土地改革〉》,《中国投资(中英文)》2021年ZA期。
③ 唐丽霞、宋正卿:《非洲土地买卖和租赁制度及对中国对非洲投资的启示》,《世界农业》2015年第2期。

可续约。莫桑比克对土地的使用实行许可制度，根据该国土地法，商业、工业用地的许可期限最长为50年。外国人在莫桑比克居住5年以上，其在莫桑比克注册的企业才可以获得所申请土地的使用权益。①

（二）非洲农业生产与经营方式

殖民统治时期，西方国家在非洲开辟了大量由移民主导的大型商业化农场，这些农场主要集中在经济作物产区。②受殖民时期的影响，非洲目前普遍存在现代大农场高产与周边小农低产并存、小农很难向大型商业农场学习的现象。非洲大型商业农场和种植园通常由家族所有者或公司管理，大部分劳动力是由家族所有者或公司雇佣的。③在撒哈拉以南的非洲地区，家庭农场占主导地位，生产了绝大多数粮食。④非洲许多地方人口密度高，随之而来的土地压力导致农场规模小，资本可用性（capital availability）低。⑤在撒哈拉以南的非洲，60%的农场面积小于1公顷，这些农场占全部农场面积的20%，95%的农场面积小于5公顷，这些小农场占据了撒哈拉以南非洲家庭农场面积的绝大部分。家庭

---

① 中华人民共和国商务部：《对外投资合作国别（地区）指南-莫桑比克（2022年版）》，2022年，最后访问日期：2023年10月15日，http://www.mofcom.gov.cn/dl/gbdqzn/upload/mosangbike.pdf。
② 李小云、李嘉毓、徐进：《非洲农业：全球化语境下的困境与前景》，《国际经济评论》2020年第5期。
③ Sam Moyo, "Family Farming in Sub-Saharan Africa: Its Contribution to Agriculture, Food Security and Rural Development," 2016, Accessed October 16, 2023, https://www.fao.org/3/i6056e/i6056e.pdf.
④ Muyanga M, Jayne TS, "Effects of Rising Rural Population Density on Smallholder Agriculture in Kenya," *Food Policy* 48 (2014): 98–113.
⑤ Giller Ken E, "The Food Security Conundrum of Sub-Saharan Africa," *Global Food Security* 26 (2020): 100431.

农场为撒哈拉以南非洲提供了60%以上的正式和非正式就业机会。① 粮农组织的研究表明，为了提高非洲家庭农场的生存能力，需要对生产力技术进行更多的公共投资，这包括改善灌溉条件、建设更容易进入的市场和增加农村基础设施等。这些措施要求至少将撒哈拉以南非洲国家预算的10%分配给农业。②

（三）非洲农户特点

殖民时期，非洲主要发展以出口为导向的经济作物，农民通过种植经济作物来换取现金，殖民地经济作物的扩张将非洲小农与以欧洲、北美洲为主导的全球市场相联系，非洲小农被纳入全球农业体系之中。根据已有研究，目前在许多非洲国家，收入最底层的四分之一小农户基本上没有土地，人均土地不到0.12公顷。③ 除资源上的限制外，基础设施落后和制度不完善也是影响非洲农户与市场联系的主要因素。④ 在生计模式方面，大部分非洲小农没有任何现金存款，需要每天都有小额的现金收入以满足其刚性的现金支出，因此小

---

① Food and Agriculture Organization of the United Nations, "Africa: Arable land increased by 52% in 20 years," 2022, Accessed October 15, 2023, https://www.fao.org/family-farming/detail/zh/c/1601642/.
② Sam Moyo, "Family Farming in Sub-Saharan Africa: Its Contribution to Agriculture, Food Security and Rural Development," 2016, Accessed October 16, 2023, https://www.fao.org/3/i6056e/i6056e.pdf.
③ De Janvry A, Sadoulet E, "World Poverty and the Role of Agricultural Technology: Direct and Indirect Effects," *Journal of Development Studies* 38 (2001): 1-26.
④ Infrastructure Consortium for Africa, "African Infrastructure Development: A Pathway to Socioeconomic Prosperity," 2020, Accessed October 12, 2023, https://www.icafrica.org/en/news-events/infrastructure-news/article/african-infrastructure-development-a-pathway-to-socioeconomic-prosperity-672729/.

包装或零星购买日用品成为常态。①

撒哈拉以南非洲地区60%以上的人口是小农。根据非洲绿色联盟的相关报告，49个非洲国家中只有4个达到了非洲农业综合发展计划建议的10%的公共农业支出目标，资金方面的受限使得非洲小农的潜力仍未得到充分开发。② 与亚洲和欧洲国家的职业教育、技术教育及农业合作社等形式相比，非洲国家对小农能力培育的重视程度仍需进一步提高。在这方面，一些国际机构和非政府组织围绕提升非洲小农户的生计水平，在非洲各国开展了诸多国际发展项目，如国际竹藤组织的"非洲小农户生计发展项目"等。

案例2-7　国际竹藤组织"非洲小农户生计发展项目"

国际竹藤组织的"非洲小农户生计发展项目"是针对非洲小农户、妇女和青年实施的一个项目，旨在通过参与喀麦隆、埃塞俄比亚、加纳和马达加斯加4个国家的竹子价值链提高他们的收入，提升其生计能力和适应气候变化的能力。项目得到了国际农业发展基金（IFAD）的支持。该项目的具体目标为：扩大现有目标国家竹子价值链的规模并使之多样化，促进工业化发展；促进退化地区的恢复；将竹子纳入国家发展计划，特别是针对气候变化的发展计划；加强非洲内

---

① 唐丽霞：《"量出为入"和"量力而为"——非洲小农的生计模式》，《中国投资（中英文）》2020年第10期。
② Alliance for a Green Revolution in Africa, "Africa's Smallholder Farmers Are the Linchpin to Economic Success," 2021, Accessed October 08, 2023, https://agra.org/news/africas-smallholder-farmers-are-the-linchpin-to-economic-success/#:~:text=At%20the%20heart%20of%20Africa%E2%80%99s%20agriculture%20are%20the, such%20as%20maize%2C%20wheat%2C%20rice%2C%20cassava%20and%20sorghum.

部以及非洲和中国之间的南南合作。

资料来源：林箐：《非洲小农户生计发展项目》，《世界竹藤通讯》2021 年第 2 期。

四 非洲农业生产系统的主要特点与挑战

(一) 非洲农业生产系统的主要特点

首先，非洲农业生产系统依托其得天独厚的自然条件，拥有显著的资源优势。非洲大陆光热资源丰富，气候多样，为农作物的生长提供了良好的环境。水利资源虽然分布不均，但部分地区具备农业灌溉的条件。广阔的耕地和充足的青年劳动力为农业发展提供了坚实的基础。这些自然条件使得非洲在农业领域具有巨大的潜力，尤其是在种植经济作物方面。以可可、咖啡和茶叶为例，非洲的优越生长条件使这些作物成为农业出口的支柱，并在世界市场上占有重要地位，这些作物的生产为非洲经济发展和国际贸易作出了重要贡献。

其次，非洲的农业产业结构呈现出显著的多元化特征。在种植业方面，除了经济作物，非洲还有丰富的粮食作物，如玉米、小麦、高粱等，这些作物是非洲居民饮食结构的重要组成部分。在林业方面，非洲的森林资源丰富多样，林业发展迅速，不仅为当地经济提供了木材和非木质林产品，而且在生态环境保护方面发挥了积极作用。畜牧业也是非洲农业的重要组成部分，广阔的草原和丰富的畜禽品种使得畜牧业在农业产值中占有重要地位。牛、羊等牲畜不仅是当地居民生活的重要来源，也是出口创汇的重要途径。此外，非洲的渔业资源也十分丰富，尤其是沿海和内陆水域，为当地居民提供了重要的蛋白质来源，并在一定程度上支撑了区域经济发展。

最后，非洲农业生产系统正逐步向现代化和规模化方向发展。随着现代农业技术的引入和推广，一些非洲国家的农业生产方式正在发生变革，如使用改良种子、化肥、农药和灌溉技术，这些措施提高了作物产量和抗灾能力。农业机械化程度的提升，减轻了农民的劳动强度，提高了生产效率。此外，农业合作社和农民组织的建立，不仅促进了农产品的市场准入，还显著提高了农民的收入。尽管这些变化还局限于部分地区，但它们标志着非洲农业发展的新趋势，即从传统农业向现代化、规模化农业的转变。

（二）非洲农业生产系统的主要挑战

首先，非洲虽然拥有丰富的耕地资源，但在资源有效利用方面存在诸多问题。非洲大陆拥有大量未开垦的耕地，然而，这些耕地的灌溉面积相对较小，限制了农业生产的规模和效率。土地贫瘠和土壤肥力低下是非洲农业生产的另一大难题，这导致了作物产量低且不稳定。此外，种质资源的匮乏和农业机械更新不足，使得非洲农业难以采用现代化的生产手段，从而影响了农业生产的持续性和稳定性。这些问题的存在，使得非洲农业系统资源的有效利用成为一大挑战，需要通过改善灌溉系统、土壤改良、引进和培育新的作物品种以及农业机械化等措施来解决。

其次，非洲种植业和林业等产业的资源开发能力不足，严重制约了农业部门的发展。尽管非洲拥有丰富的自然资源，但由于生产力不足、基础设施薄弱、农产品增值能力弱和资源退化等问题,这些资源的潜力并未得到充分挖掘。生产力不足主要体现为农业劳动生产率低,这既与农民的教育和技术水平有关,也与缺乏适当的农业技术和设备有关。基础设施的薄弱,如交通、仓储和加工设施的不足,导致农产品的运输成本高,市场准入受限,农产品的增值潜力未能充分发挥。资源退化由不合理的农业实践和环境恶化共同引发,成为非洲农业发展的重大障碍。

最后,非洲农业面临传统与现代化生产方式之间的治理困境,以及小农场粗放经营方式带来的挑战。在非洲,农业生产往往面临着传统生产方式与现代技术的融合问题,农民在保留传统农业知识的同时,也需要适应现代化的生产要求。小农场的粗放经营方式,意味着土地使用效率低下,投入产出比不高,这不仅影响了农民的收入,也限制了农业的整体发展。农户普遍存在的生产力提升问题,需要通过农业教育和培训、技术推广、建立农业合作社等措施来改善。此外,鼓励农民采用更加科学和可持续的农业生产方法,如轮作、有机农业和节水灌溉等,是提升非洲农业生产力的关键路径。

CHAPTER

3

第三章

全球农业价值链及其治理

全球农业价值链是在商品贸易流通全球化背景下所形成的围绕农业初级产品及其加工产品的关系网络。随着全球贸易的发展、贸易壁垒的减少和技术的进步，农产品的生产、加工、销售等环节越来越紧密地联系在一起，共同构成了农业价值链的组成部分。农业价值链从最初的"线性链"发展到"网络状"，在全球范围内得到了完善并形成了体系，涵盖了农民、农业企业、政府和消费者等多个利益相关方。例如在阿根廷和乌克兰收获的小麦，在哈萨克斯坦和土耳其被加工成面粉，随后出口到意大利制成通心粉，出口到中国制成方便面，最终供应给世界各地的人们，这正是农业价值链全球化的现实写照。

粮食安全与饥饿问题日益严峻，使得全球农业治理迅速成为国际社会关注的焦点。在这一背景下，农业价值链作为农业发展的重要环节，受到了学术界和政界的高度关注。对于发展中国家的农民而言，农业价值链的发展既带来了前所未有的机遇，也伴随着诸多挑战。通过融入全球农业价值链，这些农民有机会接触到更广阔的市场，从而提升自身收入和生活品质。然而，我们必须正视农业价值链中存在的问题和失衡现象。尤其是农民在议价过程中普遍处于弱势地位，常常面临价格波动、质量标准难以达标以及市场准入门槛高等多重挑战。为了有效推动全球农业价值链的健康发展，各利益相关方必须积极参与其中并展开合作。

第一节　全球农业价值链概况

一　"全球农业价值链"的概念

价值链的概念源自商品链,由美国哈佛商学院的著名教授迈克尔·波特于 1985 年在其著作《竞争优势》中首次提出。波特教授用"价值链"这一术语来描绘商品从生产、流通到消费的连贯且相互关联的过程。[1] 继波特之后,英国学者彼特·海恩斯进一步强调了原材料供应与顾客需求之间的协同作用,将价值链的概念从产业内部拓展至产业外部。[2] 价值链的核心目标是在市场竞争中有效地实现价值捕获,进而为参与从生产到消费乃至废弃处理全过程的各方主体带来更高的收益,并达成共识性成果。根据价值链的定义,联合国粮农组织将农业价值链定义为农产品从生产到最终消费的整个过程,这个过程涉及不同环节的行动者,他们共同参与实现产品的增值。在 2012 年发布的《中国农业价值链发展白皮书》中,这一概念得到了更为详尽的阐述,它涵盖了农业企业、农民、农业合作社、金融机构、政府部门、消费者以及所有与农业相关的利益主体。这些主体通过参与产前、产中和产后等多个环节,共同促进经济价值、环境价值和社会价值的创造。

综上所述,全球农业价值链可以理解为以促进环境、社会和经济可持续发展为目标,依托土地、组织、技术、资金

---

[1] Michael E. Porter, *The Competitive Advantage*: *Creating and Sustaining Superior Performance*, New York: Free press, 1985.

[2] Hines, P, "Integrated Materials Management: The Value Chain Redefined," *The International Journal of Logistics Management* 4 (1999): 13-22.

等关键支撑要素，涵盖生产、加工、流通、销售以及文化创意旅游等多个环节的复杂系统。农产品价值链的产业环节不断从生产向流通、加工、旅游等领域拓展。值得注意的是，农业价值链中的主要参与者不仅包括从事商业活动的企业，还涵盖了小农户、各类企业、政府机构以及国际组织等多方力量。

二 代表性农作物的全球价值链

随着全球价值链的持续发展和深化，国际贸易的本质已经经历了根本性的转变。最初，贸易主要涉及单一国家生产的最终产品的交换，而现在则转变为跨越多个国家的生产流转，共同协作完成特定产品的最终生产。这一转变不断推动国际分工向更精细化的方向发展，生产链条也逐步扩展至全球范围，农业部门亦不可避免地融入这一全球化的生产网络。这一过程不仅涉及农作物从播种、采摘、运输、加工到存储等一系列环节，还包括与供应商之间的产品创新与合作。在农业全球价值链中，各个环节不仅通过产品内的垂直分工紧密相连，而且还通过不同企业之间的横向联系，在各个产业间建立起了广泛的协作关系。这种全球范围内的资源整合与配置，极大地提升了效率，实现了农业国际分工的深化。通过这种全球价值链的构建，农业部门得以在全球舞台上发挥更大的潜力，促进了农业生产的国际化、专业化和高效化。

农业生产是价值链的初始端，这一环节往往决定了地区/国家在农业价值链中的位置。本节以玉米、小麦、水稻、甜菜和土豆为例描绘全球范围内代表性农作物价值链的现实图景。

（一）玉米

中国、美国和巴西是全球玉米产量最大的三个国家，三国的玉米产量占全球的六成。

美国是全球最大的玉米生产国，2022年其玉米产量约占全球总产量的31%。[1] 美国的玉米品种很多，既适合人类食用，也广泛用于饲料、乙醇的生产和工业原料等领域。美国的玉米出口量庞大，其出口市场覆盖全球各地，尤其是墨西哥和亚洲地区。

中国是全球最大的玉米消费国，其玉米产量约占全球总产量的21%。[2] 尽管中国目前是全球最大的玉米生产国之一，但其需求量仍超过了国内产量，因此需要大量进口玉米以满足内部需求。中国的玉米主要用于人类食品、饲料和工业加工等方面。

巴西是全球重要的玉米生产国，其玉米产量占全球总产量的约10%。[3] 巴西的玉米主要用于饲料、工业加工和乙醇生产等领域。巴西在玉米生产方面具有竞争优势，其大规模农业企业和先进的种植技术使其能够高效生产和出口玉米。

中国的巨大需求维护了全球玉米市场的稳定，美国的大规模生产和出口则对全球供应起着关键作用，而巴西的竞争优势为其在国际市场上赢得了一席之地。这些国家的玉米生产、贸易和消费状况都对全球玉米价格和市场格局产生着重要影响。

---

[1] Food and Agriculture Organization of the United Nations, "Agricultural Statistics," 2024, Accessed March 10, 2024, https://www.fao.org/statistics/zh/.

[2] Food and Agriculture Organization of the United Nations, "Agricultural Statistics," 2024, Accessed March 10, 2024, https://www.fao.org/statistics/zh/.

[3] Food and Agriculture Organization of the United Nations, "Agricultural Statistics," 2024, Accessed March 10, 2024, https://www.fao.org/statistics/zh/.

(二) 小麦

中国、印度和俄罗斯是全球小麦产量最大的三个国家，这三个国家的小麦产量占全球的43%。①

中国是全球最大的小麦消费国，其小麦产量约占全球总产量的18%。② 尽管中国是一个主要的小麦生产国，但其国内需求远远超过了国内产量，因此中国需要进口大量小麦以满足国内需求。中国的小麦主要用于人类食品消费，如面粉、面条等，同时也用于饲料和工业加工等领域。中国的一些大型农业企业参与了小麦的种植和加工。

印度是全球第二大小麦生产国，其小麦产量约占全球总产量的14%。③ 小麦在印度的农业中扮演着重要角色，并广泛用于人类食品消费。印度的小麦产量通常可以满足国内需求，但有时也需要少量进口以弥补供应缺口。印度的小农户在小麦种植中发挥着关键作用，同时该国也有一些大型农业企业参与小麦的种植和加工。

俄罗斯是全球重要的小麦生产国，其小麦产量约占全球总产量的11%。俄罗斯的小麦主要用于国内食品消费和出口。近年来，俄罗斯的小麦业取得了显著发展，通过引进先进技术提高农业效率，俄罗斯成为小麦出口大国之一。

中国的大规模需求和进口量对全球小麦市场产生了深远影响，印度的中等规模产量以及广泛的农户参与维护了国内

---

① Food and Agriculture Organization of the United Nations, "Agricultural Statistics," 2024, Accessed March 10, 2024, https://www.fao.org/statistics/zh/.
② Food and Agriculture Organization of the United Nations, "Agricultural Statistics," 2024, Accessed March 10, 2024, https://www.fao.org/statistics/zh/.
③ Food and Agriculture Organization of the United Nations, "Agricultural Statistics," 2024, Accessed March 10, 2024, https://www.fao.org/statistics/zh/.

市场的稳定，俄罗斯则通过大规模生产和出口在国际市场上扮演着重要角色。这些国家的小麦产量、贸易和消费状况都对全球小麦价格和市场格局产生了重要影响。

（三）水稻

中国、印度、印度尼西亚和孟加拉国是全球重要的水稻生产国，它们在全球水稻价值链①发挥着重要作用。

中国是全球最大的水稻生产国，其水稻产量约占全球总产量的30%。② 中国的水稻种植遍布全国各地，主要用于食品消费。中国的水稻生产呈现多样性，包括粳稻、籼稻和糯稻等多个品种。中国水稻产业涉及大量农户和农业企业，其中一些大型农业企业参与到水稻种植、加工和贸易中。

印度是全球第二大水稻生产国，其水稻产量约占全球总产量的22%。③ 水稻在印度的农业中占据重要地位，主要用于食品消费。印度的水稻种植主要由小农户负责，他们通过传统的种植方法实现较高产量。印度的水稻产量通常可以满足国内需求，并且该国还有一些大型农业企业参与到水稻加工和贸易中。

印尼自然环境优越，农作物生长周期短、产量高，稻米产量居世界第三位，约占全球总产量的7%。在印尼，水稻一年四季都可种植，农民一般一年种植两季水稻、一季玉米。印尼全国耕地面积约为8000万公顷，水稻种植面积约占耕地

---

① Food and Agriculture Organization of the United Nations, "Agricultural Statistics," 2024, Accessed March 10, 2024, https：//www.fao.org/statistics/zh/.
② Food and Agriculture Organization of the United Nations, "Agricultural Statistics," 2024, Accessed March 10, 2024, https：//www.fao.org/statistics/zh/.
③ Food and Agriculture Organization of the United Nations, "Agricultural Statistics," 2024, Accessed March 10, 2024, https：//www.fao.org/statistics/zh/.

面积的三分之一。① 印尼的水稻价值链涉及种植、收割、加工、储存、运输和销售等多个环节。由于印尼的水稻种植以小农经营为主，价值链的整合和效率提升面临一定的挑战。尽管印尼是世界上主要的水稻生产国之一，但其产量仍不足以满足国内需求，每年需要从越南、泰国等国家进口大量大米。

孟加拉国是全球重要的水稻生产国之一，其水稻产量约占全球总产量的7%。② 水稻在孟加拉国的农业中具有重要地位，该国的农民主要从事小规模水稻种植。水稻是该国主要的粮食作物，基本满足了国内居民的主要食物需求。

上述四国在全球水稻价值链中扮演着关键角色。中国不仅是全球最大的水稻生产国，其庞大的消费市场同样对全球水稻市场的供需平衡和价格走势产生深远影响。印度凭借其大规模的水稻产量和传统的种植技术，有效保障了国内的粮食供应稳定性。尽管印度尼西亚的水稻单产水平相对较低，导致其难以完全满足国内需求，但其在全球水稻生产中的地位仍不容忽视。孟加拉国则通过提升农业生产力和适量进口策略，努力平衡国内粮食需求。这四个国家的水稻产量、贸易动态和消费模式共同塑造了全球水稻市场的价格波动和市场结构，对全球粮食安全和经济稳定贡献显著。

(四) 甜菜

中国、印度和巴西是全球甜菜产量最大的三个国家，这

---

① Food and Agriculture Organization of the United Nations, "Agricultural Statistics," 2024, Accessed March 10, 2024, https：//www.fao.org/statistics/zh/.

② Food and Agriculture Organization of the United Nations, "Agricultural Statistics," 2024, Accessed March 10, 2024, https：//www.fao.org/statistics/zh/.

三个国家的甜菜产量占全球产量的65%,①在全球甜菜价值链中的参与非常重要。

巴西是全球最大的甜菜种植和生产国,其甜菜产量占全球总产量的约40%。②巴西的甜菜通常被用于制糖,并出口到全球各地。巴西的糖业以大型农业企业为主,这些企业通常拥有先进的技术和设备,也具有一定的国际竞争力。

印度也是全球重要的甜菜生产国之一,其甜菜产量占全球总产量的约20%。③印度的糖业以小规模的家庭式农业为主,该国的许多农户都参与到甜菜的种植和加工中。然而,印度的糖业面临着一些挑战,如低效的种植技术、过时的设备以及缺乏现代化管理等。

中国的甜菜产量约占全球总产量的5%。④中国通常自给自足,也会根据需求少量进口和出口。中国生产的甜菜通常用于制糖和饲料等方面,且该国也是全球最大的糖消费国。中国的一些大型农业企业也涉足了甜菜种植和糖业加工等领域。

(五) 土豆

中国、印度和乌克兰是全球土豆产量最大的几个国家,它们在全球土豆价值链发挥重要作用。

---

① Food and Agriculture Organization of the United Nations, "Agricultural Statistics," 2024, Accessed March 10, 2024, https://www.fao.org/statistics/zh/.
② Food and Agriculture Organization of the United Nations, "Agricultural Statistics," 2024, Accessed March 10, 2024, https://www.fao.org/statistics/zh/.
③ Food and Agriculture Organization of the United Nations, "Agricultural Statistics," 2024, Accessed March 10, 2024, https://www.fao.org/statistics/zh/.
④ Food and Agriculture Organization of the United Nations, "Agricultural Statistics," 2024, Accessed March 10, 2024, https://www.fao.org/statistics/zh/.

中国是世界上最大的土豆生产国，其土豆产量占全球总产量的21%。① 土豆在中国作为重要的绿色农产品，广泛分布于全国各地，是中国居民膳食中不可或缺的原材料。中国的土豆种植主要由小农户负责，他们采用传统的种植方式获得较高的产量。同时，一些大型农业企业也投入到土豆种植和加工中。

印度是全球第二大土豆生产国，其土豆产量约占全球总产量的14%。② 土豆在印度的农业中占据重要地位，主要用于食品消费。印度的土豆产量通常可以满足国内需求，并且该国还有一些大型农业企业参与到土豆的加工和贸易中。

乌克兰是欧洲重要的土豆生产国，其土豆产量约占全球总产量的5%。③ 土豆在乌克兰的农业中占据重要地位，主要用于食品消费和出口。乌克兰的土豆产量通常可以满足国内需求，并且该国还向其他国家出口大量的土豆，是欧洲重要的土豆出口国之一。

中国、印度和乌克兰的土豆产量、贸易和消费状况对全球土豆市场价格和市场格局产生着一定影响。由于土豆是一种普及程度较高的粮食作物，这些国家的土豆供应稳定性对于维护全球粮食安全具有一定的意义。

---

① Food and Agriculture Organization of the United Nations, "Agricultural Statistics," 2024, Accessed March 10, 2024, https：//www.fao.org/statistics/zh/.
② Food and Agriculture Organization of the United Nations, "Agricultural Statistics," 2024, Accessed March 10, 2024, https：//www.fao.org/statistics/zh/.
③ Food and Agriculture Organization of the United Nations, "Agricultural Statistics," 2024, Accessed March 10, 2024, https：//www.fao.org/statistics/zh/.

第二节　全球农业价值链图景

价值链通常被分为买方驱动型（buyer-driven）和卖方驱动型（producer-driven）两种。[①] 随着价值链中不同环节参与者和参与形式的多样化发展，农业价值链形成了四种主要模式[②]：一是买方驱动价值链模式，如订单农业；二是卖方驱动价值链模式，常见于农业合作社主导的农业贸易；三是综合型价值链模式，强调价值链内垂直一体化，一般由跨国农业企业主导，通过战略投资将农业价值链的范围延伸至全球；四是协调组织推动型价值链模式，通常由非营利组织或者政府机构提供农业价值链中部分或全部环节的服务。

一　买方驱动价值链模式

买方驱动价值链模式以满足买方的需求和利益为主要目标。在买方驱动的价值链中，买方利益成为推动整个价值链的关键因素。买方可以通过采购一系列产品推动生产者、加工商和其他参与者将产品按照指定条件出售。这种融资条件通常通过订立合同协议来体现，确保生产者和供应方按照约定的质量、数量、交货时间等提供产品。[③]

订单农业是买方驱动价值链模式中最常见的形式之一，涉及单个农户或农民合作社。合同协议可以通过正式的法律

[①] Grieffi, G and Korzeniewicz, *Commodity chain and global capitalism*. London：Prager, 1994.
[②] 李建英、张文田、田岚：《国外农业价值链融资模式研究》，《现代经济探讨》2015年第12期。
[③] Grieffi, G and Korzeniewicz, *Commodity chain and global capitalism*. London：Prager, 1994.

体系签订，也可以以非正式的形式存在，但无论采取哪种形式，签订的协议都具有约束力。在订单农业中，大型加工商、出口商或零售商通常提供买方信贷，以获取金融资源的杠杆，推动供应链的发展。

在买方驱动的价值链中，批发商发挥着中介作用。他们从农户手中收集农产品，并为大型零售商提供供货服务。相对于生产方来说，购买方拥有更多的资源和一定程度上的垄断权力，因此他们可以对生产方提出更多的要求，如产品符合私人标准、降低价格等。在欧洲，大型连锁超市控制着大部分市场份额，它们不断从发展中国家采购新鲜农产品，利用买方力量要求供应商提供更多的服务和降低价格。此外，一些国家的零售商也采取与本国及其他国家的进出口商垂直协调的做法，这也直接促成了大型出口超市的兴起。

买方驱动的价值链模式在实践中取得了一定的成功和优势。首先，它可以促进供应链的整合和协调，提高生产效率和供应链的可持续性。其次，买方驱动模式可以帮助买方控制供应链中的质量、成本和交货时间等关键要素，从而满足市场需求并提高竞争力。另外，这种模式还可以促进买方与供应商之间的合作和互利共赢，建立长期稳定的合作关系。在中国，大型零售商如华润、永辉、物美与农民合作社建立合作关系，以稳定供应可追溯的高质量农产品。这种合作模式被广泛应用于蔬菜、水果和畜牧产品等领域。大型零售商作为买方，与合作社签订长期采购协议。买方通常提供技术指导和培训，帮助农民改善种植技术、管理方法和产品包装等，以获得符合其要求的高质量农产品，满足市场的要求。同时，买方向农民提供市场保证，使农民能够获得稳定的销售渠道和可观的收入。

然而，买方驱动的价值链模式也面临一些挑战和问题。首先，对供应商的较高要求可能使一些小规模生产者难以满足要求，从而导致资源集中。其次，过度依赖买方的力量可能导致供应商的利益受损，引发不公平贸易。最后，买方驱动价值链模式在某种程度上削弱了生产者的议价能力，可能使他们处于较为弱势的地位。

未来，买方驱动的价值链模式将继续发展和演变。随着技术进步和全球化，买方与供应商之间的合作将更加紧密，供应链管理将更加智能化和数字化。同时，应该重视保护小规模生产者的权益，推动可持续农业和可持续供应链的发展。通过平衡买方和供应商的利益，买方驱动的价值链模式可以为各方带来更大的价值和利益，促进产业的可持续发展。

二 卖方驱动价值链模式

在农业价值链中，卖方驱动价值链模式凸显了生产者在产品生产和加工阶段的核心作用。这种模式将产品质量视为关键要素，通过严格把控生产过程来保障产品的品质与安全。生产者在此模式中扮演着监管者的角色，建立了包括质量、社会责任和环境可持续性在内的私人标准，确保产品能够满足市场和法规的要求。

卖方驱动价值链特别注重食品加工环节，尤其针对那些对加工工艺有较高要求的高价值农产品，如咖啡豆，以及需要精细加工的产品，如西红柿。通过掌握生产过程，生产者不仅能够确保产品的质量和安全，还能通过增值环节提升产品的附加值。这种模式显著增强了农产品的市场竞争力，并相对降低了食品安全风险。为了有效运营卖方驱动价值链模式，生产者必须与市场及合作伙伴建立紧密的合作关系，深入理解市场需求，同时获取必要的支持与资源。这不仅有助于优化生产流程，还能促进产业链各环节的协同发展，实现农业价值的最大化。

以茶叶为例，中国茶叶产业的生产者驱动价值链主要由企业、合作社和农户构成。企业在这个价值链中充当着品牌建设者、市场推广者和销售者等角色。企业通过建立自己的品牌形象和渠道网络，吸引消费者，并承担与合作社签订长期采购协议的责任。合作社是农户和企业之间的桥梁，负责组织农户进行茶叶种植、管理和采摘等工作。合作社通过提供技术指导、培训和协助销售等方式，帮助农户提高茶叶的品质和产量。农户是生产者链条中的最基层，他们负责根据合作社的要求，按照制茶标准进行茶叶的采摘、加工和交货。生产者驱动的茶叶产业链模式在提高茶叶品质和市场竞争力方面发挥了重要作用。通过建立稳定的合作关系，企业和合作社能够更好地指导农户种植和管理茶叶，确保茶叶的品种纯正、病虫害控制和施肥管理科学合理。同时，合作社可以对农户进行技术培训，提高他们的茶叶加工水平和质量意识。这些举措有效地提高了茶叶的质量和口感，并且使得中国的茶叶能够在国际市场上有更好的竞争力。此外，生产者驱动的茶叶产业链模式还有助于提高农民的收入水平、社会保障水平和福利待遇水平。通过与企业签订长期采购协议，茶叶合作社能够为农民提供稳定的销售渠道，保障他们的茶叶销售。而且，合作社还可以为农民提供贷款服务和技术支持，提高他们的生产效益和经济收益。

然而，生产者驱动价值链也面临着一系列挑战。首先，协调与管理层面的复杂性是一个不容忽视的问题。生产者必须与供应链中的各个节点保持紧密的合作与沟通，平衡并调整各方利益关系，这可能会带来管理上的难度和潜在冲突。生产者驱动模式的有效性在很大程度上依赖于生产者的规模、能力和资源，这意味着一旦生产者面临问题，整个价值链的稳定性可能会受到冲击。其次，该模式对市场风险较为敏感，包括市场需求的不稳定性、竞争激烈程度以及政策环境的变化等因素，这些都可能对生产者驱动的价值链造成影响。为了确保产品的质量和持续的创新，生产者需要与供应链中的其他参与者共享技术和知识。然而，在某些行业，技术和知识的传递可能会遇到障碍，这为价值链的顺畅运作带来了额外的挑战。

信息技术的快速发展将推动生产者驱动价值链模式的数字化。生产者可以利用物联网、人工智能等技术更好地收集、分析和利用数据，提高生产效率和决策能力。生产者之间可能形成更紧密的网络合作，构建共享平台和资源共享机制，实现协同创新和共同发展。随着消费者对产品和品牌的关注度的提高，生产者驱动价值链模式可能变得更加开放，演变为参与者模式，积极倾听消费者的声音和需求，与消费者建立互动和合作关系。

三 综合型价值链模式

综合型价值链模式是一种将农业价值链中的各个环节有机地连接起来的生产和管理方式，包括投入品供应商、中介机构、加工商、零售商以及融资人在内的参与者，与农产品生产商形成紧密的合作关系，共同推动农产品的生产和销售。

综合型价值链模式致力于促进资源的最大化利用，并显著提升产品质量与服务水平。该模式通过将农业价值链上的各个环节紧密联结，实现了供应商、加工商、零售商等参与者之间的协同合作。这种整合不仅优化了资源的使用效率，还通过成本控制策略，提升了企业的经济效益。综合型价值链模式通过企业间的相互监督与管理，加强了产品质量和服务水平的控制与保障，从而提高了消费者的满意度，并增强了企业的品牌影响力和市场竞争力。该模式建立了稳定的长期合作关系，有效规避了与其他企业合作可能带来的风险和不确定性，同时也分散了企业的投资风险，缓解了资金压力。

在综合型价值链模式中，各参与者通常通过签订正式合同或建立所有权关系来共同参与价值链的运作。这种模式常见于契约农业耕作模式或其他合同采购模式，形成了一个综合性的农业生产与管理体系。具体而言，农产品生产商需与投入品供应商、中介机构、加工商、零售商以及融资方等环节进行有效协调，确保从种植、投入品采购、加工、运输到销售的全过程都能高效、顺畅地进行。通过这种全方位的协作，综合型价值链模式为农业产业的可持续发展提供了强有力的支撑。

综合型价值链模式的实施需要强大的组织和管理能力，以及高标准的组织规模和各个参与者之间的信息共享和技术支持。综合型价值链模式需要各参与者之间的紧密协作和配合，要求企业有较高的组织和管理能力，确保各个环节的无缝衔接和顺畅运作。由于涉及多个环节的投入，对企业的投资规模要求较高，这种模式不适合小规模生产和经营的企业。综合型价值链模式需要快速的信息共享和沟通，对信息技术的依赖性较高。信息技术的故障或不可用，可能会影响企业的正常运营和管理。例如，超市与进口商或国内批发商需要紧密合作，及时沟通产品规格信息，如种类、质量、数量以及相关的卫生标准、可追溯性和余量等，同时还需要提供质量控制、技术培训、适量投入品、记录和融资等服务。这些信息和服务将通过价值链逐级向下传递到生产商，使生产者能够在产品生产和销售方面做出决策，确保生产出符合市场需求的高质量产品。

综合型服务模式主要由一些企业主导，在价值链的各个环节提供多种服务，包括从投入品到收购、加工、包装、批发和零售等环节的全套服务。垂直整合的价值链模式则由少数几家跨国公司掌控。这些公司利用公司在不同大陆的种植园，在全球范围内种植和供应某一种农产品，例如全球香蕉链。

中国的新希望集团是一个典型的例子。作为以农业为主导的跨国综合性企业，新希望集团在农产品产地建立起自己的基地，并通过自营或与农民合作的方式控制从生产到销售的整个价值链。新希望集团通过在各地建立农业基地，实现了农产品的自主种植和养殖。在这些基地中，新希望集团采用现代化的农业生产技术，投入资金和专业人才，提高了农产品的质量和产量。例如，在玉米种植方面，新希望集团引进了先进的种子和种植技术，不断改良品种，提高了玉米的耐病虫害能力和产量。通过建立自己的养殖基地，新希望集团掌握了动物饲养和养殖管理的核心技术。同时，它还通过与农户签订合作协议，将农民纳入养殖产业链中，实现了规模化和标准化的养殖生产。这种合作模式不仅让农民获得了企业的科学管理和技术支持，也促进了农业产业链的协同发展。通过建立自己的加工厂和生产线，新希望集团对农产品进行初加工或深加工，生产出多样化的农产品。例如，在畜禽养殖方面，新希望集团将养殖的动物进行屠宰、分割和加工，生产出肉制品和禽蛋制品等。这样的一体化经营模式不仅提高了产品附加值,也确保了产品的质量和安全。最后,新希望集团通过自己的销售渠道和品牌推广策略,将产出的农产品直接销售给消费者。通过建立自己的零售网络、电子商务平台和合作伙伴关系,新希望集团实现了从农田到餐桌的全产业链经营。

四 协调组织推动型价值链模式

协调组织推动型价值链模式是一种基于中介机构的组织结构,是通过连接各个环节的参与者实现协调和协作的价值链网络。中介机构在该模式中扮演关键角色,通过协调和管理各参与方之间的关系,降低交易成本,促进分工合作,提供支持和服务,从而实现高效的生产和交付。该模式的优势包括提供服务、促进合作和创新、降低风险和不确定性;缺点包括依赖中介机构。

在协调组织推动型价值链模式中,中介机构通过协调和管理各参与方之间的关系,确保稳定的供应链和流程,实现高效的生产和交付。各参与方在中介机构的引导下,根据各自的专长和资源优势进行分工合作,形成有机的合作关系,实现资源共享和协同创新,降低参与者的交易成本,减少信息不对称和风险,提高交易效率和信任度。但这种模式也存在风险,即参与者可能对中介机构过度依赖,一旦中介机构出现问题或撤离,可能会导致整个价值链的瘫痪。

政府和非政府组织是最常见的中介方。例如,云南的普及小麦移栽机项目以中介形式将科技服务、农业企业、资金支持等资源引入困难地区,拓宽了贫困户的农田经营模式,提高了效率和产量,降低了种植成本。同时通过培育新型农业经营主体,如合作社,为当地脱贫攻坚工作提供新思路。

此外，上海慈善基金会发起的"易地就业助推计划"致力于推动贫困地区劳动力的短线技能培训和长期职业发展。该计划借助中介型价值链模式，搭建起河南省陶岔乡李项村柿子种植产业链。中介机构不仅为贫困户提供技术和资金支持，还联合银行、扶贫单位和企业等合作方，将产品与市场对接，助力当地贫困户增收致富。

协调组织推动型价值链模式在提高供应链效率、促进产业协同和推动可持续发展方面具有巨大潜力。随着信息技术的发展和数字化转型的推进，中介机构能够更好地利用数据和智能技术，提供更精准的支持和服务。同时，中介机构还可以发挥更大的作用，推动跨行业和跨领域的合作，促进资源优化配置和创新驱动发展。然而，协调组织推动型价值链模式也需要面对挑战，如平衡各参与方的利益、确保可持续经营等问题，需要不断探索和完善。

第三节　全球治理视角下的全球农业价值链

一　全球农业价值链与跨国农业投资

第二次世界大战后，随着全球殖民体系的瓦解，以种植园经济为核心的农业贸易全球化模式亦逐步解体。新兴民族国家纷纷夺回土地控制权，追求独立自主的农业生产路径，摆脱了原有的农业国际分工体系。在这一历史转折点，发达国家对全球耕地的直接投资势头减弱，转而将投资重点转向了农业贸易、物流以及食品加工等环节。特别是自20世纪80年代起，在经济全球化浪潮的推动下，北美、西欧以及澳大利亚和新西兰等发达国家和地区，依托其丰富的农业资源、雄厚的资本和先进的技术,逐步占据了全球种子、农药、化肥等高科技、高附加值产业链环节的主导地位。与此同时,这些国家通过其跨国粮食企业,有效地控制了全球主要农产品的物流、仓储和贸易市场,进而掌握了全球农产品的定价权。这一系列变化标志着全球农业产业结构的深刻调整,以及农业全球化模式的新一轮重塑。

21世纪以来,2008~2009年与2011~2012年两次全球粮食价格危机引起了以日本、韩国为代表的农业资源短缺国家对粮食安全战略的高度重视。这些国家开始大力实施"海外屯田"的跨国农业投资战略。依靠政府支持和雄厚资本,日韩跨国公司在境外大力开展以建立大型种植园为主要形式的农业海外投资,通过海外生产确保本国的粮食安全。

在全球粮食供需失衡的大背景下,许多国内耕地面积少、粮食依赖进口的国家把目光投向海外,采取"海外屯田"战略,即通过海外农业投资和发展农业种植园区确保国家安全。日本早在20世纪初就开始有组织、有规模地进行海外种地,在巴西、非洲和中亚等地租用和购买了大量农田并种植有机作物。截至2009年,日本在海外拥有1200万公顷农田,相当于日本国内农田面积的3倍。韩国于2008年提出"建立海外粮食基地",并成立了海外农业开发协力团,支持民间企业赴海外屯田。韩国在俄罗斯拥有30万公顷农田,在蒙古国拥有27万公顷土地。而在新一轮的海外屯田大潮中,脚步迈得最快、投入最多的非海湾国家莫属。过去一直严重依赖粮食进口的沙特阿拉伯、巴林、科威特、卡塔尔、阿曼、约旦和阿拉伯联合酋长国等国家组建了海湾国家合作委员会,携手在海外寻找屯田机会。它们在老挝、印度尼西亚、菲律宾、越南、柬埔寨、泰国、缅甸等东南亚国家,以及巴基斯坦、哈萨克斯坦、格鲁吉亚、俄罗斯、乌克兰和土耳其，在非洲的苏丹和乌干达都达成或正在磋商租地、购地协议。印度企业也在缅甸、印度尼西亚等国购买了经济作物庄园。2008年，印度15家企业在印度国家贸易公司牵头下，开始在巴拉圭、乌拉圭和巴西等国展开租用农田谈判。①

但是，这些以建立大型种植园为主要形式的农业海外投资给粮食安全和营养、减贫和农村发展带来了复杂的经济、制度和伦理道德问题。从投资模式来看，欧美的境外农业投资主体多为大型跨国公司，且投资主要流向市场经济发达的国家和地区，很少采用境外园区的形式。由于农业跨国投资企业实力相对较弱，再加上粮食危机对国家安全构成的威胁，日本、韩国、新加坡等国家在海外农业投资中表现得更加积极。其中，政府与民间合作打造境外农业园区便是推动农业企业"走出去"的重要方式。以韩国为例，由于本国的农业跨国企业实力相对不足，在海外投资过程中综合协调能力和资金实力不足，导致大多数投资面临失败。为了扭转这一局面，韩国政府积极介入，通过官民合作开发模式建设农业境外园区，通过行业协会的纽带作用，将政府的意图与企业的意愿有效匹配，构建从农产品种植、加工到出口的全产业链体系，提高了项目的可持续性。但是，总体来看，以"政府引导，市场化运作"模式建设的农业境外园区仍然比较少。

二 全球农业价值链的治理形式

除了国际层面的贸易规则，农业价值链中始终存在横向和纵向两种不同的治理形式，且二者都是不可或缺的。横向

---

① 赵丽红：《土地资源、粮食危机与中拉农业合作》，《拉丁美洲研究》2010年第3期。

治理指的是价值链中某一特定环节的行为者之间的关联，例如集群企业以及集群内外的机构之间基于地方的经济和社会关系的协调；而纵向治理则是将价值链中各个环节的行为者联系在一起，确保每个买家和供应商都为最终产品增加价值。在价值链的治理中，具体的要素包括信息交换、定价、标准、支付机制、包含服务或不包含服务的合同、市场力量、龙头公司、批发市场体系等。治理方式也会因所涉及的行为者的种类而产生差异，从而导致私人、公共和社会治理的不同。①私人治理主要涉及规范集群公司之间以及集群公司与外部合作伙伴之间的经济交易，以及行动者之间的信任和相互依赖，②旨在实现集体效率，克服规模小的局限性，共享资源。③公共治理则更多强调国家的角色，两者相互补充，共同服务于价值链的提升。

本文深入探讨了价值链治理的六种典型模式（见表3-1），每种模式均由特定的关键参与者和相应机制共同推动。这些治理模式并非彼此孤立，它们往往在多个行动者的协同参与下相互融合，共同发挥作用。

---

① Lund-Thomsen, P., and Nadvi, K, "Clusters, Chains and Compliance: Corporate Social Responsibility and Governance in Football Manufacturing in South Asia," *Journal of Business Ethics* (2010): 201-222; Neilson, J. and Pritchard, B, "Fairness and Ethicality in Their Place: The Regional Dynamics of Fair Trade and Ethical Sourcingagendas in the Plantation Districts of South India," *Environment and Planning* (2010): 1833-1851.
② Schmitz, H., and Nadvi, K, "Clustering and industrialization: Introduction," *World Development* (1999): 1503-1514.
③ Schmitz, H., "Collective Efficiency: Growth Path for Small-Scale Industry," *Journal of Development Studies* (1995): 529-566; Lee, J., Gereffi, G., and Beauvais, J, "Global Value Chains and Agrifood Standards: Challenges and Possibilities for Smallholders in Developing Countries," *Proceedings of the National Academy of Sciences of the United States of America* (2012): 1226-1231.

表 3-1　不同价值链治理模式的主要驱动因素、机制和行动者

价值链治理模式	驱动因素	机制	行动者
市场驱动型	市场竞争力	供求关系	生产者和消费者
企业社会责任型	全球买家声誉和购买力	社会规范	消费者
多方利益相关者协调型	标准制定、监测、能力建设	社会规范、能力建设与合作	国际非政府组织、全球消费者、当地行动者
以劳工为中心型	劳工的能动性	集体谈判、罢工	劳工
以产业集群为中心型	外部企业社会责任压力、集体效率	集体标准制定、实施、支持	集群公司、行业协会、合作社
公共治理型	公众压力、公共服务	执法、政府职责	国家和地方政府

资料来源：Grieffi, G. and Korzeniewicz, *Commodity chain and global capitalism*, London: Prager, 1994.

（一）市场驱动型农业价值链治理

市场驱动型农业价值链治理是指通过市场需求和竞争机制来促使农业生产企业改善劳动条件。其核心是集群企业通过产品和流程差异化来建立市场竞争力，不断提高自身的生产质量并尽社会责任。[1] 为了确保市场能够有效驱动企业改善劳动条件，需要强化市场激励机制，使得有良好劳动条件的企业获得更多经济回报。这可以通过建立相关的认证体系和标准来实现，对符合一定劳动条件的企业给予奖励和认可，鼓励其他企业追随其步伐。同时，消费者也可以通过选择购

---

[1] Kaplinsky, R., and Farooki, *Global Value Chains in A Postcrisis World: A Development Perspective*, Washington DC: World Bank, 2010.

买符合社会标准的产品来增强企业改善劳动条件的动力。例如,许多咖啡生产企业为了满足消费者的需求,采取了一系列社会责任措施,如提高劳动条件和保障工人权益等。这些企业还通过雨林联盟(Rainforest Alliance)、公平贸易(Fair Trade USA)等第三方组织的认证,证明其实践了可持续种植、优良的劳动条件以及社会责任等方面的标准。这些认证可以提高企业在市场上的竞争力和品牌价值。随着消费者对可持续咖啡的需求增加,越来越多的企业开始采取可持续种植模式,从而促进了行业的可持续发展。消费者的需求可以推动咖啡生产企业采取更好的社会和环境责任措施,从而带动整个行业向着更加可持续的方向发展。

市场驱动型农业价值链治理需要加强信息的传递与透明度。消费者对产品的需求越来越聚焦于产品的质量和企业的社会责任,因此,供应链中的各个环节都需要提供相关信息,包括劳动条件、环境影响等,以便消费者做出理性的选择。同时,企业之间也需要加强信息共享,了解市场偏好和最佳实践,促进集群效应的形成。

发展中国家在市场驱动型农业价值链治理中面临一个挑战,即与"全球北方"相比,"全球南方"的消费者对劳工问题的关注可能较少。[1] 因此,需要通过教育和宣传等手段,提高消费者对于劳动条件和社会责任的认识和关注度。这可以通过组织相关活动、开展媒体宣传等方式来实现,同时政府和非政府组织也可以发挥重要作用。

---

[1] Lund-Thomsen, P., and Lindgreen, A, "Corporate Social Responsibility in Global Value Chains: Where Are We Now and Where Are We Going," *Journal of Business Ethics* (2014): 11-22.

(二) 企业社会责任型农业价值链治理

企业社会责任型农业价值链治理是指,在农业生产过程中,企业承担起更多的社会责任,致力于改善劳工待遇、开展环境保护和支持社会公益。[1] 企业社会责任型农业价值链治理需要多方参与和共同努力。[2] 以养殖行业为例,许多养殖企业采用可持续养殖模式,如有机养殖、饲草养殖等,以减少对环境的影响,并提高动物福利。这些养殖模式有助于降低养殖产业对土地、水资源和能源的消耗,减少对环境的污染,并改善动物福利。许多养殖企业积极推行社会责任措施,实现员工的参与和共享。同时,他们还致力于提高消费者的健康和生活品质,定期发布产品质量信息,并保证产品的安全性和口感。

除了企业本身,政府、非政府组织、学术界、消费者等各方都应该参与其中,明确共同的目标和价值观。这需要建立合作机制,加强信息沟通和交流,形成共识,推动整个价值链的可持续发展。企业在推动农业价值链治理过程中需要投入一定的资源和资金,并提供相关的技术支持,包括改善劳动条件,推广环境友好的生产技术等。通过提供资源和技术支持,企业可以帮助农民和供应商提高生产效率和质量。企业应该在农业价值链中加强透明度,主动公开相关信息,包括生产环境、劳工条件、社会责任履行情况等。信息披露

---

[1] Locke, R., Amengual, M., & Mangla, A, "Virtue Out of Necessity? Compliance, Commitment, and the Improvement of Labor Conditions in Global Supply Chains," *Politics & Society* (2009): 319-351.

[2] Puppim de Oliveira, J. A, "Social Upgrading Among Small Firms and Clusters. In J. A. Puppim de Oliveira (Ed.)," *Environmental, Labor, Innovation and Social Issues* (2008): 1-21.

可以增强企业的责任感,让消费者和其他利益相关者了解企业的实际情况,促进信任建立和合作发展。①

为了推动企业更好地履行社会责任,可以建立激励机制和奖惩措施。例如,政府可以给予符合社会责任要求的企业税收优惠和财政支持;消费者可以选择购买符合社会责任标准的产品,给予认可和市场竞争优势;非政府组织和媒体可以对不遵守社会责任的企业进行曝光和批评。激励机制和奖惩措施可以形成积极向上的动力,促使企业更加积极地履行社会责任。

企业社会责任型农业价值链治理需要不断创新和共享经验。企业可以通过引入新技术、新模式和新理念来改善农业生产和管理方式,提高社会责任履行水平。同时,企业应该积极与其他企业、学术界和非政府组织等共享经验和最佳实践,形成良好的合作氛围,共同推动农业价值链的可持续发展。

(三) 多方利益相关者协调型农业价值链治理

多方利益相关者协调型农业价值链治理是一种涉及多个利益相关者的治理模式,旨在改善发展中国家农业部门中小企业的工作条件并推动可持续发展。这种治理模式的核心思想是通过各种类型的全球和地方行为者之间的合作与协调促进农业价值链的升级。

随着全球化的推进,市场对可持续发展和社会责任的关注不断增加,消费者对产品的质量、环境友好性和社会影响力有着更高的要求。为了满足这些需求,企业需要与各类利

---

① Barrientos, S, "Corporate Purchasing Practices in Global Production Networks: A Socially Contested Terrain," *Geoforum* (2013): 44-51.

益相关者进行合作，改善农业价值链各个环节的工作条件和社会效益。相关行动者包括国家政府、集群机构和当地公司等各类利益相关者。这些行动者在农业价值链的各个环节中发挥着重要的作用。国家政府可以通过政策制定和监管来促进农业部门的可持续发展；集群机构可以协调各类行为者之间的合作，推动农业价值链的整体升级；当地公司则是农业价值链的实际运营者，他们可以通过改善工作条件和提高产品质量来增加社会效益。

多方利益相关者协调型农业价值链治理的主要机制是建立多方合作的伙伴关系。这种伙伴关系包括全球主要品牌、国际和地方非政府组织、工会、集群公司和行业协会等各种行为者之间的合作。通过建立广泛的联盟，这些行为者可以在标准制定、监测和制裁以及能力建设方面进行合作，共同推动农业价值链的改进。可持续棕榈油产业就是这方面的典型。可持续棕榈油产业建立了广泛的合作伙伴关系，包括政府、农民组织、非政府组织、生产商和消费者等多方利益相关者。他们共同制定和执行可持续棕榈油的生产标准和认证体系，以确保环境和社会的可持续发展，通过采取可持续的生产实践来降低对环境的影响。这包括保护森林和生物多样性、减少土壤侵蚀、合理使用水资源、减少温室气体排放等。全球和地方行为者共同努力，推动可持续棕榈油的生产实践得到广泛采用。可持续棕榈油产业致力于提高农民和工人的生活条件，并推动社区的发展。产业相关方通过与农民组织和非政府组织合作，确保农民获得公平的价格和经济支持，同时提供培训和技术援助，帮助他们提高生产效率和收入水平。他们还通过建立认证体系和标签，向消费者提供有关产品的信息，使消费者能够做出明智的购买决策。此外，他们还与消费者组织和零售商合作，推动可持续棕榈油产品在市场上的推广。

多方利益协调型农业价值链治理也面临一些挑战。首先，利益相关者之间存在权力不平衡问题，这可能影响个体利益。其次，"全球南方"行为者的参与通常受到限制，这也限制了多方合作的广度和深度。此外，在伙伴关系中商业驱动和自上而下的运作模式使一些发展问题被边缘化，如小农赋权问题和不同认证计划的成本和效益。①

（四）以劳动者为中心的农业价值链治理

在以劳动者为中心的农业价值链治理中，劳动者和工会的作用与全球买家同样重要，甚至在某些情况下可能更为关键。② 该模式的倡导者批评企业社会责任型和多方利益协调型农业价值链治理模式将劳动者视为被动主体。实际上，工人和工会往往是积极推动改善自身社会条件的变革者。工人本身可以成为最佳的监督者，并在地方上发挥重要作用。在紧密安排的生产系统中，工人通过罢工或威胁罢工来破坏供应链，他们在与雇主的协商中起着至关重要的作用。在强调质量的生产环境中，例如巴西和撒哈拉以南非洲的园艺部门，技术工人的情况也类似。

以劳动力为驱动的模式面临一些挑战。例如，在一个细分的工作场所中，一个工人群体的升级往往是以牺牲其他工人群体，如妇女、移民、临时工以及非正规部门的工人，为

---

① BITZER V, "Partnering for Change in Chains: on The Capacity of Partnerships to Promote Sustainable Change in Global Agricultural Commodity Chains," *Development Studies* (2011): 45-52.

② Gallagher, M. E., "China's Workers Movement & the End of the Rapid-Growth Era," *Daedalus* (2014): 81-95.

代价的。雇主可能会通过牺牲其他群体的利益来满足一个群体的要求,并将后者作为其灵活性的缓冲。在这种情况下,劳动者之间的不平等和竞争可能会削弱整体效益。

在以劳动者为中心的农业价值链治理中,相关行动者包括工人、工会、政府、雇主和非政府组织等。工人和工会是直接参与的关键行动者,他们代表和维护工人的权益。政府可以通过法规和政策来保护劳动者的权益,并提供监管和制度支持。

以劳动者为中心的农业价值链治理的关键因素包括劳动力组织的需求和劳动者的权益意识。① 劳动者和工会的积极参与可以推动农业价值链的升级和可持续发展。以劳动者为中心的农业价值链治理强调工人和工会的重要性,并认识到他们作为积极变革者和社会监督者的角色。该治理路径面临着一些挑战,包括劳动者之间的不平等和竞争,以及确保其他群体的利益不被牺牲。相关行动者包括工人、工会、政府、雇主和非政府组织等,他们共同努力推动劳动者权益的实现和整体社会条件的改善。

(五)集群产业治理

农业价值链的集群产业治理模式是一种从下而上的路径,旨在改善集群内的工作条件和促进可持续发展。在这一模式,商业协会、合作社等集群机构扮演着重要的角色。它们通过提供关于外部市场质量和社会标准的培训和信息,促进集群内企业的发展。集群机构的参与使集群企业能够更好地适应

---

① Barrientos, S., & Visser, *South African horticulture: Opportunities and Challenges for Economic and Social Upgrading in Value Chains*. Washing DC: Working Paper, 2012.

外部市场需求，并提高产品和服务的质量和标准。同时，集群机构也可以提高监测能力，将社会目标纳入集群企业的规范和做法。以中国茶叶生产集群产业为例，农民通过自发组织成立农民合作社或协会，共同商讨和解决生产过程中的问题。他们通过集体行动实现资源共享、经验交流和技术培训，提高茶叶的质量和产量。集群内的茶叶加工企业和相关组织提供技术援助和培训，帮助农民掌握先进的种植和加工技术。这些技术涉及土壤改良、有机农业、病虫害防治、茶叶采摘和加工等方面。通过技术援助，农民能够提高生产效率和茶叶品质。政府和非政府组织提供资金支持，用于农民的培训、设备采购和基础设施的改善。这些资金可以帮助农民改善生产条件，提高茶叶的品质并降低成本。利益相关者协调合作，开辟新的市场渠道，提升茶叶的销售额。他们与零售商、餐饮企业和出口商建立合作关系，推广和销售优质的茶叶产品。这样一来，农民能够获得更好的经济回报，促进可持续发展。

然而，该模式也存在一些潜在的问题。在没有持续的外部压力和独立审查的情况下，地方举措可能会被推迟执行或缩小规模。全球品牌和非政府组织的参与对推动集群倡议至关重要，它们可以通过施加压力和进行独立监督来促进地方举措的有效实施。例如，巴基斯坦贾朗达尔地区的童工监测机制被发现比锡亚尔科特地区的类似系统更弱，这可能与知名的全球品牌在该地区的参与程度有关。

因此，集群产业治理在农业价值链的驱动因素和主要机制包括集群内企业之间的紧密联系和相互依赖、集群机构的参与以及来自全球品牌和非政府组织的外部压力和独立审查。相关行动者包括集群内的企业、集群机构、全球品牌和非政府组织等。通过集群产业治理农业价值链，可以实现劳动条件的改善，提高产品和服务的质量和标准，并促进可持续发展。然而，为了确保该模式的有效实施，需要持续的努力和各方的积极参与。

（六）公共治理模式

农业价值链的公共治理模式是一个复杂而庞大的系统工程，涉及多个行动者和利益相关方的合作与协调。在实施公共治理模式的过程中，政府和社会各界应共同努力，采取一系列措施来促进可持续发展、改善劳动条件和提高产品质量标准。

政府通过颁布相关法规和制定环保和食品安全政策来引导农业产业的发展。政府还可以出台经济激励措施，如税收优惠和财政补贴，鼓励农业企业采取可持续发展的措施和提高产品质量。社会各界，包括商业协会、民间组织和科研院所，也发挥着重要作用。商业协会提供技术支持和培训，帮助农业企业优化生产技术和提高管理水平。民间组织通过宣传和发起公益活动来增加公众对农业产业的关注和支持。科研院所开展科研和教育，培养专业人才以推动农业产业的创新和发展。社会各界可以对农业企业进行社会责任评估和监督。通过建立企业社会责任评估机制，可以鼓励企业关注社会、环境和劳工权益，推动其采取可持续发展的经营模式。同时，民间行动者可以通过网络平台和社交媒体宣传和发动公益活动，参与企业投资或捐赠，推动农业产业升级和可持续发展。

公共治理的机制包括信息透明、社会责任和集体行动。信息透明机制可以通过企业信息披露和公开透明来促进各利益相关方的参与和监督。政府可以要求农业企业定期公布其生产过程、产品质量和社会责任方面的信息,以增强透明度。社会责任机制则是通过建立企业社会责任评估机制,引导企业注重社会、环境和劳工权益的保护和改善。集体行动机制可以通过供应链联合组织和商业协会等机构来增强利益相关方之间的协作和对话,共同推进公共治理农业价值链的发展。

在公共治理模式的实施过程中,政府、企业和社会各界需要广泛参与,形成合力。政府应起到引导和监管的作用,企业应承担社会责任,而社会各界则可以发挥监督和推动的作用。只有通过政府和社会各界的协调合作,才能够有效解决农业产业面临的问题,实现农业价值链的可持续发展,促进社会进步。

第四节 全球事件对农业价值链的影响

农业价值链的稳健发展依赖于一个稳定的宏观经济环境,构建具有韧性的农业价值链成为我们未来努力的重要方向。《2023年世界粮食安全和营养状况》报告揭示了一组令人担忧的数据:2022年,全球范围内有6.91亿至7.83亿人口面临饥饿威胁,其中位数高达7.35亿。一系列突如其来的全球性事件,对全球农业价值链构成了前所未有的挑战。本节以突发公共卫生事件、气候变化和俄乌冲突为例,深入剖析这些全球公共事件对农业价值链的具体影响。

一 全球公共卫生事件对价值链的影响

众多证据显示,突发公共卫生事件的易感性和高度传染性对全球农产品出口造成了显著阻碍。在全球贸易体系深刻变革的背景下,各国贸易保护主义倾向有所抬头,对农产品市场的干预力度加大。许多国家已经开始实施多元化策略，以促进本国产品的出口和销售，同时对外国产品设置各种限制。此外，疫情的影响使得农业领域的"走出去"战略面临前所未有的挑战，众多海外农业项目不得不中断，未来的发展前景亦不容乐观。在这种大环境下，各国政策趋向于更加"内向"，预计对投资的限制将会进一步收紧。例如，在新冠疫情期间，中国企业尝试并购澳大利亚乳业企业，却遭到了澳大利亚监管部门的否决。个别国家在美国"长臂管辖"的影响下，限制了中国企业的注册。展望未来，不排除将有更多国家出台类似的限制性政策，从而对全球农业投资和贸易环境造成进一步的影响。

区域间农业合作受到冲击。中国农业体量大、市场引力强，对区域间农业合作有"虹吸"效应，但未来面临两大挑战。第一，区域间建立稳定农业经贸关系的难度加大。受全球贸易圈重构的影响，跨区域贸易协定的达成需要更激烈复杂的博弈，经贸关系的波动可能成为常态，农业作为关键领域，难以"独善其身"。第二，与主要贸易伙伴之间利益平衡的难度加大。不少国家紧盯中国的粮食、肉类等重要农产品市场，希望扩大出口。近年来，以粮农组织、WTO为代表的全球治理组织和以G20、APEC等为代表的多边协调组织，在制定有共识和约束力的粮农规则方面已经困难重重。2020年的G20农业和水利部长会议，就因欧美在气候变化问题上的分歧，未能就共同宣言达成一致。

在新冠疫情肆虐的时代，单边主义和贸易保护主义不断抬头，逆全球化的趋势越发明显，全球经济因此陷入了停滞状态。粮食和农业问题始终是全球关注的焦点，对于巩固农业基础、稳定经济社会发展的全局具有极其重要的现实意义。

对任何国家而言，确保粮食自给自足是避免国家安全危机的关键。在疫情防控期间，作为世界第三大大米出口国的泰国，自2020年3月24日起对大米及其相关产品实施了出口限制。同样，作为主要小麦出口国的哈萨克斯坦也采取了行动，限制了包括小麦在内的11种农产品的出口。这些限制主要粮食出口的政策显著推高了国际粮食价格，给粮食进口国带来了巨大压力，粮食贸易的不确定性显著增加。在这样的背景下，各国必须高度重视粮食安全问题，采取有效措施以保障国内粮食供应的稳定。

二 气候变化对价值链的影响

19世纪早期欧洲严寒气候结束后，农业史上出现的最为严重的环境危机是19世纪70年代晚期至20世纪初期的失常季风及其引发的饥荒。严重的干旱肆虐印度和中国大部分地区，以及东非和巴西东北部塞尔唐（Sertao）的部分地区。这些失常季风引发的印度和中国的饥荒继续蔓延，数以百万计的人口死亡。干旱和其他极端天气造成的环境危机也影响到俄国、美国等其他国家。这些灾害导致19世纪中期发展起来的全球贸易体系中断。这些灾害也促进了相关的技术创新和研究，旨在减少和预防环境危机。政府和科学家对这些灾害的了解逐渐深入，主张社会有义务帮助受害者，并通过建立灌溉体系、种植抗旱作物、改善交通等措施来提高粮食产量。这些措施是20世纪农业发展计划的源头。

19世纪末期，全球变暖现象开始影响世界农业。关于全球变暖的原因——是地球气候的自然循环所致还是人类使用能源所排放的温室气体所致——仍存在争议，但可以肯定的是，全球变暖在未来几十年会持续加剧。日益严重的全球变暖问题对农业造成的影响可能比人类历史上任何其他事件都大。气候变化已经成为驱动新一轮全球农业现代化浪潮的重要因素。2019年8月,联合国政府间气候变化专门委员会(IPCC)发布《气候变化与土地特别报告》,将气候变化与土地系统联系起来,指出气候变化与农业生产之间的复杂关系:一方面,气候变化改变了农业的气象资源,影响了作物产量和种植制度,威胁着粮食安全、农村地区的发展及农民的生计;另一方面,农业生产(包括种植业和养殖业)本身就是一项显著的人类活动,也是温室气体排放的主要来源之一。土地状况的变化可以对数百千米外的气温和降雨产生影响;不当的土地使用和管理方式,如为应对粮食减产而进行的耕地扩张,挤占了林业用地空间,造成土地退化,进一步加剧全球变暖,形成恶性循环。[1] 气候系统、土地系统与粮食系统三者相互关联、相互影响。具体而言,土地系统通过粮食生产直接影响粮食系统,通过生态系统间接影响粮食系统,而粮食需求和供应过程影响土地利用的变化以及土地退化、荒漠化等问题。[2]

在一定范围内,二氧化碳浓度的升高有利于植物进行光合作用,它能够提高植物水分的利用率,进而促进农作物的生长及产量的提高;气温适度升高,农作物的生育期会缩短,生长发育速度加快,呼吸作用增强,这有利于提升产量。然而,温度过高会导致农作物光合速率下降,给农业生产带来不利影响。若全球气候持续变暖,水稻、小麦、玉米等大部

---

[1] 王勇、孙瑞欣:《土地利用变化对区域水—能源—粮食系统耦合协调度的影响——以京津冀城市群为研究对象》,《自然资源学报》2022年第3期。
[2] 黄磊、王长科、巢清尘:《IPCC〈气候变化与土地特别报告〉解读》,《气候变化研究进展》2020年第1期。

分农作物产量将下降。气候变暖可使农作物生长季内的潜在蒸散量增加,导致土壤水分的有效性下降,从而增加农业灌溉的需求量,加剧农业用水紧张状况,制约农业快速的发展。

全球气候变暖对中国主要作物的布局会产生较大影响。[①]温度升高,积温带北移,有利于高纬度地区作物生长发育。农作物种植区北界随之也向北扩展,高纬地区耕地面积增加,低纬地区耕地面积则减少。气候变化还会使农作物的熟制和品种布局发生变化,使目前的两熟区、三熟区向北移动,不同组合的多熟制还会使作物种植更加多样化。气候变化将对农业生产条件、农业自然资源和农业自然灾害等方面产生深远影响。全球气候变暖,气象灾害频发,农业生产的不稳定性增加,特别是极端气候事件对农业生产的冲击强度加大,这将严重影响未来粮食生产。农作物害虫的生长发育、繁殖、越冬及分布等生态学特征与气候条件,特别是与温度条件有密切关系。气候变暖,虫卵越冬条件变好,害虫繁殖加快,病虫害范围扩大,这会使害虫虫卵越冬的北界北移,害虫成活率提高,虫口数量剧增,虫害发生期、迁入期提前,危害期延长。为了应对病虫害,人们一般使用农药进行防治,这将导致农药用量增加。不仅如此,气候变暖还会使化肥分解速度加快,增加肥料的使用量。气候变暖还将增加农业成本和投资,影响粮食安全。因为气候变暖会促使土壤有机质和氮的流失,进而降低化肥的利用率。不仅如此,气候变暖带来的水资源短缺、土地荒漠化加剧,将会使灌溉成本提高、土壤改良和水土保持的费用增加。

气候变化不仅在上述几个方面对农业生产造成影响,它

[①] 黄磊、王长科、巢清尘:《IPCC<气候变化与土地特别报告>解读》,《气候变化研究进展》2020年第1期。

还将阻碍农村社会经济发展。农业生产收入是农户的主要收入来源。小农户对气候变化尤其是气候变化导致的农业灾害较敏感，并且应对灾害的能力较弱。在全球范围内，这些小农户群体主要分布在亚热带地区，这些地区农业灾害频发，而且由于生产力水平低、生产规模不大，小农户的生产投入通常不足，适应气候变化的能力较弱。[①]

三 战争与冲突对价值链的影响

战争和冲突对全球农业价值链造成了深层次的破坏。它们不仅损毁了农业生产设施，导致供应链的中断，而且损害了农业的整体生产力。此外，战争还导致了农产品的价格波动和贸易壁垒，严重扰乱了市场的稳定性。与此同时，这些不稳定因素对全球农业治理体系构成了严峻的挑战，增加了政策协调的难度，削弱了国际组织在农业领域的影响力，并导致现有的治理机制失效。这些后果在全球范围内加剧了粮食不安全的问题，并造成了农业发展的区域不平衡。俄乌冲突的爆发，无疑是对这些影响的有力证明，它清晰地展现了战争与冲突如何深刻地影响全球农业价值链和治理结构。

乌克兰在过去几十年中是世界上最大的粮食生产国和出口国之一，被称为"欧洲的粮仓"。俄罗斯是世界主要的小麦出口国。[②] 俄罗斯和乌克兰共同供应了全球近三分之一的小麦和大麦，这些小麦和大麦是面包、面条和动物饲料的必要原料。中国和印度的产量与俄罗斯相媲美，但两国的大部分产

[①] 覃志豪、唐华俊、李文娟等：《气候变化对农业和粮食生产影响的研究进展与发展方向》，《中国农业资源与区划》2013 年第 5 期。

[②] Food and Agriculture Organization of the United Nations, "Agricultural Statistics," 2024, Accessed March 10, 2024, https：//www.fao.org/statistics/zh/.

品都用于国内消费。冲突导致乌克兰农民面临农田破坏、农作物损失以及交通运输受阻等问题，这对全球市场供应带来了不确定性。冲突使得乌克兰农产品的出口减少，导致全球农产品价格上涨。冲突导致投资环境不稳定，这可能使得乌克兰国内的农业发展受到阻碍。投资者可能对乌克兰农业项目保持谨慎态度，这可能影响到该地区的农业技术创新、农业设施建设和农产品质量提升。

乌克兰还是玉米和葵花籽油的主要供应国，出口有机油籽和有机谷物。美国从乌克兰进口的有机油籽被喂给牲畜和家禽。如果没有乌克兰的农作物来喂养它们，有机鸡肉由于成本原因甚至无法在美国生产。在乌克兰境内，种子、化肥和（运行农业设备所需的）柴油的运输受到干扰和延误，导致乌克兰农产品加工企业的运营受到影响。交通运输的中断和不确定性可能导致农产品无法及时送达加工厂，影响生产计划和供应链的稳定性，对相关加工行业带来生产能力下降和运营成本上升的压力。

冲突可能导致涉及乌克兰和俄罗斯的贸易限制和制裁措施的实施。这可能导致乌克兰农产品的出口面临额外的贸易壁垒，同时也会对乌克兰进口农产品的可行性产生影响。这将导致全球农业价值链的供应链和市场格局发生波动。俄乌冲突使地缘政治局势紧张，并对该地区及更大范围内的食品安全产生了一定的影响。冲突可能导致乌克兰国内的粮食储备减少，从而对该地区的食品安全和粮食自给能力产生影响。

四　农业价值链的韧性建设

近年来，全球公共事件频发，其复杂性日益凸显，这使各国深刻认识到加强农业生产能力的重要性。为此，众多国家正加大投资力度，推进农业改革，提升农业生产效率，确保粮食安全，增强农业价值链的整体韧性。

众所周知，农业活动在为人类提供食物的同时，也对环境造成了一定影响，如土地退化、水资源污染、化学农药残留等。全球公共事件的频发，进一步唤起了人们对可持续农业生产的关注，使人们越来越重视农业生产与环境的和谐共生。为此，各国积极倡导推广有机农业、生态农业等可持续模式，减少化学肥料和农药的使用，提高资源利用效率，维护生态系统的稳定。

全球公共事件对农产品贸易和市场需求产生了深远的影响。在贸易受到限制和干扰的背景下，农产品出口量和价格的波动加剧。同时，消费者对食品安全的需求日益增长，对农产品质量和安全性提出了更高要求。农业生产者和相关企业必须注重提升产品质量和安全标准，遵循国际贸易规则，积极拓展多元化市场，以减少全球公共事件对农产品贸易的负面影响。

此外，全球公共事件对农业发展政策和投资决策产生了显著影响。各国政府纷纷加大对农业领域的投资，强化农产品生产和供应链的韧性。这些政策和措施旨在提升农业价值链的韧性，加强应对全球公共事件影响的能力。

面对全球挑战，发达国家采取了以下措施：一是完善顶层设计，强化法律和制度保障，如法国和日本的做法；二是加强基础研究，推动技术创新，如意大利、韩国和英国的举措；三是对欠发达地区提供资金支持和技术援助，如澳大利亚和美国的行动；四是加强各主体间的协作，如法国和爱尔兰的做法。与发达国家相比，亚洲、非洲、拉丁美洲等经济相对落后地区的农粮问题主要集中在耕收与储运环节。解决这些问题，有助于节约资源、增加粮食供应、减少饥饿，确保粮食安全。在资源、环境、技术等多方面的制约下，发展中国家的粮食增产任务艰巨，因此节约粮食、减少损失至关重要。

综合来看，为了有效缓解发展中国家的粮食危机，必须采取一系列综合性措施。首先，要高度重视并避免浪费宝贵的稀缺自然资源。例如，泰国农业部门已经采取了一系列措施，通过科学合理地利用水资源和土地资源，减少化肥和农药的过量使用，保护生态环境，提高农业生产效率。其次，节约粮食不仅是中华民族的传统美德，也是推动全球可持续发展的重要途径。应该从源头上减少粮食损失和浪费，提高粮食利用效率，这既有利于缓解粮食供应压力，又能促进资源的合理配置。再次，强化农业国际合作具有不可忽视的必要性。各国应积极开展农业技术交流、人才培训、资金支持等领域的合作，共同提高农业生产水平，保障粮食安全。最后，解决全球性农业问题，需要各类主体共同强化和完善全球农业治理体系。通过制定公平合理的国际规则，加强农业政策协调，推动全球农业治理体系更加公正、合理、有效，从而为全球粮食安全提供有力保障。

CHAPTER

4

第四章

全球农业科技系统

农业科技是一个涉及面广泛且影响深远的概念，它涵盖了多个领域，包括农业科研、技术推广和农业信息化等。① 农业科技的持续发展是提升农业生产力和满足日益增长的食物及农产品需求的关键，也是突破资源和环境限制的重要途径。不同历史时期的农业发展呈现不同的特点和水平，其中农业科技水平是制约农业发展的主要因素之一。在两次工业革命之后，随着交通工具的革新和其他科技的迅猛发展，世界各国的联系更加紧密，传统农业也逐步向现代农业转变，这一过程孕育出了现代全球农业。在这一转变过程中，工业要素被引入农业领域，取代了传统生产要素。现代农业科技作为核心发展要素，在以下几个方面发挥作用：机械化的农业生产、工业投入品（如化肥）的广泛应用、基于科学实验的精准农业，以及专业化、商品化的农业发展模式。② 从当前世界各国的农业科技发展情况来看，全球农业科技系统已成为全球农业治理体系中不可或缺的一部分。

第一节 全球农业科技发展历程

现代全球农业科技的发展主要经历了四个历史阶段：殖

---

① 周长：《世界各国农业科技发展简述》，《世界农业》2013年第1期。
② 国务院发展研究中心"新时期我国农业科技改革发展的目标与任务"课题组等：《世界农业科技发展动向与特点》，《发展研究》2012年第6期。

民时代的全球农业科技传播、后殖民时代全球农业科技的制度化、当代全球农业科技革新和全球农业科技治理架构的搭建与完善。这几个历史阶段的时间范围分别是19世纪后期至20世纪40年代、第二次世界大战结束后至20世纪60年代、20世纪60年代至20世纪末,以及21世纪至今。

一 殖民时代的全球农业科技传播
(19世纪后期至20世纪40年代)

现代农业科技的全球化晚于全球农业的起源(详见第一章),全球农业科技的广泛传播始于两次工业革命之后,尤其在19世纪后期,随着全球科技水平的提高,西方列强在殖民地管理中的一个显著特征就是逐渐转向"科学化管理"。19世纪末20世纪初,英国、比利时、法国、德国和荷兰等殖民宗主国均制定了类似的"新殖民政策",这些政策更加注重系统地发展殖民地,推崇科学殖民主义,重视科技对殖民地实现开放并推动欧洲的贸易与工业发展的积极作用。科技自此成为殖民政府不可或缺的"管理工具",使其能够在前所未有的范围内进行全球渗透与扩张,科技与国家间也建立了更明确的联系。[①]

这些欧洲殖民宗主国为何要推动农业科技实现全球化?在19世纪八九十年代,殖民地改变农业发展模式的标志是农业科技发展的推动被视为解决长期以来困扰种植园系统的棘手问题的主要手段,使殖民地的本土耕作方法和实践更加高效。实验农业的兴起,以及合理的经营管理方式,对解决旧

[①] Joseph Morgan Hodge, *Triumph of the Expert: Agrarian Doctrines of Development and the Legacies of British Colonialism* (*Ecology & History*), Ohio: Ohio University Press, 2007, p. 7.

热带种植园系统的弱点发挥了重要作用。"实验农业"是指，通过科学实验和创新来探索农业生产的最优方法和技术，提高农作物产量并适应当地的自然条件。当时，锡兰的茶业、西非的可可种植业和马来西亚等热带国家的橡胶种植业的兴起，以及它们创造的巨额利润引起了欧洲殖民宗主国对于热带农业发展的高度关注。这些国家控制殖民地的核心手段之一是"有效占领"。"有效占领"不仅意味着使铁路与公路等基础设施贯穿热带雨林，而且正如英国历史学家理查德·德雷顿（Richard Drayton）所提醒的那样，它还暗示了一种生态制度，即最重要的是将这些地区打造成全球市场中的农业商品和其他自然资源的繁荣生产地。为了实现这一目标，欧洲殖民宗主国必须发展和改善殖民地，并首先需要引进和推广出口农业。种植园农业因此成为殖民发展的首选模式，在锡兰、爪哇、苏门答腊、马来亚、西印度群岛、南美洲和热带非洲的部分地区，大型企业开始崭露头角。然而，旧热带种植园系统也极易受到世界市场不可预测的波动的影响。一方面，这种系统依赖廉价且经常受到剥削的契约劳工，而这些劳工的供应也容易受到地方性抵抗的影响；另一方面，由于采用统一和集约化的单一栽培系统，当地土壤和森林面临沉重的生态压力，农作物也极易受到病虫害迅速传播的影响。[1]

作为当时的"日不落帝国"，英国殖民地遍布全球。农业科技的全球化与英国向其殖民地进行的农业科技传播和推广是离不开的。农业科技全球化的一个标志性事件是19

---

[1] Joseph Morgan Hodge, *Triumph of the Expert: Agrarian Doctrines of Development and the Legacies of British Colonialism (Ecology & History)*, Ohio: Ohio University Press, 2007, pp. 56-57.

世纪英国邱园①及其遍布全球的卫星花园网络的建立。该网络将收集到的和经过驯化的经济作物和园艺植物从一个半球（或大陆）转移到另一个半球（或大陆）。

案例 4-1　邱园逐步重视农业品种的传播和农业知识的应用

自 1885 年威廉·特纳·希瑟尔顿-戴尔（William Turner Thiselton-Dyer）担任园长以来，邱园与英国殖民地办公室的联系得到了加强，逐步开始重视农业品种的传播与农业知识的应用。戴尔推动了邱园植物园体系的扩张与功能创新，特别是在西印度群岛和西非设立小型植物站，使其成为实验农业和技术推广的中心。进入 20 世纪，邱园的影响力继续扩大，它帮助牙买加和西非等地区聘请专业农学家，领导独立农业部门，提高了殖民地农业生产的效率与科学性，推动了全球农业科学的发展。

资料来源：Joseph Morgan Hodge, *Triumph of the Expert: Agrarian Doctrines of Development and the Legacies of British Colonialism (Ecology & History)*, Ohio: Ohio University Press, 2007, pp. 61-67.

推动农业科技的发展逐渐成为当时欧洲殖民宗主国的共识，他们认为热带地区和殖民地的土地蕴藏着丰富的未开发资源，而原住民却无法有效利用这些自然资源。随后，科技的应用成为推动殖民者有效利用这些资源与财富的关键手段。

在 20 世纪初，农业推广与示范方式逐步兴起。随着张伯

---

① 邱园（Kew Gardens），正式名称为英国皇家植物园，位于伦敦，是一处享誉全球的植物园，也是植物学研究的重要中心。邱园的历史可以追溯到 1759 年，当时由奥古斯塔王妃在邱地创建。这里拥有世界上数量最多的鲜活植物和真菌收藏，其品种繁多的植物、濒危植物和真菌收藏在全世界范围内都备受尊敬。

伦（Neville Chamberlain）和威廉·特纳·希瑟尔顿-戴尔的卸任，邱园的影响力及其与殖民地办公室的关系都逐渐弱化。新上台的英国自由党接受了张伯伦的批评者所提出的观点。例如，英国记者、政治家爱德华·迪恩·莫雷尔（Edmund Dene Morel）主张"殖民发展理念要跟随土著人民自己的文明发展路线"，并尽可能少地干预他们的制度和传统。①

案例 4-2 农业推广与示范方式的兴起

自 1906 年起，帝国研究所逐渐取代邱园，成为英国殖民地办公室在农业和自然资源问题上的主要咨询机构。杰拉尔德·杜吉恩（Gerald Dudgeon）被任命为西非农业主管，负责评估殖民地农业潜力，并将样本送至帝国研究所分析。所长温德姆·邓斯坦（Wyndham Dunstan）审查报告后，提出集中资源推广经济作物的建议。此后，农业推广工作兴起。通过建立示范区、派遣巡回指导员和在学校开展农业教育等方式，殖民地的农业生产力与效率得到了提升。

资料来源：Joseph Morgan Hodge, *Triumph of the Expert: Agrarian Doctrines of Development and the Legacies of British Colonialism (Ecology & History)*, Ohio: Ohio University Press, 2007, pp. 61-67.

第一次世界大战后，基于对国家安全利益的深刻考量，英国开始担忧自由贸易可能使其关键商品和金属的供应链受到德国的控制。因此，英国认为必须增强自给自足的能力，而这一转变显然离不开科技创新的推动。在此背景下，20 世

---

① Joseph Morgan Hodge, *Triumph of the Expert: Agrarian Doctrines of Development and the Legacies of British Colonialism (Ecology & History)*, Ohio: Ohio University Press, 2007, pp. 61-67.

纪 20 年代,英国兴起了一场名为"科学促进发展"的运动,其宗旨是借助科学和专业知识,有效地开发和利用殖民地那些"尚未开发的土地"所蕴含的丰富资源。这场运动旨在通过科学的力量,确保国家的安全与繁荣。①

然而,殖民地当地的行政官员逐渐认识到,在当地农业文化体系中引入新的种植方法,会扰乱殖民地既有的经济和社会状况,从而招致他们无法预见的后果和风险。此外,殖民地农业研究和技术服务的推广合作面临重重困难,开发这些殖民地的经济和人力潜力并不是一项短期且简单的任务。②

在第一次世界大战结束至第二次世界大战爆发前的时期,全球农业科技的发展情况是复杂且多面的。战争对全球经济和贸易,尤其是农业生产造成了巨大冲击。由于大量经济和人力资源被投入战争,工业和农业生产减少,导致物资短缺和通货膨胀等问题。在这种情况下,农业科技的发展主要受到以下几个因素的影响:一是战争的深远影响。第一次世界大战造成了巨大的人员伤亡和财产损失,对全球经济和政治格局产生了深远影响,这种影响也间接地作用于农业科技的发展。二是军事技术对农业科技的影响。尽管战争带来了破坏,但它也促进了科技创新,一些军事技术领域的创新后来被应用于农业(如化肥和农药的使用)以及农业机械的改进。三是政策导向对农业科技发展的影响。为了支持战争,各国政府加强了对经济的控制,实行了战时管制和税收政策,这

---

① Joseph Morgan Hodge, *Triumph of the Expert: Agrarian Doctrines of Development and the Legacies of British Colonialism (Ecology & History)*, Ohio: Ohio University Press, 2007, pp. 66-71.

② Joseph Morgan Hodge, *Triumph of the Expert: Agrarian Doctrines of Development and the Legacies of British Colonialism (Ecology & History)*, Ohio: Ohio University Press, 2007, pp. 90-116.

些政策在一定程度上影响了农业科技的发展方向和速度。但总体来看，由于战争对经济的巨大破坏，这一时期的农业科技发展仍然受到一定的限制。①

二 后殖民时代全球农业科技的发展
（第二次世界大战结束至20世纪60年代）

第二次世界大战结束后一段时间内，原殖民地农业技术专家在推动经济持续增长方面发挥了重要作用。他们不仅在一定程度上促进了后殖民时期全球农业科技知识体系与公共政策的重大转变，而且留下了以下显著的成就：（1）成功构建了一个庞大的专业人才网络，为全球农业科技的发展实践提供了必要的支持；（2）致力于构建包含农业科技在内的发展知识体系，推动了公共政策范式的革新。

第二次世界大战结束初期，联合国粮农组织、联合国教科文组织、联合国开发计划署和世界银行等机构成立，一个涉及全球农业科技领域的专业人才网络和平台体系初步形成。这些国际机构的建立，不仅标志着全球范围内农业科技合作与交流的加强，也反映了国际社会对于构建一个更加紧密和高效的农业科技专业网络的共同追求。

案例4-3 全球农业科技的专业人才网络与平台体系的搭建

联合国粮农组织的成立由殖民地顾问的推动。杰拉德·克劳森（Gerard Clauson）和弗兰克·恩格多（Frank Engledow）参加了1943年弗吉尼亚州的国际粮食和农业会议，制定了农业政策，

---

① Joseph Morgan Hodge, *Triumph of the Expert: Agrarian Doctrines of Development and the Legacies of British Colonialism*（Ecology & History），Ohio：Ohio University Press, 2007, pp. 66-71.

并推动了国际组织的成立。1945年,前殖民地顾问约翰·博伊德·奥尔(John Boyd Orr)被任命为首任总干事,推动了战前"世界粮食计划"的复兴。英国生物学家朱利安·赫胥黎(Julian Huxley)自1930年起担任殖民地教育顾问,并于1946年成为联合国教科文组织首任总干事,推动了人口计划、计划生育及自然保护等工作。

资料来源:Joseph Morgan Hodge, *Triumph of the Expert: Agrarian Doctrines of Development and the Legacies of British Colonialism (Ecology & History)*, Ohio: Ohio University Press, 2007, pp. 255-276.

这些农业技术专家或科学家开始不断更新包括农业科技在内的发展知识,并推动了公共政策范式的转变。在发展知识领域,可持续农业理念在20世纪60年代崭露头角,一些科学家和环境活动家开始提出对农业生产的可持续性和环境影响的担忧。这引发了对农药和化肥滥用的反思,促使农业实践发生改变,以更好地保护土壤、水资源和生态系统。在公共政策领域,许多国家采取了粮食自给自足政策,旨在确保国内粮食供应。这些政策包括对粮食生产的投资、对农民的激励政策以及对农业基础设施的改善。而一些国家开始关注农村地区的发展,通过实施农村基础设施建设、教育和卫生条件改善计划,以及推出改善农民生计的农村发展政策,缩小城乡差距,改善农民的生活条件,提高农村地区的社会经济发展水平。

案例4-4 农业科技的相关发展知识与公共政策的出台

西里尔·查尔斯·韦伯斯特(Cyril Charles Webster)是一位在缅甸、尼日利亚、尼亚萨兰、肯尼亚和马来亚等地区拥有多年农业科技管理经验的研究人员。他在1965年至1975

年间担任英国农业研究委员会的科学顾问。直到 20 世纪末,韦伯斯特的《热带农业》一直都是该领域的主要教科书之一。1949 年,国际技术援助已成为发展援助的主要形式之一,A. J. 韦克菲尔德(A. J. Wakefield)被邀请为粮农组织提供技术援助方面的应用指南和建议。

资料来源:Joseph Morgan Hodge, *Triumph of the Expert: Agrarian Doctrines of Development and the Legacies of British Colonialism* (*Ecology & History*), Ohio: Ohio University Press, 2007, pp. 255-276.

三 当代全球农业科技革新
(20 世纪 60 年代至 20 世纪末)

自 20 世纪 60 年代起,以"绿色革命"为标志的农业科技发展取得了前所未有的迅猛进步。在这一进程中,"全球南方"国家在全球农业科技发展中的参与程度显著提升,其中一些国家,如中国、印度和巴西,已成为 21 世纪引领"全球南方"农业科技现代化的先锋(如表 4-1 所示)。这些新兴的发展中国家不仅是农业科技创新的重要参与者,而且正在积极推动全球范围内的农业科技合作,尤其是在"南南"农业科技合作方面,它们发挥着越来越重要的作用。他们的加入和努力,为全球农业科技的进步和可持续发展贡献了新的动力和智慧。

表 4-1 中国、印度和巴西三国绿色革命对比

	中国	印度	巴西
农业科技发展主题	科学种田	小麦革命	热带革命
时间	1950~1980 年	1960~1970 年	1970~1980 年
政治环境	中华人民共和国	新独立国家	军事独裁

续表

	中国	印度	巴西
国家目标	主权、粮食自给、现代化和农村稳定	主权、避免饥荒、现代化	腹地现代化、工业化、粮食自给
绿色革命代表性作物	杂交水稻	矮小麦	热带大豆
领先的农业科技组织	中国农业科学院和中国农业大学（尤其是20世纪80年代以后）	印度农业研究委员会	巴西农业研究公司
代表人物/组织	杂交水稻之父袁隆平	印度小麦革命之父斯瓦米纳坦	塞拉多奇迹策划者巴西农业研究公司

资料来源：Cabral, L. etc., "Epic Narratives of the Green Revolution in Brazil, China, and India," *Agric Hum Values* 39 (2022): 249-267.

自21世纪以来，在技术方面，绿色革命广泛采用转基因作物，减少了大豆、玉米、棉花和油菜等作物对化学农药、除草剂和化肥的依赖，并且带来了较为可观的经济与环境效益。然而，转基因技术仍然受到质疑，还未得到公众广泛的认可。[①] 在机构创建方面，国际农业研究磋商小组不断发展壮大，在全球农业科技方面作出了卓越贡献。2006年，洛克菲勒基金会与比尔及梅琳达·盖茨基金会合作筹建了非洲地区国际性非政府组织——非洲绿色革命联盟（AGRA），其总部设在肯尼亚的内罗毕。AGRA以推动具有非洲特色的绿色革命为使命，致力于在非洲农业体系的转型中发挥核心作用，帮助提高非洲国家的粮食产量和农民收入。目前，AGRA已经在加纳、肯尼亚和坦桑尼亚等十一个成员国设立了办公室（仍有

---

① Danny Llewellyn, "Does Global Agriculture Need Another GreenRevolution?" *Engineering* 4 (4) (2018): 449-451.

三个成员国未设立办公室)。AGRA 的当前战略(2017~2021)主要关注政策参与和建设国家交付能力、加强技术推广的系统、促进农业转型的伙伴关系三大领域,旨在促进和维持包容性的农业转型。[①]

案例4-5 "绿色革命"的缘起

20世纪60年代中期,国际农业研究组织在福特和洛克菲勒基金会的资助下致力于推动全球农业生产,借助菲律宾大学国际水稻研究所和墨西哥玉米与小麦国际改良中心的研究,开发出高产品种的小麦、玉米和水稻。这些品种在适当的施肥和灌溉条件下,产量可达现有品种的八倍。[②] 诺贝尔奖得主诺曼·博劳格(Norman Borlaug)领导的第一次绿色革命始于1963年推出的矮小麦和1966年的矮稻品种,这些品种被逐渐推广至亚洲和非洲。至20世纪末,全球农业生产和出口量大幅提升,但也加剧了部分国家的收入不平等。尽管如此,不容忽视的是,在全球人口翻倍、耕地面积略增的情况下,谷物产量提高了两倍。

资料来源:Joseph Morgan Hodge, *Triumph of the Expert: Agrarian Doctrines of Development and the Legacies of British Colonialism (Ecology & History)*, Ohio: Ohio University Press, 2007, pp. 268-269.

[①] Alliance for a Green Revolution in Africa, "Policy Engagement," 2023, Accessed October 10, 2024, https://agra.org/our-strategy/#policy-engagement.

[②] Joseph Morgan Hodge, 2007, *Triumph of the Expert: Agrarian Doctrines of Development and the Legacies of British Colonialism (Ecology & History)*, Ohio: Ohio University Press, 2007, p. 268.

四 全球农业科技治理架构的搭建与完善（21世纪至今）

进入 21 世纪以来，全球农业科技的治理与发展与其他相关议题紧密相连，呈现出多元化的治理主体。这些议题包括环境、贫困、性别、人类健康、生物多样性、贸易以及全球正义与公平。全球农业科技治理重点关注如何对遗传资源与国际农业研究、技术溢出的管理、知识产权管理和植物病害等进行有效治理，其治理主体涵盖了综合性与专业化的跨部门组织和网络、国家行为体、私营企业及商业网络、非政府组织等多层次参与者。在这一阶段的全球农业科技发展过程中，以联合国千年发展目标（MDGs）[①]和可持续发展目标（SDGs）[②]为代表的全球性发展倡议起到了十分重要的引领作用。

MDGs 对全球农业发展的意义主要体现在它为减少贫困和饥饿设定了明确目标，从而推动了农业生产力的提升和粮食安全的保障。通过强调农村经济发展和环境可持续性，MDGs 促进了农业科技的进步和可持续农业实践的推广，为全球农业发展提供了重要指导。具体而言，MDGs 促使国际社会和各

[①] 千年发展目标是联合国于 2000 年在纽约举行的千年首脑会议上提出的八项全球发展目标，旨在到 2015 年消除贫困和饥饿、普及初等教育、促进性别平等、降低儿童死亡率、改善孕产妇健康、抗击艾滋病、确保环境可持续性，并建立全球合作发展伙伴关系。这些目标为国际社会在发展援助和政策协调方面提供了一个共同框架，并对减少全球贫困和改善人类生活质量产生了重要影响。

[②] 可持续发展目标是联合国于 2015 年提出的全球发展框架，作为《2030 年可持续发展议程》的一部分，共包含 17 个目标和 169 项具体指标，旨在全面解决贫困、不平等、气候变化、环境保护等全球性挑战。可持续发展目标继承并扩展了千年发展目标，强调平衡经济增长、社会进步与环境保护之间的关系，致力于到 2030 年实现更加可持续和包容的发展。

国政府加大对农业领域的投入，促进了技术创新、资源的合理分配和国际合作。特别是在提升女性地位和推动南南合作方面，MDGs为全球农业发展注入了新动力，为后续的可持续发展目标奠定了坚实基础。

SDGs作为MDGs的延续和发展，对当前和未来一段时间全球农业科技发展具有重要意义。SDGs强调消除饥饿、实现粮食安全、改善营养状况和促进可持续农业，这为农业科技发展提供了明确方向。例如，许多国家根据自身自然资源条件，通过科技创新，探索新的农业发展模式，如利用人工智能实现精准化管理，改善土壤环境，推广有机种植等，以应对全球人口增长和有限土地资源的挑战。SDGs还促进了全球范围内的合作与交流，推动了农业科技创新和人才培养，各国携手应对农业科技发展的挑战。此外，SDGs强调了农业绿色发展的必要性，这对于中国及其他发展中国家的农业科技发展具有重要意义。

案例4-6 全球农业科技治理架构的建立

全球农业科技治理架构在20世纪70年代开始形成，随着1971年国际农业研究磋商小组的成立，农业科技被视为全球公共产品。全球农业议题与动物疾病、贸易卫生标准、环境保护等紧密相连，推动了世贸组织、世界动物卫生组织（WOAH）和食品法典委员会等机构的成立。尽管传统组织，如联合国粮农组织，仍在农业领域保持领导地位，但自20世纪90年代以来，国际民间组织，如乐施会、世界自然基金会和国际关怀组织，在全球发展议程中扮演了重要角色。近年来，比尔及梅琳达·盖茨基金会、谷歌和克林顿基金会等新兴力量成为农业发展的重要资助者，私营企业也通过非洲商业圆桌会议等平台推动农业投资。

资料来源：World Bank，"World Development Report 2008：Agriculture for Development，" 2007, Accessed October 10, 2024, https://www.google.com/books/edition/World_Development_Report_2008/MmDiWnqwBnIC?hl=en&gbpv=1&pg=PA1&printsec=frontcover.

第二节 全球农业科技合作主体

全球农业科技的发展离不开多元化主体的推动和参与。本节选取部分具有代表性的农业科技主体作为分析对象，简析它们在全球农业科技发展中的重要作用。分析对象具体包括以下几类：第一，以国际农业研究磋商组织（CGIAR）为主的全球农业跨部门合作组织体系；第二，以美国农业部、英国环境食品与农村事务部、日本农林水产省和欧盟农业和农村发展总司为代表的全球农业科技合作政府机构；第三，以世界四大粮商 ADM 公司、邦吉公司、嘉吉公司和路易达孚公司以及中国袁隆平农业高科技股份有限公司和中国中化控股有限责任公司为代表的全球农业科技合作企业；第四，以国际农业研究与发展中心协会等为代表的全球农业科技合作非政府组织。

一 全球农业跨部门合作组织体系
——以 CGIAR 为例

在全球农业治理体系中，被誉为"世界农科院"的 CGIAR 扮演着举足轻重的角色。该组织自成立以来，始终致力于推动全球农业领域的多边合作，为解决世界粮食安全和农业可持续发展问题提供了强有力的智力支持和实践指导。CGIAR通过其遍布全球的研究中心和伙伴网络，积极整合各国农业科技资源，促进知识共享和技术转移，加强南南合作和南北对话，为全球农业科技创新和发展注入了源源不断的动力。

（一）CGIAR的缘起与发展

CGIAR创立于1971年，总部位于美国华盛顿特区。CGIAR是由包括世界银行、粮农组织、联合国开发计划署、联合国环境计划署等国际组织在内的共65个国家、国际及区域组织，以及私人基金会共同资助的全球性国际组织和公益性国际农业研究机构，其使命是通过在种植业、畜牧业、林业、渔业、政策及自然资源管理等领域开展科学研究和交流活动，帮助发展中国家实现可持续粮食保障和减少贫困人口。

CGIAR建立的最初目的是支持并投资研究和技术开发，以提高世界粮食短缺国家的粮食产量。实践证明，它不仅成功建立了植物遗传资源中心基因库，而且使发展中国家的粮食产量实现大幅提升，并培养了众多农业科学家。该组织在20世纪70年代推动了全球闻名的"绿色革命"以应对饥荒问题。[1]

（二）CGIAR的现状与前景

当今世界，气候变迁、环境污染、社会动荡、经济波动

---

[1] Consultative Group for International Agricultural Research, "The CGIAR at 40," 2012, Accessed October 10, 2024, https://cgspace.cgiar.org/bitstreams/5472ba6d-5150-474c-aebf-185fa0837af4/download.

和政治冲突等因素相互交织,形成了一个错综复杂的网络。这些威胁之间的相互作用导致了连锁反应,不仅使全球粮食体系面临风险,而且在一定程度上放大和扩散了这些风险。在这种不断变化的全球大背景下,CGIAR 于 2021 年发布了一项面向 2030 年的研究与创新战略。该战略旨在采取一种全面而系统的改造方法,针对粮食、土地和水系统进行深入研究和创新,以期在多个层面上应对和缓解这些相互关联的挑战。

1. 愿景与使命

(1) 愿景:建设一个拥有可持续和有弹性的食物、土地和水系统的世界,提供多样化、健康、安全、充足和负担得起的饮食,并在全球和区域内改善生计,实现更大程度的社会平等。

(2) 使命:通过科学研究和创新,促进在气候危机中食物、土地和水系统的转型。

2. 组织结构

CGIAR 的组织结构建立在 CGIAR 资助者和研究中心之间牢固的合作伙伴关系基础上,其重点是使研究中心能够在明确的角色定义和责任划分的坚实基础上开展高质量的发展研究。其中 CGIAR 系统框架和 CGIAR 系统组织章程分别解释了 CGIAR 系统、系统理事会和系统董事会、系统管理办公室的角色与职责。此外,系统框架、伙伴关系论坛和中心大会等多种参与机制加强了合作关系。

图 4-1 所示,CGIAR 的基本组织结构如下:

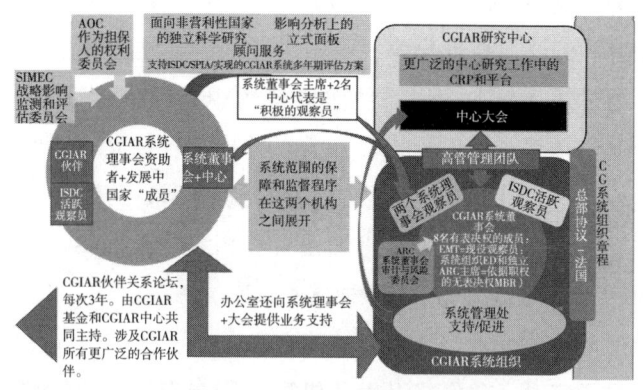

图 4-1　CGIAR 系统治理结构

资料来源：Consultative Group for International Agricultural Research, "Functions in the CGIAR System High-Level Summary," 2023, Accessed October 10, 2024, https://www.cgiar.org/how-we-work/governance/.

3. 参与全球农业多边合作

（1）绿色革命

作为 CGIAR 最早的研究中心之一的国际水稻研究所（IRRI）通过其最早育成的 IR8 和 IR5 两个高产品种，1966 年之后在东南亚和亚洲的农业科学界掀起了杂交水稻的科技热潮，同时也使水稻育种成为国家关注的重点。IRRI 不仅推动了农业生产的变革，同时也兼具着现代性进入亚洲热带地区的历史文化记忆。①

（2）ONE CGIAR 倡议

CGIAR 研究资金的用途较为分散，仅有 25% 的投资资金用于跨中心研究计划。大部分资金被分配到 2500 多个独立项目之中，这导致尽管 CGIAR 拥有众多机构与科研人员，但很难形成合力进行集中研究。

---

①　曹瀛丹：《CGIAR 推动全球农业多边合作》，《国际人才交流》2020 年第 12 期。

为了应对这一难题，CGIAR 于 2019 年提出了"ONE CGIAR"倡议，涵盖营养、贫困、性别、气候和环境五大议题。通过建立起一个以系统董事会为中心的行政管理体系，CGIAR 开展系统性的集成化运营，并推动各独立研究中心之间达成共识。CGIAR 目前已形成一套跨学科、跨领域的综合研究系统，拥有近万名科研工作者和相关技术人员，并保有近 80 万个作物品种和 11 个种质资源库。①

（3）全球农业与全球公共卫生合作

为了应对全球公共卫生危机事件所带来的全球性粮食危机与多维贫困，CGIAR 在 2020 年 6 月 25 日成立了 CGIAR COVID-19 HUB，旨在通过把公共卫生与农业相关的研究相结合，以最快的速度帮扶最脆弱的人群。该项目最大限度地利用了 CGIAR 的现有创新成果，依靠四大支柱，即食物系统、个人健康、促进粮食安全和营养均衡的包容性公共计划，以及扶贫政策，为各国农业领域的关键决策者和利益相关者提供"一站式服务"。它的最终目标是在疫情的背景下帮助亚非发展中国家实现可持续减贫、消除饥饿和营养不良，并监测与预防未来可能发生的风险。②

（三）CGIAR 研究机构介绍

如表 4-2 所示，现有的 15 个 CGIAR 研究中心是独立的非营利性研究组织，主要开展创新研究。CGIAR 拥有 8000 多名研究人员、技术人员和其他工作人员，每个中心都有自己

---

① Consultative Group for International Agricultural Research, "One CGIAR," 2023, Accessed October 10, 2024, https：//www.cgiar.org/food-security-impact/one-cgiar/.

② Consultative Group for International Agricultural Research, "CGIAR COVID-19 Hub," 2023, Accessed October 10, 2024, https：//a4nh.cgiar.org/covidhub/.

的章程、董事会和总干事。CGIAR 研究中心负责在系统委员会制定的政策和研究方向的指导下制定实践研究计划和进行运营。

表 4-2　CGIAR15 个研究中心和 CGIAR 系统组织概览

中心名称	中心标识	总部位置	网站地址
非洲水稻中心	AfricaRice	科特迪瓦阿比让	http：//www.africarice.org/
国际林业研究中心	CIFOR	印度尼西亚茂物	https：//www.cifor.org/
国际干旱地区农业研究中心	ICARDA	黎巴嫩贝鲁特	http：//www.icarda.org/
国际半干旱热带作物研究所	ICRISAT	印度帕坦切鲁	https：//www.icrisat.org/
国际食物政策研究所	IFPRI	美国华盛顿特区	http：//www.ifpri.org/
国际热带农业研究所	IITA	尼日利亚伊巴丹	http：//www.iita.org

中心名称	中心标识	总部位置	网站地址
国际家畜研究所	ILRI INTERNATIONAL LIVESTOCK RESEARCH INSTITUTE	肯尼亚和埃塞俄比亚共同主办	https://www.ilri.org/
国际玉米和小麦改良中心	CIMMYT	墨西哥特斯科科	https://www.cimmyt.org/
国际马铃薯中心	CIP INTERNATIONAL POTATO CENTER	秘鲁利马	http://cipotato.org/
国际水稻研究所	IRRI	菲律宾洛斯巴尼奥斯	https://irri.org/
国际水资源管理研究所	IWMI International Water Management Institute	斯里兰卡科伦坡	http://www.iwmi.org/
国际生物多样性联盟和国际热带农业中心	Alliance Bioversity International CIAT	意大利罗马	https://alliancebioversityciat.org/
世界农林业中心	World Agroforestry	肯尼亚内罗毕	https://www.worldagroforestry.org/
世界渔业中心	WorldFish	马来西亚槟城	https://www.worldfishcenter.org/

续表

中心名称	中心标识	总部位置	网站地址
CGIAR系统组织	CGIAR	法国巴黎	https://www.cgiar.org/

资料来源：Consultative Group for International Agricultural Research, "Research Centers," 2023, Accessed October 10, 2024, https://www.cgiar.org/research/research-center

作为世界上最大的全球农业创新网络，CGIAR为决策者提供了依据，为合作伙伴带来了创新，并为研究人员提供了研究农业经济、环境和营养方面问题的新工具。CGIAR的工作涵盖了以下几个方面：1. 遥感技术的应用。通过卫星图像和空中摄影，监测土地利用、气候变化和农业生产情况。2. 农业模型的开发。创建模型以模拟不同气象条件下的农业生产情况。3. 数据分析和信息管理。使用数据集和数字工具，支持农业研究和政策制定。4. 发展分子生物学和基因组学，以帮助改良作物品种。5. 发展精准农业技术，如使用GPS和传感器技术优化农田管理。6. 搭建数字农业平台，为农民提供农业信息、市场价格、天气预报和农业培训。

二 全球农业科技合作中的政府机构

在全球农业治理和科技合作中，主权国家的政府机构发挥着不可或缺的主导作用，特别是发达国家和农业大国的相关部门对全球农业科技的进步产生了广泛影响。虽然各国的农业政府机构在组织架构和职能职责方面存在差异，但它们的共同目标始终是推动国内农业发展、促进农村建设，并通过国际合作提升全球农业生产力。本小节选取美国农业部、英国环境、食品与农村事务部、日本农林水产省和欧盟农业与农村发展总司作为案例，因为它们具有代表性和典型性。这些机构不仅在各自国家发挥关键作用，还在全球农业科技合作的框架中起到了举足轻重的推动作用。

这些机构来自不同的地理区域和经济体，反映了全球农业科技合作的多样性与复杂性。美国农业部作为全球农业科研和技术推广的领军者，通过推动粮食安全和农业创新，在国际农业合作中发挥了重要作用。英国环境、食品与农村事务部代表了欧洲国家在可持续农业发展中的典型角色，强调环境保护与农业发展的平衡，展示了如何在科技合作中融入可持续发展理念。日本农林水产省则代表了亚洲发达国家的精细化农业科技管理模式，重点关注食品安全、供应链管理和高效农业生产。欧盟农业与农村发展总司作为一个跨国协调机构，体现了多边合作的复杂性，它通过统一和协调欧盟成员国的农业政策，推动跨国科技合作和农业标准化，展现了全球农业治理中的多国参与模式。

这些机构在政策目标、功能定位和国际合作方面有优先事项和运作方式。美国农业部以科研创新和技术推广为核心，其国际合作更多集中在提供先进技术和推动全球粮食生产方面。英国环境、食品与农村事务部侧重于环境保护与农业政策的融合，代表了英国在生态农业和气候变化应对方面的优先事项。日本农林水产省则强调农业生产的精细化管理和食品安全，在提高农业效率和供应链管理方面居于领先地位。欧盟农业与农村发展总司的独特之处在于它通过多边机制和跨国政策协调，代表了欧盟的集体利益，展示了跨国合作在全球农业治理中的重要性。

通过对这些机构的分析，可以更清晰地理解全球农业科技合作的复杂性及其在不同国家或区域中的实施路径,这不仅反映了各国在农业科技合作中的领导作用,也展示了全球农业治理中多元化的合作模式。

(一) 美国农业部

美国农业部由 29 个机构和办事处组成,拥有近 10 万名员工。美国农业部关注的主要议题包括全球粮食供应与安全、气候和能源需求、自然资源的可持续利用、营养与儿童肥胖、食品安全、教育和科学素养、城乡依存与农村繁荣。美国农业部的具体组织结构如图 4-2 所示。

美国在全球农业发展中处于领先地位,特别是在促进经济增长、应对气候变化和解决粮食安全问题方面。美国农业部的首席科学家办公室与联邦政府、大学和私营企业合作,确定了七大优先研究主题:全球粮食供应与安全、气候与能源需求、自然资源的可持续利用、营养与儿童肥胖、食品安全、教育与科学素养以及城乡互助与农村繁荣。

在美国农业部内部,农业研究服务中心专注于解决国家农业优先问题;经济研究服务中心通过基于科学的经济研究支持政策决策;美国国家农业统计局每年进行大量调查,涵盖几乎所有农业领域;粮食和农业研究所支持赠地大学(Land-Grant Universities,即由政府赠与土地以促进农业和机械研究与教育的大学,这些大学通常在农业、工程及社区服务方面具有扮演重要角色)和其他合作组织的研究与教育推广工作。

2023 年,《美国农业部 2023~2026 年科学研究战略》提出了五大优先事项,即加速创新技术发展、推动气候智能型解决方案、增强营养安全、培育有弹性的生态系统,以及将研究

全球农业通论

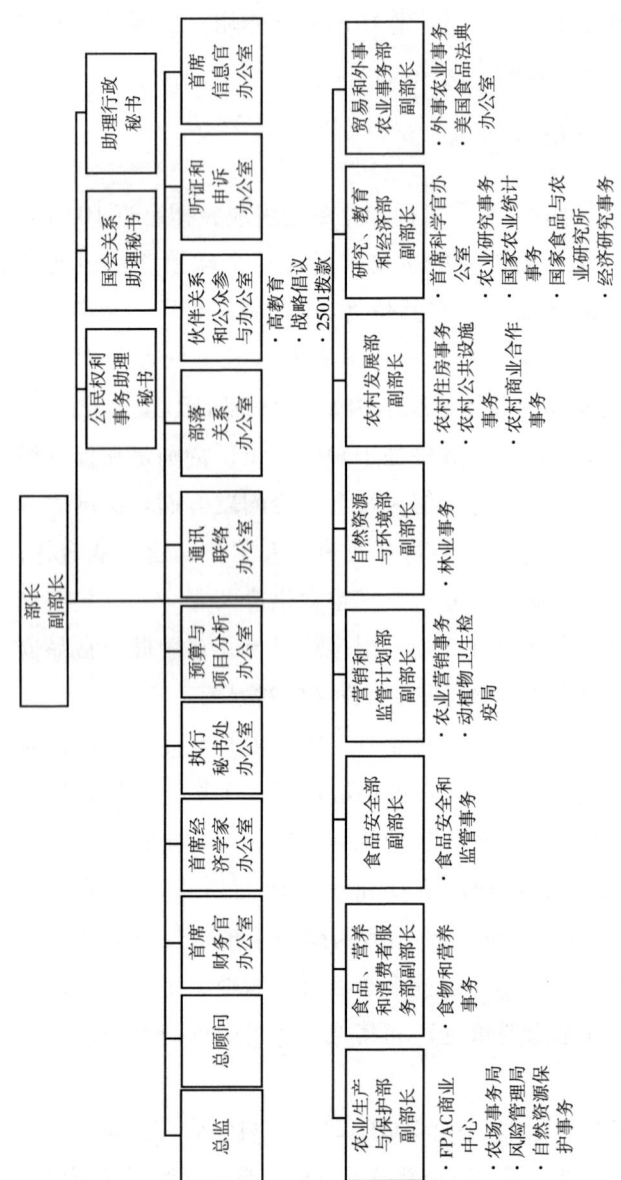

图 4-2 美国农业部组织结构

部长 / 副部长 下设：

- 总监
- 总顾问
- 首席财务官办公室
- 首席经济学家办公室
- 执行秘书处办公室
- 预算与项目分析办公室
- 通讯联络办公室
- 部落关系办公室
- 伙伴关系和公众参与办公室
  - 高教育
  - 战略倡议
  - 2501拨款
- 听证和申诉办公室
- 国会关系助理秘书
- 公民权利事务助理秘书
- 助理行政秘书
- 首席信息官办公室

副部长及下属机构：

- 农业生产与保护部副部长
  - FPAC商业中心
  - 农场事务局
  - 风险管理局
  - 自然资源保护事务

- 食品、营养和消费者服务部副部长
  - 食品和营养事务

- 食品安全部副部长
  - 食品安全和监管事务

- 营销和监管计划部副部长
  - 农业营销事务
  - 动植物卫生检疫局

- 自然资源与环境部副部长
  - 林业事务

- 农村发展部副部长
  - 农村住房事务
  - 农村公共设施事务
  - 农村商业合作事务

- 研究、教育和经济部副部长
  - 首席科学官办公室
  - 农业研究事务
  - 国家农业统计事务
  - 国家食品与农业研究所
  - 经济研究所

- 贸易和对外农业事务副部长
  - 外事农业事务
  - 美国食品法典办公室

资料来源：U. S. Department of Agriculture, "About USDA," 2023, Accessed October 10, 2024, https://www.usda.gov/our-agency/about-usda.

转化为行动。① 根据该文件，美国农业部关注的重点农业研究领域包括：

1. 提升农业生产力与食品供应安全：通过基因组研究增强作物和动物的健康与复原力，开发如玉米基因组数据库等工具，支持全球粮食、纤维和生物燃料的需求。

2. 改善营养与对抗肥胖：通过基于食品和身体活动的研究与教育，改善学校营养环境，减少儿童与高危人群的营养不良和肥胖问题。

3. 保护自然资源与应对气候变化：研发城市森林管理软件（i-Tree），帮助城市通过碳封存、节能和水过滤等手段应对气候变化，并研究绿色建筑材料。

4. 科学教育与推广：通过与国家粮食和农业研究所合作，提升青年科学技能，培养他们成为能够做出明智政策选择的公民。②

（二）英国环境、食品与农村事务部

英国环境食品与农村事务部是负责英国环境保护、粮食生产和标准制定、农业、渔业和农村社区的政府部门。该部门的愿景是让英国的空气更纯净，水更清洁，土地更环保，食物更可持续。它的使命是为下一代恢复和改善环境，使其处于比目前更好的状态。该部门不仅要发展绿色经济并维持繁荣的农村社区，而且支持英国发展世界领先的食品业、农业和渔业。它的优先目标为：（1）通过更清洁的空气和水、繁茂的植物、丰富的陆地和海洋野生动物以及减少废弃物来

---

① U. S. Department of Agriculture, "Research and Science," 2023, Accessed October 10, 2024, https：//www.usda.gov/topics/research-and-science.
② U. S. Department of Agriculture, "Research and Science," 2023, Accessed October 10, 2024, https：//www.usda.gov/topics/research-and-science.

改善环境（这是一个跨领域的成果，住房、社区和地方政府部及交通部都做出了贡献）；（2）减少温室气体排放并增加种植业、林业和废弃物循环部门的碳储存，以帮助实现净零排放（这一结果反映了英国环境、食品与农村事务部对商业、能源和工业战略部主导下所做的跨部门贡献）；（3）减少洪水和海岸侵蚀对人员、企业、社区和环境的影响；（4）提高农业、渔业、食品和饮料部门的可持续性、生产力和复原力，加强边境生物安全管理并提高动物福利标准。① 该机构的具体职能部门详见表4-3。

表4-3　英国环境、食品与农村事务部委员会概览

委员会名称	描述
DEFRA委员会	DEFRA委员会为该部门提供战略性的企业领导，并特别负责监控绩效和交付。它每季度开会一次
审计和风险保证委员会	审计和风险保证委员会是英国环境、食品与农村事务部董事会的一个小组委员会。它是一个咨询机构，没有行政权力或责任
执行委员会	执行委员会是董事会的一个小组委员会，它： （1）负责建立一种支持综合工作方式的文化，以实现集团的战略目标； （2）确保整个部门的资源战略分配和管理与优先事项保持一致； （3）可以根据当前的集团运营模式对涉及多个组织的事项做出决策；做出决策，这可以实现最大的整体效益，或者为未来开创先例； （4）确保有效的领导并保持对部门战略方向的监督； （5）是核心部门的高级决策机构

---

① Department for Environment, Food & Rural Affairs, "Department for Environment, Food & Rural Affairs," 2023, Accessed October 10, 2024, https://www.gov.uk/government/organisations/department-for-environment-food-rural-affairs.

续表

委员会名称	描述
投资委员会	投资委员会是执行委员会的一个小组委员会，该委员会的目标是： （1）确保和批准第1层和第2层项目业务案例，特别关注那些违反授权限制的案例； （2）根据绿皮书考虑高级负责人员提交的新项目提案； （3）确定初始阶段的评估和评价原则，重点是确保可负担性、容量、能力、可交付性、战略一致性和相互依赖性； （4）决定何时应委托"红队"保证流程，确保会根据会计官方评估结果进行投资决策； （5）对项目评估报告进行审查； （6）批准所有超过10万英镑的咨询费用
提名委员会	提名委员会由非执行董事担任主席。 该委员会的目标是： （1）确保有令人满意的系统来识别和发展领导力； （2）审查董事会和部门高级领导层的激励措施和继任计划

资料来源：Department for Environment, Food & Rural Affairs, "Department for Environment, Food & Rural Affairs," 2023, Accessed October 10, 2024, https://www.gov.uk/government/organisations/department-for-environment-food-rural-affairs.

环境食品与农村事务部与一些独立机构合作密切，目前已与农村支付机构、环境署、自然英格兰、联合自然保护委员会、邱园皇家植物园、农业和园艺发展委员会等机构签署框架协议。在数字技术快速发展的今天，环境食品与农村事务部十分重视前沿农业技术的研发和应用。例如，数字、数据和技术服务作为环境食品与农村事务部的一支数字化团队，有大约1200名员工，包括项目经理、数字开发人员和研究专家。该团队的目标是让人们比以往任何时候都更容易、更快捷地与英国环境、食品与农村事务部互动。从根本上说，该部门正在改进英国环境、食品与农村事务部的员工、公众和企业成员获取信息和服务的方式,这一变革对英国农村社区以及它的世界级食品业和农业的蓬勃发展具有至关重要的作用。① 具体情况见案例4-7。

案例4-7 英国环境、食品与农村事务部已确认的十大新兴技术

2022年,英国环境、食品与农村事务部确认了十大新兴技术,这些技术被认为在未来农业、食品供应链管理以及环境保护等领域具有重大潜力。这十大技术包括低轨卫星、物联网、计算机视觉、室外智能定位、聊天机器人与虚拟助手、自主无人机、机器人、虚拟和增强现实的沉浸式工作空间、分布式账本技术(如区块链)以及数字孪生。

这些技术中的每一个都为英国环境、食品与农村事务部所关注的关键领域提供了创新解决方案。例如,分布式账本技术,特别是区块链,已被证明在多个行业具有巨大的潜在价值。英国环境、食品与农村事务部将其描述为一种让交易拥有公共"见证人"的技术,每个参与网络的节点都能够访问共享的记录并持有相同的副本。这为食品管理、废物管理、供应链的跟踪与追溯、市场交易安全及采购流程的管理带来了新的机遇。通过区块链,供应链中的每个环节都可以被透明地记录,这提高了可追溯性和安全性。

计算机视觉是一种通过利用机器捕获和分析现实世界的图像和视频来提取上下文信息的技术,它在多个领域得到了广泛应用。例如,它可以自动化目视检查过程,从而提高农业管理效率。它还有助于监控动物福利、进行医疗诊断,并

---

① Department for Environment, Food & Rural Affairs, "Digital," 2023, Accessed October 10, 2024, https://DEFRAjobs.co.uk/roles/digital/.

优化库存管理。尤其在农业领域，计算机视觉技术能够帮助农民监控作物健康、检测疾病，实现精准施肥和灌溉，从而减少资源浪费。

虚拟和增强现实的沉浸式工作空间为研讨会、会议和培训提供了全新的方式。这些技术能够创造逼真的虚拟环境，帮助用户在远程或分布式团队中开展工作。它还可以为紧急情况下的数据分析提供支持，例如在处理环境灾害或食品安全问题时，帮助相关人员进行实时评估和决策。此外，虚拟和增强现实技术可以被应用于现场工作和工厂检查，为员工提供远程支持或培训，降低物理出行的需求。

这些技术的应用不局限于某一特定领域，而是对整个农业和环境管理产生了深远影响。英国环境、食品与农村事务部通过确认这些新兴技术，为未来的农业、食品安全、环境保护和乡村发展奠定了技术基础。

资料来源：UK Authority,"DEFRA Identifies Top 10 Emerging Technologies," 2022, Accessed October10, 2024, https：//www.ukauthority.com/articles/DEFRA-identifies-top-10-emerging-technologies/.

（三）日本农林水产省

日本农林水产省的使命是传承人类生存的基础——"食物"，为子孙后代营造一个安全的"环境"，尽最大努力围绕人们的期望提出建议并实施有远见的政策。如图4-3所示，日本农林水产省下设部长秘书处、食物安全及消费者事务局、出口国际事务局、作物生产局、畜牧工业局、管理改善局、农村发展局，以及林业局和水产局两个附属机构。此外，该机构还与政策研究所、动物检疫服务机构、植保站、国家兽医检测实验室、农林水产研究会、筑波产学合作支援中心农林水产研究会秘书处等机构保持密切联系。①

```
──── 内部分支
───▶ 担任主持职务、履行职责的职务负责协调
---- 理事会、设施和特殊组织
──── 地方分支机构
```

- 农林水产大臣
- 农林水产副大臣
- 农林水产大臣政务官
- 农林水产事务次官
- 农林水产审议官
- 农林水产大臣秘书官

【内部机构】
- 部长秘书处
- 食物安全及消费者事务局
- 出口国际事务局
- 作物生产局
- 畜牧工业局
- 管理改善局
- 农村发展局
- 农林水产研究会
- 审议会等
- 设施及机关
- 地方分支机构

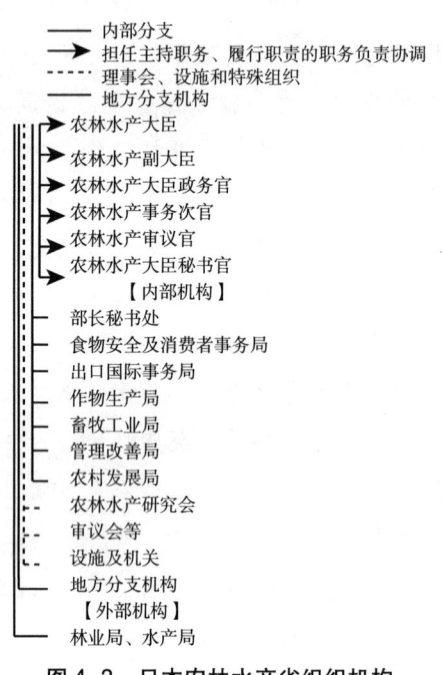

【外部机构】
- 林业局、水产局

图 4-3　日本农林水产省组织机构

资料来源：The Ministry of Agriculture, Forestry and Fisheries of Japan, "Organ," 2023, Accessed October 10, 2024, https://www.maff.go.jp/e/about/organ/index.html.

日本农林水产省在技术、研究和教育领域的关注重点包括国际农业、林业和渔业研究的组合战略，"知识整合与创新领域"的发展，智慧农业以及食品和营养教育（Shokuiku）的推广。通过制定国际研究战略，日本旨在应对国内外的环

---

① The Ministry of Agriculture, Forestry and Fisheries of Japan, "About," 2023, Accessed October 10, 2024, https://www.maff.go.jp/e/about/index.html.

境变化，明确未来政策方向。该机构还推动了"知识整合与创新领域"的合作研究计划，旨在跨农业、林业、渔业和食品等领域进行创新，并加速新产品和业务的商业化。同时，智慧农业结合了机器人、人工智能、物联网和无人机等先进技术与日本传统农业，以提高农业生产效率。此外，食品和营养教育的推广旨在通过饮食教育，帮助人们获得健康饮食知识和选择的能力，形成健康的生活方式。这些战略展现了农林水产省在促进农业创新和国际合作中的关键作用。[1]

（四）欧盟农业和农村发展总司

欧盟农业和农村发展总司负责欧盟农业和农村发展政策，并全面管理共同农业政策。其主要工作包括推动欧洲创新伙伴关系、支持欧洲农村发展网络、管理农产品市场、实施欧盟农产品质量计划以及推广农产品。该机构的主要目标为：（1）帮助农民生产安全且数量充足的食品，同时遵守欧盟关于可持续性、环境规则、动物福利、可追溯性等方面的规范；（2）为农场企业提供支持系统，帮助他们在生产条件难以预测的情况下获得稳定的收入；（3）促进对可持续现代农业领域的投资；（4）维持可行的农村社区和多样化的经济结构；（5）在整个食品供应链中创造和维持就业机会。其组织结构如图 4-4 所示。

当前欧盟在农业研究与创新方面的投入大约只占成员国在同一领域公共投资的 10%。例如，在 2015~2016 年制定的欧盟农业研究与创新战略方针旨在利用欧盟的投资，确保长期的粮食和营养安全，解决以土地为基础的初级生产及相关

---

[1] The Ministry of Agriculture, Forestry and Fisheries of Japan, "Technological Research Policies," 2023, Accessed October 10, 2024, https：//www.maff.go.jp/e/policies/tech_res/index.html.

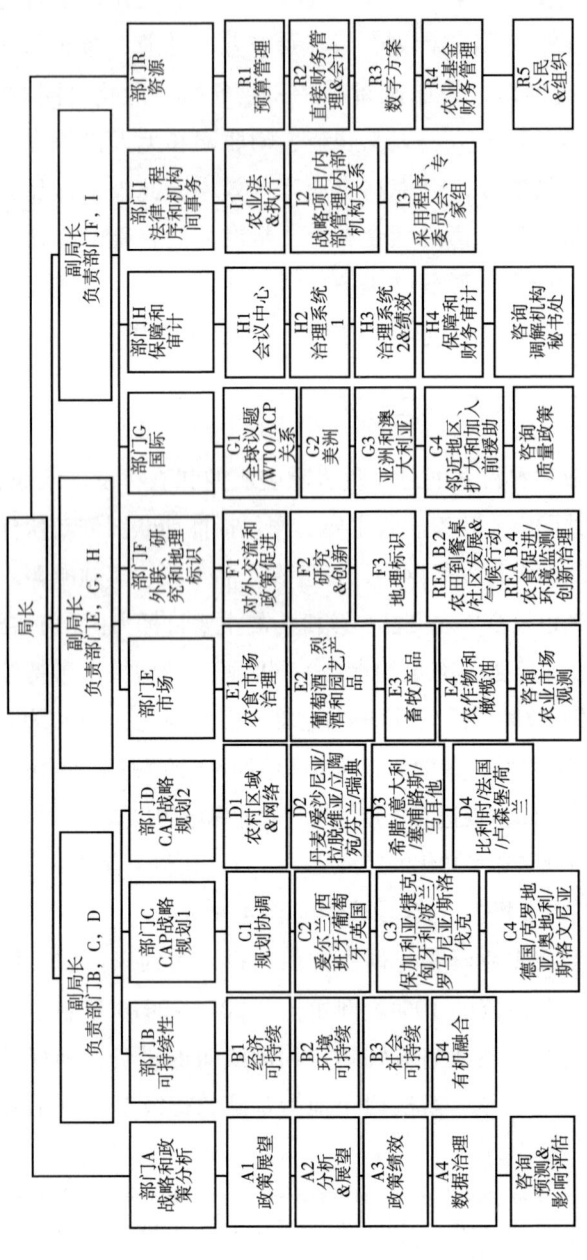

图 4-4 欧盟农业和农村发展总司组织结构

资料来源：Directorate-General for Agriculture and Rural Development, "Leadership and Organisation," 2023, Accessed October 10, 2024, https://commission.europa.eu/about-european-commission/departments-and-executive-agencies/agriculture-and-rural-development-en#leadership-and-organisation.

粮食和非粮食系统的环境可持续性和韧性问题,并促进农村地区的可持续发展。该战略是在欧洲创新伙伴关系"农业生产力和可持续性"(EIP-AGRI)的框架下,通过协同方法,调动"地平线2020"和共同农业政策来实施的。EIP-AGRI旨在建立一个全面的研发生态系统,覆盖农业、食品和非食品价值链中所有相关参与者的知识创造、交流和使用的各个方面。以下是已选定的364个与农业、林业和农村地区有关的"地平线2020"项目(2014~2017年征集的项目)和2018~2020年征集项目实施战略的主要特点概述。① 具体内容详见表4-4。

表4-4 欧盟农业和农村发展总司研究与创新项目专题

专题编号	专题名称	项目数	资金(亿欧元)	主要研究领域
专题1	土壤	26	1.97	土壤功能、土壤水资源、土壤改良耕作系统、碳固存
专题2	水、养分和废弃物	26	1.82	水管理、养分回收、施肥、废弃物价值化、生物经济
专题3	遗传资源和育种	33	1.89	生物多样性战略、基因库、地方品种和价值链、农业和林业多样化
专题4	动物生产系统	22	1.32	动物福利、饲养可持续性、效率、经济效益、资源利用
专题5	植物健康	29	1.61	农药替代品、生态系统服务、新出现的疾病、病虫害综合防治
专题6	动物健康	21	1.79	宿主—病原体相互作用、疫苗学、统一健康、抗微生物抗药性、国际合作

---

① Directorate-General for Agriculture and Rural Development, "Agriculture-Forestry-And-Rural-Areas," 2023, Accessed October 10, 2024, https://research-and-innovation.ec.europa.eu/research-area/agriculture-forestry-and-rural-areas_en.

续表

专题编号	专题名称	项目数	资金（亿欧元）	主要研究领域
专题7	生态方法和混合耕作	36	2.13	生态农业、有机农业、生物多样性、生态系统服务、混合耕作、永久草地
专题8	了解动态和政策现代化	23	1.07	粮食和营养安全政策、社会创新、商业模式、城乡关系、代际更新
专题9	农业和林业公共产品	24	1.39	生物多样性、碳固存、饮用水、治理和商业模式、土地管理
专题10	可持续、循环和创新价值链	54	3.67	综合生物质物流、食物链可持续性、食品安全/质量/真实性、短食物链
专题11	利用数字革命的优势	17	1.63	物联网、精准农业、机器人技术、农村地区服务
专题12	人力和社会资本与创新体系	53	1.51	农业知识与创新系统（AKIS）、教育与培训、咨询、农场示范、网络、知识交流

资料来源：Directorate–General for Agriculture and Rural Development, "Agriculture, Forestry, and Rural Areas," 2023, Accessed October 10, 2024, https：//research-and-innovation.ec.europa.eu/research-area/agriculture-forestry-and-rural-areas_en.

三 典型全球农业科技合作企业

世界四大粮商——ADM公司、邦吉公司、嘉吉公司和路易达孚公司——是全球农业科技合作企业的代表，这些公司在全球粮食贸易和农业科技领域扮演着重要角色。它们通过全球研发网络，推动生物基材料、数字农业和可持续发展等领域的创新。世界四大粮商之间的合作不但提升了全球供应链的透明度和效率，还促进了农业科技在不同领域的应用，例如生物燃料、环保材料和精准农业。这些企业通过不间断的科技创新和合作,在全球农业科技发展中占据主导地位。

与此同时,来自"全球南方"国家的企业也在全球农业科技合作中发挥着越来越重要的作用。隆平高科作为全球杂交水稻领域的领先者,通过创新的育种技术,提升了全球粮食产量,并在多个国家推广先进的农业技术。中化集团通过收购瑞士农业巨头先正达(Syngenta),获得了全球领先的种子和农化技术,推动了精准农业和可持续农业的发展。此类并购不仅加强了中国在全球农业科技中的话语权,还促进了南南合作,推动农业科技生态系统向更加多元化和智能化的方向发展。这些企业的合作和扩展,使全球农业科技的发展不再仅由"全球北方"国家主导,而是朝着南北共存和南南合作的方向演变,为全球农业的创新与可持续发展提供了新的动力。世界四大粮商在全球粮食贸易和食品加工链中占据重要地位,同时逐步扩展生物基材料领域的科技合作范围。这些公司通过与创新型企业合作,利用其广泛的原料供应链,推进生物基塑料、可持续农产品和其他生物技术的开发。尤其在生物燃料、生物塑料等非食品领域,它们凭借技术优势和对供应链的掌控,推动全球农业科技创新。[①] 世界四大粮商在全球农业科技合作中各有特点,具体如下。

1. ADM:ADM 公司专注于生物基材料和可持续农业技术。它的生物解决方案部门推动了生物塑料、化学替代品、生物燃料等领域产品的开发,特别是玉米和油籽领域的产品开发。ADM 公司利用其庞大的供应链,研发农产品加工中的非食品类产品,如化工原料和生物燃料,助力农业的可持续

[①] World Bio Market Insights, "The ABCD Agro-Giants: Hidden Movers in Biobased Scaling," 2022, Accessed October 10, 2024, https://worldbiomarketinsights.com/the-abcd-agro-giants-hidden-movers-in-biobased-scaling/.

发展。近年来，ADM 公司还涉足生物塑料市场，并计划通过与 LGM Chem 合作建立生物基乳酸和聚乳酸工厂，进一步拓展其非食品领域的业务。①

2. 邦吉公司：邦吉在油籽加工和粮食贸易领域具有广泛的影响力，同时，通过开发生物燃料和可再生资源，扩展其科技合作领域。邦吉与科沃克瑞斯（CoverCress）公司合作开发了一种可再生油料作物，拓展了其饲料作物的应用。此外，邦吉在过去的生物基产品探索中遇到了一些挑战，但仍继续在生物燃料和饲料领域创新探索。②

3. 嘉吉公司：嘉吉是全球最大的私营农业企业，涉足广泛的农业和工业领域。它通过收购 Croda 的生物基工业业务，进入生物基化学品领域，重点关注生物塑料、环保材料和生物燃料的研发。嘉吉还积极推动生物基塑料在消费品中的应用，如塑料瓶、包装和建筑材料。此外，嘉吉在精准农业技术方面投入大量资源，利用其全球供应链为可持续农业发展提供技术支持，它还进入素食蛋白市场，与 PURIS 公司合作发展豌豆蛋白产业。③

4. 路易达孚公司：路易达孚通过其全球农产品供应链，重点推动可持续农业技术的发展。该公司致力于优化供应链管理，推动生态农业和资源管理方面的创新。路易达孚对环

---

① World Bio Market Insights, "The ABCD Agro-Giants: Hidden Movers in Biobased Scaling," 2022, Accessed October 10, 2024, https://worldbiomarketinsights.com/the-abcd-agro-giants-hidden-movers-in-biobased-scaling/.

② World Bio Market Insights, "The ABCD Agro-Giants: Hidden Movers in Biobased Scaling," 2022, Accessed October 10, 2024, https://worldbiomarketinsights.com/the-abcd-agro-giants-hidden-movers-in-biobased-scaling/.

③ World Bio Market Insights, "The ABCD Agro-Giants: Hidden Movers in Biobased Scaling," 2022, Accessed October 10, 2024, https://worldbiomarketinsights.com/the-abcd-agro-giants-hidden-movers-in-biobased-scaling/.

保型粮食生产技术进行了大量投资，以确保其农业生产更加高效和环保，同时减少生态足迹。该公司通过与农业技术公司和科研机构合作，提升了其全球粮食生产和流通体系的可持续性。①

2020年，世界四大粮商共同致力于通过数字化转型提升其供应链的效率与透明度。这一合作旨在用数字技术取代传统的纸质流程，使合同、发票和付款方式更加现代化。这四家公司携手推动行业的数据管理和自动化，通过提高供应链的可视性与标准化，减少操作错误，提升客户体验，以期为整个农业行业提供更高的透明度和协作效率。这一举措不仅改善了内部流程，也为整个行业的数字化创新奠定了基础。②

以中国袁隆平农业高科技股份有限公司为例，该公司拥有以"中国种业十大杰出人物"杨远柱为代表的450多名育种专家，占员工数量的17.5%。该公司构建了商业化育种体系和测试体系，组建了国际先进的生物技术平台，研发投入金额常年平均占公司总收入的10%左右。公司已在多个国家建有水稻、玉米、蔬菜、谷子和食葵育种站超过50个。该公司分别在美国和巴西建立了两个和三个玉米育种站，在中国海南岛、印度、菲律宾、印度尼西亚、巴基斯坦建立了水稻

---

① World Bio Market Insights, "The ABCD Agro-Giants: Hidden Movers in Biobased Scaling," 2022, Accessed October 10, 2024, https://worldbiomarketinsights.com/the-abcd-agro-giants-hidden-movers-in-biobased-scaling/.

② Supply Chains Digital, "Largest Grain Traders in the World Partner for Digital Transformation of Supply Chains," 2020, Accessed October 10, 2024, https://supplychaindigital.com/technology/largest-grain-traders-world-partner-digital-transformation-supply-chains.

育种站。① 公司试验基地总面积达 1.2 万亩。2017 年，中化集团以 430 亿美元成功收购瑞士农业化学巨头先正达，这是中国企业有史以来规模最大的海外收购之一。这次收购不仅标志着中国在全球农化市场中地位的显著提升，也体现了中国企业在全球农业科技合作中的雄心。② 通过收购，中化集团获得了先正达在种子、农药和农化技术领域的全球领先优势，这进一步加强了其在农业科技领域的全球话语权。先正达拥有强大的研发能力，尤其在植物保护和种子技术方面拥有全球领先的创新成果。这一合作使中化集团能够将先正达的前沿技术引入中国市场，推动国内农业科技的发展，助力粮食安全和农业生产现代化。收购后，先正达得以进入中国广阔的市场，为中国提供更多先进的农业技术和精准农业、病虫害防控等方面的解决方案，同时帮助中国企业更好地应对气候变化和粮食安全等全球挑战。与此同时，集团通过这一收购拓展了在新兴市场的业务版图，它在中国、巴西和印度等"全球南方"国家的业务尤其显著。

中化集团对先正达的收购还推动了全球农业科技创新，尤其在精准农业和可持续农业领域，提供了更多技术解决方案。例如，先正达在种子遗传改良、植物保护和数字农业技术方面的全球领导力，为全球农业生产力的提升和可持续发展奠定了坚实的基础。这一收购不仅为中化集团带来了巨大的市场机遇，也强化了全球农业企业之间的科技合作，彰显

---

① 中国袁隆平农业高科技股份有限公司：《科研体系》，2023 年 10 月 14 日，最后访问日期：2023 年 10 月 14 日，https：//www.lpht.com.cn/leader.html#page1。
② 康逸：《财经观察：收购先正达获批中国资本拥抱全球资源谋共赢》，新华社，2017 年 4 月 6 日，最后访问日期：2024 年 10 月 9 日，https：//www.gov.cn/xinwen/2017-04/06/content_5183844.htm。

了南南合作的重要性，而且推动了全球农业科技向更加智能化、数字化和可持续的方向发展。

四 典型的全球农业科技合作非政府组织

国际农业研究与发展中心协会等典型的全球农业科技合作非政府组织同样在全球农业科技发展中发挥着重要作用。这些组织与前述三类组织一样具有全球农业科技智库的功能。从机构与地点设置来看，"全球北方"国家比"全球南方"国家在全球农业科技和研究中更占优势。

国际农业研究与发展中心协会是一个由九名成员组成的国际非营利联盟，成立于2012年3月，专注于通过在健康、可持续和气候智能型的环境中支持小农农业来提高全球粮食安全。如表4-5所示，其成员包括世界蔬菜中心、国际农业和生物科学中心、未来作物、国际生物盐碱农业中心、国际山区发展中心、国际昆虫生理生态中心、国际肥料发展中心、热带农业研究和高等教育中心、非洲昆虫食品与健康科学和国际竹藤网络。

表4-5 国际农业研究与发展中心协会组织概览

中心名称	中心标识	总部位置	网站地址
世界蔬菜中心	World Vegetable Center	中国台湾	https://avrdc.org/
国际农业和生物科学中心	CABI	英国英格兰沃灵福德	https://www.cabi.org/

中心名称	中心标识	总部位置	网站地址
未来作物		马来西亚吉隆坡	https：//cropsforthefutureuk.org/
国际生物盐碱农业中心		阿拉伯联合酋长国迪拜	https：//www.biosaline.org/
国际山区发展中心		尼泊尔加德满都	https：//www.icimod.org/
国际肥料发展中心		美国亚拉巴马州	https：//ifdc.org/
热带农业研究和高等教育中心		哥斯达黎加卡塔戈	https：//www.catie.ac.cr/
非洲昆虫食品与健康科学		肯尼亚内罗毕	http：//www.icipe.org/
国际竹藤网络		中国北京	https：//www.inbar.int/

资料来源：笔者自制。

国际农业研究与发展中心协会的愿景是为人类和地球提供多样化的食物系统，所秉持的理念是通过创新来建立有利于健康、生计和环境的多样化、安全、营养且气候适应型的食品系统。其成员凭借它们在具有高经济、社会、营养和生态价值的作物方面的能力，对粮农组织和 CGIAR 在主要作物方面的工作做出了补充。国际农业研究与发展中心协会主席、世界蔬菜中心（World Vegetable Center）前总干事戴诺·基廷吉（Dyno Keatinge）说："在系统层面解决问题的强烈导向，而不是专注于单一商品，使国际农业研究与发展中心协会的研发行动能够应对发展中国家贫困农业社区所经历和呈现的日常挑战。"①

第三节 全球农业科技合作方式

全球农业科技合作，作为国际技术转移的一种重要形式，涉及不同国家之间在农业技术领域的引进、吸收、创新与推广。这种合作旨在通过生产要素和生产条件的优化重组，实现参与各方利益的最大化。② 随着合作的深入，全球农业科技合作已形成科研平台共建、农业人才交流、科技规则制定、农业技术援助等多种模式。

一 农业科研平台共建

建设国际科技合作平台是农业科研院所等机构改善农业

---

① Association of International Research and Development Centers for Agriculture, "AIRCA Members," 2024, Accessed October 10, 2024, http://www.airca.org/index.php/airca-members.
② 李立伟：《国际农业科技合作的基本理论与模式分析——以天津中以合作为例》，《天津农业科学》2013 年第 7 期。

领域国际科技合作条件和提升合作能力的重要手段,是集聚全球农业科技资源、参与国际科技竞争与合作的重要力量,具体包括国际创新园、国际联合研究中心、国际技术转移中心和国际科技合作示范基地等类型。

在国际舞台上,CGIAR 农业大数据平台是国际科技合作的一个典型案例。该平台于 2017 年 5 月正式启用,得到了 CGIAR 信托基金和 UKAID[①] 的支持,并通过双边资助协议提供服务。该平台的宗旨是利用线上研究工具,构建全新的数据驱动型平台。具体而言,平台的目标包括:激活 CGIAR 的数据库资源,以加快研究进度并催生数据驱动的创新;在 CGIAR 内部以及与更广泛的农业领域建立数据共享合作关系;利用 CGIAR 的专业知识,确立在数字农业领域的领导地位。为了实现这些目标,该平台在线上研究的基础上,针对粮食安全的六个关键领域建立了实践网络社区,这些领域包括:社会经济数据、地理空间数据、数据驱动的农学、作物建模、用于决策支持的牲畜数据以及数据本体论。该平台还向 CGIAR 中心提供技术指导(包括数据管理支持包)和种子资金,以实施 CGIAR 的开放获取和数据管理政策。该平台启动仅六个月,就使通过其数据存储库提供的公共数据集和出版物的数量显著增加,大多数中心增加了 10% 或更多。[②]

在中国国内,众多成功案例展现了农业科技合作的显著成效。其中,中国农业科学院(Chinese Academy of Agricultural

---

① UKAID 是英国政府的国际发展援助品牌,主要由英国外交、联邦和发展事务部(FCDO)负责管理和实施。它是英国政府向发展中国家提供经济、技术援助和援助项目的统称。UKAID 的目标是减少贫困、推动可持续发展和应对全球性问题,如气候变化、卫生危机和教育落后等。

② GARDIAN, "What's in GARDIAN?," 2023, Accessed October 10, https://gardian.bigdata.cgiar.org/#/.

Sciences，CAAS）与粮农组织于 2022 年共同签署的 FAO-CAAS 创新平台实施协议便是一个典型案例。该协议的宗旨是促进农业研究和技术创新，进而推动农业食品体系的转型与升级。① 作为 FAO-CAAS 合作框架中的关键一环，该创新平台将致力于在区域和全球两个层面组织联合创新活动，以支持全球可持续发展的宏伟目标。粮农组织总干事屈冬玉强调，这一创新平台的愿景是成为一个服务亚太地区、辐射全球的农业科技治理枢纽。他期望该平台的建立能够为其他国家提供分享中国在农业领域的先进做法和宝贵经验的机会，从而助力发展中国家农业的进步，推动区域乃至全球农业和粮食体系向着更加可持续的方向转型。②

二 农业人才交流

农业人才交流包括人才引进、出国培训、访学研修等形式。在国际层面，美国农业部于 2022 年资助了一个总额高达 150 万美元的科学交流计划。该计划跨领域的农业研究和技术的最新发展，旨在培养新一代农业科学家，以促进贸易、完善贸易政策、增强贸易能力以及维护粮食安全。该研究计划通过协作的方式转让新的科学知识和农业技术，从而提高农业生产力，并与新兴市场经济体合作优化农业系统和流程。美国农业部也将该计划用作市场开发工具，以协助开放市场，减少甚至消除中低收入国家的贸易壁垒，最终为美国农产品

---

① 于文静：《中国农科院与粮农组织共建平台促进农业科研创新》，新华社，2022 年 12 月 27 日，最后访问日期：2023 年 10 月 14 日，http://paper.people.com.cn/rmrb/html/2022-12/27/nw.D110000renmrb_20221227_6-03.htm。
② 联合国粮食及农业组织：《粮农组织与中国农业科学院签署创新平台协议》，2022 年 12 月 12 日，最后访问日期：2023 年 10 月 14 日，https://www.fao.org/china/news/detail-events/es/c/1628808/。

出口创造新的机会。该项目还组织了一群研究员，他们将在美国的学术机构工作长达 12 周，并直接与各自领域的美国科学家合作。每位研究员必须至少拥有硕士学位，处于职业生涯的早期或中期，并代表其本国的大学、政府机构或研究实体。导师将在美国协调培训计划，并在研究员回国后，前往其国家跟进研究进展。①

在国内层面，国际杰青计划是中国科技部设立的推动中外科技人文交流的重要机制，自启动以来，受到共建"一带一路"国家的科技部门和青年学者的普遍欢迎，共吸引来自 42 个国家的青年科学家 700 余人次到我国 28 个省市自治区的 214 家单位进行了工作和学习。在 2022 年农业领域国际杰青研讨会上，中国农业科学院副院长梅旭荣指出："农业科技国际合作是应对全球粮食安全、气候变化等共同挑战的有效手段，而人才交流与培养是推进农业科技务实合作的最重要方式。"②

三 科技规则制定

当前，国际组织积极参与国际规则和政策的制定、问题解决和执行机制。较发达的政府间机构创造了自己的法律环境，称为超国家法律。国际农业法对全球农业和粮食生产变得更加重要。

在国际层面，粮农组织与世界卫生组织一起创建了食品法典委员会，以制定食品标准、指南和相关文本，例如，粮农组

---

① Grants. gov, "View Grant Opportunity," 2023, Accessed October 10, 2024, https://www.grants.gov/web/grants/view-opportunity.html? oppId=339633.
② 房琳琳：《为发展中国家培养科技人才——2022 年农业领域国际杰青研讨会成功举行》，《科技日报》，2022 年 7 月 29 日，最后访问日期：2023 年 10 月 14 日，http://digitalpaper.stdaily.com/http_www.kjrb.com/kjrb/html/2022-07/29/content_539308.htm? p=-1。

织/世界卫生组织联合食品标准计划下的操作守则。这些标准旨在保护消费者的健康,确保食品贸易中的公平贸易实践,并协调各国政府和非政府组织在食品标准方面的工作。今天,《食品法典》已成为全球消费者、食品生产商和加工商、国家食品控制机构和国际食品贸易的重要参考。事实上,世贸组织的《卫生和植物检疫措施协定》将食品法典委员会列为食品安全相关标准制定组织。①

在国内层面,在2012~2017年,中国越来越重视国际标准制定。中国在《食品法典》《国际植物保护公约》等国际规则制定中的话语权不断提升,主持审定了3600多项农业残留法典标准,主导制定了8种农药在5种作物上的11项农药残留国际标准,成功推动了谷物国际运输标准的制定。②

四 农业技术援助

农业技术援助是国际社会提供的官方发展援助中非常重要的援助形式,主要为发展中国家提供培训、技术支持,并开展技术交流与合作。例如,美国、法国、日本等发达国家派遣各类农业专业人员到非洲贫困国家建设培训中心,到当地任教,以及提供咨询和技术服务。③

在国际层面,粮农组织通过广泛的技术援助项目为发展中国家提供实用的帮助。它鼓励采用综合性的方法,在制定

---

① The National Agricultural Law Center, "International Agricultural Law and Organizations—An Overview," 2023, Accessed October 10, 2024, https://nationalaglawcenter.org/overview/international-law-organizations/.

② 白锋哲等:《中国农业外交迈入新时代》,《农民日报》,2017年12月26日,最后访问日期:2023年10月14日,https://szb.farmer.com.cn/2017/20171226/20171226_004/20171226_004_1.htm。

③ 朱月季:《中国对非洲的农业技术援助研究》,博士学位论文,华中农业大学,2017,第54页。

发展计划时对环境、社会和经济进行全面考虑。粮农组织在建立或加强国家生物安全体系方面直接向其成员国提供技术援助，具体包括制定和执行法规、培训转基因产品风险分析监管机构人员、促进生物安全性相关决策的公众参与和沟通，以及提升实验室能力。这种援助的主要途径之一就是"技术合作计划"。该计划始于1976年，作为粮农组织提供技术援助的一项核心机制，它帮助成员更方便地获得所需要的专业能力，解决农业、渔业、林业部门和农村发展中的最紧迫问题。目前粮农组织已完成1284个总价值28.4亿美元的项目，成功转移和推广了4542项农业技术。①

在中国的对外援助方面，2012~2021年，中国向9个国家派出23个农业援外组、225人次农业专家，举办433期农业援外培训，培训了上万名外国农业人员。中国向联合国粮农组织南南合作信托基金先后进行两期捐款，推动农业技术转移428项，使发展中国家的上百万小农受益。中国正逐步成为全球农业多边合作的引领者。②

小 结

全球农业科技发展的形态经历了显著的历史变迁，最终形成了南北国家合作与南南合作并存的局面。在19世纪后期至20世纪40年代的殖民时代，全球农业科技的传播主要依

---

① The Food and Agriculture Organization, "Technical Cooperation Programme," 2023, Accessed October 10, 2024, https://www.fao.org/technical-cooperation-programme/en/.
② 隋鹏飞：《以高水平农业对外合作助力乡村振兴和农业农村现代化》，《农民日报》，2021年7月17日，最后访问日期：2023年10月14日，https://szb.farmer.com.cn/2021/20210717/20210717_003/20210717_003_1.htm。

赖殖民体系的扩展,即通过殖民宗主国对其殖民地的影响。在这一时期,农业技术和知识被传递到了被统治地区。第二次世界大战结束后,直到20世纪60年代,全球农业科技进入了后殖民时代,国际合作平台的搭建和政策框架的形成成为主导因素,促使各国政府和国际机构开始推动农业科技的合作与共享。自20世纪60年代至20世纪末,农业科技革新不断加速,推动了农业生产力的提升,并为全球农业科技治理架构的建立奠定了基础。进入21世纪后,全球农业科技治理进一步完善,形成了南北国家共同推动、南南合作发展的多元格局。

在这一过程中,全球农业科技体系逐步形成多元主体共同参与的局面。CGIAR引领全球农业科技战略的制定,政府部门推动科技转移,农业综合企业引领前沿科技创新,民间组织则协调全球议程设置。在"全球北方"国家主导的农业科技体系中,"全球南方"国家如中国、巴西和印度也发挥了重要作用,这些国家在推动自身农业科技发展的同时积极参与南南合作。随着全球议题的不断演变,农业科技的重点已从单纯的农业生产力提升,扩展到了动物疾病防控、贸易卫生标准、环境保护、生物多样性和应对气候变化等多个领域。这种扩展推动了农业科技在遗传资源管理、技术扩散、知识产权保护以及病害控制等方面的全面进步,促进了农业的可持续发展和整体应对能力的提升。

未来,全球农业科技的发展将以数字化和智慧化为核心。物联网、区块链、计算机视觉、虚拟与增强现实等技术的广泛应用,农业与室外智能定位、聊天机器人、自主无人机和机器人技术的结合,正推动绿色农业、数字农业、基因农业和健康农业的快速发展。这些前沿科技将重构农业生产关系,不断提升全球农业生产力,塑造未来农业发展的新格局。

CHAPTER

5

第五章

全球农业治理体系

在全球农业发展的广阔背景下,自早期殖民扩张时期起,各国农业发展的议题便开始跨越国界,其影响力日益显著。与此同时,全球性的农业挑战也深刻地触及了各利益相关方的切身利益,使得全球农业治理的重要性日益凸显。全球农业治理体系,是由各国政府、国际组织、私营部门和民间团体共同构建的一个多层次、立体化的网络架构。其核心宗旨是推动农业的可持续发展,确保全球粮食安全,以及提升农民的生活水平,共同应对全球农业领域所面临的挑战。该治理体系覆盖了粮食生产、贸易、食品安全、营养保障和环境保护等多个关键领域,通过国际条约的约束、合作项目的推动以及政策措施的引导,实现多维度的有效治理。尽管当前全球农业治理面临气候变化、资源紧缺、市场需求波动等众多复杂的挑战,但它始终在不断改革与完善,以更好地适应全球农业发展的新形势和新要求。

第一节 全球农业治理的概念与发展

综合来看,全球农业治理是一个跨领域、多层次的复杂体系,涉及传统的农业议题,如农业生产、农村发展、粮食保障,同时也面临环境保护与应对气候变化等日益凸显的全球性挑战。这一治理体系包含国际层面的法律、政策及行动措施,以及区域、国家和地方级的规则与实践。其目标是通过多元化举措，推动全球农业持续发展，确保全球粮食安全，提升农民及农村社区的生活质量，维护生物多样性与生态平衡，应对气候变化的挑战，并加强国际合作与协调。全球农业治理的进步依赖于众多利益相关者的广泛参与，包括政府、非政府组织、国际机构、私营部门及其他社会力量，它们不仅为治理提供关键支持与资源，还承担着监督、评估和问责的职能。为了应对粮食安全、环境保护和气候变化等紧迫问题，全球农业治理的发展迫切需要各方加强协作，共同促进农业的可持续性与进步。

一　全球农业治理的概念

"治理"一词，源自拉丁语"gubernare"，意指"引导"或"驾驭"。自20世纪90年代起，"治理"这一概念受到了广泛关注，并逐步融入了人们的日常生活。在治理理论的演进过程中，詹姆斯·N.罗西瑙（James N. Rosenau）扮演了关键角色。他的著作《没有政府统治的治理》（*Governance without Government*）和《21世纪的治理》（*Governance in the Twenty-first Century*），对治理的概念进行了深入阐述。罗西瑙指出，治理与政府统治并非同义词，二者之间存在显著差异。他将治理界定为在特定活动领域内实施的一系列管理机制，这些机制虽未经正式授权，却能有效地发挥作用。[1] 与传统的统治概念不同，治理强调的是一种以共同目标为支撑的活动，其主体不必局限于政府，也不一定依赖国家强制力来实现目标。换言之，治理的内涵远比政府统治更为丰富。

学者俞可平进一步指出，人类政治过程的重心正在经历

---

[1] Rosenau, James N, "Governance in the Twenty-first Century," *in Understanding global cooperation*, Leiden：Brill, 2021. pp. 16-47.

一种转变，即从政府统治（government）向治理（governance）演进，从善政（good government）向善治（good governance）提升，从民族国家政府统治向无政府的治理（governance without government）乃至全球治理（global governance）发展。特别是自冷战结束以来，随着全球化的深入发展和国际政治经济结构的重组，全球治理问题日益成为国际社会关注的焦点。全球治理不仅是一种国际政治理论，更是一种迫切需要实践的国际社会议题。①

全球治理是指通过建立具有约束力的国际规则（regimes）来解决全球性问题，如冲突、生态、人权、移民、毒品走私、传染病等，以维护国际政治经济秩序。全球治理的核心要素包括五个方面：全球治理的价值观念、全球治理的规则体系、全球治理的主体或基本单元、全球治理的对象或议题，以及全球治理的成效。②

全球治理的兴起有着多重复杂的原因。首先，人类正日益面临着一系列越发严峻的共同挑战，这些挑战包括生态危机、环境污染、人口激增、全球粮食安全以及恐怖主义活动等，这些问题迫切需要国际社会共同应对。其次，随着冷战的终结，后发展国家和欠发达国家在国际舞台上的地位和作用日益凸显。这些国家经济实力的增强，以及区域性国际组织和区域经济一体化的发展，使得它们在国际事务中的影响力不断提升。因此，这些国家参与国际组织的意愿也日益强烈，其目的是更好地维护自身以及所在地区的利益和发展。

---

① 俞可平：《全球治理引论》，《马克思主义与现实》2002年第01期，第20~32页。
② 俞可平：《全球治理引论》，《马克思主义与现实》2002年第01期，第20~32页。

这种趋势反映了国际力量对比的变化，也体现了全球治理体系向多元和包容方向发展的必然要求。① 但归根结底，全球治理的起源与发展和全球化进程紧密相连。正是全球化推动各国之间形成了相互依存的关系，使得一个国家的治理问题有可能跨越国界，影响其他国家。同时，全球性的发展挑战对各国产生的影响越发明显，这一现实情况凸显了全球治理的必要性，使其成为协同应对全球性问题的必然选择。全球治理的兴起，反映了国际社会对于共同解决跨国问题的共识，以及对于构建更加公平、有效的国际秩序的追求。

在全球农业治理的具体实践中，虽然国家或地方层面通常是管理农业发展问题的最佳主体，但农业的全球化特性、动态变化和复杂性，以及广泛的农业系统性问题，已经超出了现有国家或地方组织的能力范围。因此，通过有效的治理规则来协调不同治理主体共同应对全球性挑战变得尤为重要。

具体而言，全球农业、粮食和营养系统的治理涉及一系列旨在对该系统产生影响的全球性正式和非正式机构与组织。国际组织在促进协调方面扮演着关键角色，有助于提升各国在特定领域内的效能、效率及生产力。例如，联合国系统内的经济及社会理事会负责协调包括粮农组织在内的专门机构，而世界粮食安全委员会是粮食安全领域全球行动的重要协调平台。同时，政府间的非正式协调机制，尤其是七国集团（G7）和二十国集团（G20），在全球治理中也发挥着重要作用，农业和粮食议题已成为这些集团议程的重要组成部分。此外，私营组织和非政府组织建立的全球协调机制，如非洲联盟下的可持续棕榈油圆桌会议、非洲发展新伙伴关系、非

---

① 孙宽平、滕世华：《全球化与全球治理》，长沙：湖南人民出版社，2003年，第20~21页。

洲发展新伙伴关系和世界经济论坛，都在全球范围内发挥着重要作用，为全球治理做出了重大贡献。然而，在全球范围内支持农业和粮食系统的行动中，正式的全球组织只是一个参与者，而不是主体。实际上，一个由非正式政府网络构成的复杂全球网络正在日益成为推动粮食和营养领域的全球行动的主要力量。在这个网络中，各民族国家通过国家元首、部长、议员和联合国等国际渠道进行交流，企业和非政府组织也以多种方式积极参与，共同推进全球粮食和营养安全的目标。[①]

总体而言，全球农业治理体系主要由主权国家政府、国际正式和非正式组织等多元主体构成，它们通过协商和灵活调整策略，共同制定与农业相关的规则、规范和标准。这一体系旨在应对全球粮食和农业挑战，并监督各方的行为表现。其目标是在不断变化的环境条件下，构建一个能够迅速适应的全球农业粮食系统。简而言之，全球农业治理包含了一系列协调农业政策和发展计划的机制与实践，这些机制和实践涉及各国政府与国际组织之间的紧密合作与协调。它们涵盖了农业技术创新、资源管理、市场准入、贸易规则、食品安全和环境保护等多个关键领域。这些措施不仅有助于加强国家间的经济联系、知识共享和技术交流，而且能够提升农业生产力、改善贫困人口的生活条件，并缓解粮食不足等问题。全球农业治理的全面效应对于推动全球农业的可持续发展至关重要，它为全球社会和经济带来了积极的影响。通过这种

---

① International Food Policy Research Institute, "2018 Global food policy report: Governance reform for food, nutrition, and agriculture," 2018, Accessed December 6, 2024, https://ebrary.ifpri.org/digital/collection/p15738coll2/id/132275

治理，我们能够确保农业领域内的全球合作更加高效、公平，进而促进全球粮食系统的稳定性和韧性。

二 全球农业治理的发展

全球农业治理的初步建立可以追溯至工业革命时期，但其迅速发展主要发生于第二次世界大战之后。自19世纪末至20世纪初，随着机械化农业的迅猛发展，特别是拖拉机的普及，农业作业速度和规模得到了极大的提升。一系列技术革新不仅极大提高了农业生产力，也使得众多国家的现代农场能够大规模生产高品质农产品。在此期间，发达国家铁路和公路网络的扩展，以及集装箱和冷藏运输技术的应用，对机械化农业的推广和农产品的远程分销起到了关键作用。合成肥料的引入使得农业集约化成为可能；而维生素补充剂的出现，以及抗生素和疫苗的广泛使用，进一步提升了畜牧业的养殖条件。在第二次世界大战期间，为了提升战时生产效率，许多国家纷纷加大了对科技和技术创新的投入力度，其中一些成果也被应用于农业生产，例如杀虫剂的广泛使用，为农业的持续发展提供了动力。然而，对这些工业产品的过度依赖也引发了一系列环境和社会问题。

第二次世界大战后，全球农业发展普遍面临基础设施损坏、资金短缺、技术滞后、国际贸易壁垒以及人口增长带来的巨大压力等多重困境。尤其是战争和贫困所引发的粮食短缺与饥荒问题，成为许多国家的紧迫挑战。为了有效应对这些全球性的农业问题，国际社会成立了粮农组织等机构，协调国际力量共同应对全球粮食安全威胁，并促进全球农业的持续发展。在那个时期，虽然各国在农业发展上面临的具体问题不尽相同，但对于众多发展中国家，甚至是部分发达国家而言，确保粮食安全无疑是一个共同而复杂的问题。因此，粮食安全逐渐成为全球农业治理的核心议题，并且至今仍然是全球农业政策和发展计划的关键所在。

在粮食议题上，全球社会对"安全"概念的理解经历了持续的深化。最初，关注的焦点主要集中在食物的数量，尤其是谷物供应的充足性上。随后，这一概念逐渐扩展，不仅涵盖了食物的消费质量，包括营养价值的提升，而且还延伸到了维护粮食生产所必需的生态系统健康和可持续性等领域。这一演变体现了对粮食安全全面性和多维度的认识，促进了更加综合和更具前瞻性的全球粮食治理策略的形成。①

"粮食安全"一词直到20世纪60年代才成为主流话语。当时，"以粮食促进发展"成为国际社会应对粮食安全问题的主流思路，经历了从单纯提供粮食实物援助，到着重增强粮食短缺国家自主生产能力的转变过程。粮食技术进步与粮食需求的脱钩推动了粮食技术的传递。一些发达国家将高产谷物品种和农业技术推广到亚洲、非洲和南美洲的特定地区，试图通过技术创新促使其粮食产量增加。例如，"墨西哥小麦"和"菲律宾水稻"等高产品种的推广显著增加了粮食产量。然而，"绿色革命"也伴随一些负面影响，如大量使用化肥、农药和土壤退化等问题，这引起了人们的关注。一些生物学家的研究表明，一些高产谷物品种中矿物质和维生素含量较低，这可能会对粮食消费者的健康造成不良影响，削弱他们抵抗传染病的能力和从事体力劳动的体能，进而可能导致国家整体劳动生产率下

---

① 查道炯：《重视粮食安全的全球治理》，北京大学国际关系学院网站，2021年3月5日，访问日期：2024年11月20日，https://www.sis.pku.edu.cn/researchmanagement6/keyan1082/1338538.htm。

滑，对经济的持续健康发展构成威胁。另外，也有观点认为"绿色革命"毕竟是人们解决贫困和饥饿问题的一种尝试，在一定程度上解决了部分人口的饥饿问题，并积累了传播农业知识与推广农业技术的宝贵经验。

在20世纪70年代，"食物保障"成为谋求全球性粮食安全的基本目标。1971年至1974年间，世界各国的谷物价格平均上涨了两倍。全球性气候异常引发了世界性粮食歉收，导致全球谷物库存急剧减少；非洲地区由于干旱和沙漠侵蚀，农业生产量大幅下降，其饥荒状况成为国际关注的焦点。1974年，联合国粮农组织召开了世界粮食会议，敦促各国，尤其是发展中国家，重视粮食及农业生产问题。世界粮食大会将保障粮食安全定义为一项国际性责任，要求各国确保稳定地扩大生产，减少产量和价格的波动。同时，会议提倡全球各国粮食库存应占全球粮食消费量的18%，将其作为维护世界食物供应保障的最低标准。在整个20世纪70年代，关于粮食安全的辩论主要集中在各国能否生产足够的粮食以养活迅速增长的人口这一问题上。

到了20世纪80年代，对粮食安全的观察单元逐渐从国家转向个人。1996年，世界卫生组织在全球粮食安全峰会上对粮食安全进行了重新定义："所有人在任何时候都能在物质上和经济上获得充足、安全和营养的食物，以满足其积极健康生活的饮食需求和食物偏好。"这一表述将"食物安全"的衡量标准从国家整体性粮食供应状况转向以个人为观察单元的"食物权"。

进入21世纪后，虽然用"危机"一词来描绘全球粮食挑战的频率有所下降，但全球性的粮食和食物安全问题依然十分严峻。随着国际贸易的日益密集，粮食商品的全球化导致人口与其赖以生存的土地和水资源之间的联系逐渐减弱。粮食商品的国际交易实际上引发了土地、水资源、碳、氮以及其他陆地资源的跨国转移,而农业生产所带来的环境影响大多仍集中在生产国。贸易的全球化、资源的外部化以及消费者行为、价格波动和气候变化等因素之间建立了复杂的远程联系。在国际贸易中,这些联系对粮食安全的影响往往被忽视。当前,粮食的全球分布呈现出矛盾现象:全球有近20亿人面临超重或肥胖问题,而超过7亿人却遭受饥饿之苦。① 尽管全球生产的食物热量足以养活全世界人口,但某些国家仍长期处于食物短缺的状态。在这些国家,当地人口的粮食需求远远超出了当地可用于粮食生产的土地、水资源、气候和土壤的供应能力。为了维持这种不平衡的状态,要么接受实际粮食消费无法满足需求的事实(从而导致营养不良现象持续存在),要么依赖国际贸易在全球范围内重新分配粮食商品,以满足各地人口的粮食需求。②

总体而言,在当前复杂多变的国际环境中,全球农业治理正面临前所未有的严峻挑战。粮食安全问题尚未得到妥善而有效的解决,各种新的治理难题也不断涌现。俄乌冲突、全球疫情等突发事件不仅对人类构成了巨大的生命威胁,还导致了社会秩序的动荡,更对粮食的生产与供应链造成了严重冲击,增添了全球农业发展的不确定性因素。此外,食品

---

① Food and Agriculture Organization of the United Nations, "In Brief to The State of Food Security and Nutrition in the World 2024," 2024, Accessed December 6, 2024, https://openknowledge.fao.org/items/7d387ffe-9c51-42b3-896a-bc16f128e525.
② D'odorico P, Carr J A, Laio F, et al. "Feeding humanity through global food trade," *Earth's Future* 9 (2014): 458-469.

运输与物流方面的阻碍、边境管控的加强以及贸易中断，进一步加剧了粮食市场的波动与不稳定态势。面对这一连串的挑战，现有的全球农业治理体系暴露出了一定的惰性和效能不足。鉴于此，国际社会普遍呼吁加强并优化全球农业治理机制。这要求我们必须重新审视并改进现有的治理框架，以确保其能够更加灵活、有效地应对当前的复杂局势，保障全球粮食安全，促进农业可持续发展。

三 全球农业治理的共同目标

2000年9月，在联合国千年首脑会议上，世界各国领导人就消除贫穷、饥饿、疾病、文盲、环境恶化和对妇女的歧视，商定了一套有时限的目标和指标。这些目标和指标包括消灭极端贫穷和饥饿，普及小学教育，促进男女平等并赋予妇女权利，降低儿童死亡率，改善产妇保健，与艾滋病毒/艾滋病、疟疾和其他疾病作斗争，确保环境的可持续能力，以及全球合作促进发展。这些目标和指标成为全球议程的核心，统称为千年发展目标，旨在于2015年前实现。千年发展目标是指导国际发展的第一个全球性框架，粮农组织致力于在全球及国家层面推动其实现，特别关注千年发展目标1，即"消除极端贫困和饥饿"，和千年发展目标7，即"确保环境可持续性"。

2015年9月25日，联合国可持续发展峰会在联合国纽约总部召开，193个成员国在峰会上正式通过17项联合国可持续发展目标，指导2015~2030年的全球发展。《2030年可持续发展议程》包括了17个可持续发展目标，这些新的全球目标于2016年1月取代了千年发展目标。在这些可持续发展目标中，消除贫困与饥饿、应对气候变化和维护自然资源、粮食与农业是重点。

概括而言,全球农业治理的共同目标包括粮食安全、可持续农业发展、农民和农村社区福祉、生物多样性保护、气候适应性和应对、公正和包容性以及国际合作和协调等。这些目标旨在实现全球可持续发展议程中关于农业和粮食安全这一奠定基石的目标,并为全球农业提供一个可持续、公正和包容的治理框架。为实现这些目标,国际社会需要加强合作和协调,共同解决全球农业面临的挑战,并促进农业生产方式向可持续性转变,保障农民和农村社区的权益,并为全球环境保护做出积极贡献。

第二节 全球农业治理的主体和规则

当前的全球农业治理体系是在应对复杂多变且具有挑战性的全球农业发展问题的过程中,由以主权国家为核心的多元主体共同构建而成的。在早期发展阶段,全球农业治理的主要责任由各国政府承担,保障粮食供应的稳定性与安全性成为绝大多数主权国家参与全球农业治理的首要目标。随着国家间为解决农业和粮食问题而寻求交流与合作,一系列专业性的国际农业组织相继成立,尤其是在第二次世界大战之后,这类组织在农业领域大量涌现。这些国际农业组织主要分为两大类别:一类是政府间国际组织,其参与主体为各国政府和政府机构;另一类是非政府组织,即民间组织。虽然政府间国际组织的数量不多,但它们在影响力上普遍超越了许多民间组织。随着全球化的深入发展和全球农业治理的日益复杂化,跨国公司、民间社会力量以及技术专家等多元化的治理主体开始扮演更为关键的角色。这种治理主体的多元化,进一步凸显了规则在全球农业治理中的核心地位。规则在协调不同治理主体间的利益关系、维护全球农业秩序方面起到了不可或缺的作用,成为推动全球农业治理体系有效运行的重要基石。

一 全球农业治理的主体分类

(一) 全球农业治理分类标准

本部分主要讨论全球农业治理中的国际组织。根据世界银行《2008年世界发展报告:以农业促进发展》中对全球农业治理主体的分类,全球农业治理主体大致可划分为四类组织:农业和粮食领域的专门组织、有农业项目的发展组织和国际金融组织、其他领域内粮食和农业相关的专门组织、具有协调职能的全球治理机构(见表5-1)。这四类全球组织在实现各国在农业领域的协调机制方面发挥着重要作用。

(二) 全球农业治理核心机构:粮农三机构

在当前的全球农业治理进程中,联合国系统继续扮演着最为关键的角色,成为该体系中最坚实的支柱。在联合国系统中,有三个专门负责国际粮食与农业事务的机构,它们是粮农组织、世界粮食计划署(WFP)和IFAD,这三大机构被统称为联合国粮农三机构。它们共同构成了全球粮食与农业治理体系的核心架构,并在全球农业治理的众多主体中发挥着主导性作用,为推动全球农业可持续发展提供了重要的支持和保障。

表 5-1 全球农业治理主体

			农业和粮食领域的专门组织	有农业项目的发展组织和国际金融组织	其他领域内有粮食和农业相关的专门组织	具有协调职能的全球治理机构
联合国组织	国际组织	国际政府间组织	联合国粮食及农业组织、世界粮食安全委员会、国际农业发展基金、世界粮食计划署、国际食品法典委员会、世界动物卫生组织、全球农村发展捐助平台	世界银行集团、联合国开发计划署、经济合作与发展组织、区域开发银行	联合国环境规划署、政府间气候变化专门委员会、国际劳工组织、全球环境基金、世界卫生组织联合国儿童基金会、世界贸易组织、联合国妇女发展基金	联合国秘书处、大会和安全理事会、联合国经济及社会理事会、G7、G20
		国际非政府间组织	增强营养、国际农业研究磋商组织；全球非政府组织和非营利网络：世界农民组织、农民之路、全球改善营养联盟等；跨国农业综合企业组织：农业新视野、全球收获倡议组织等	以粮食和农业为重点的非政府组织：乐施会、世界饥饿救济组织、外援社国际协会等；私人基金会：洛克菲勒基金会、比尔和梅林达-盖茨基金会等		

		续表
联合国组织	区域组织	欧盟、非洲联盟、亚太经合组织
	次区域组织	南方共同市场
国家	发达国家	美国、英国、德国、日本等
	新兴国家	中国、印度、南非、巴西等
私营部门		阿彻丹尼尔斯米德兰公司、邦吉公司、嘉吉公司、路易达孚等

资料来源：World Bank, "World Development Report 2008: Agriculture for Development," 2007, Accessed December 6, 2024, http://documents.worldbank.org/curated/en/587251468175472382/World-development-report-2008-agriculture-for-development.

粮农组织是联合国系统内最大的技术性机构，它旨在提高各国人民的营养水平和生活水准；提高所有粮农产品的生产和分配效率；改善农村人口的生活状况，促进世界经济的发展，并最终消除饥饿和贫困。粮农组织的工作范围广泛，涵盖了农业、林业、渔业、畜牧业、土地和水资源管理、粮食安全、农业政策、农业统计、农业教育和培训等多个领域，它为各国提供技术援助、政策指导、信息服务、标准制定、国际合作等多种形式的支持。

WFP 是联合国系统内最大的人道主义机构，它旨在以粮食援助为主要手段帮助受援国改善粮食自给制度，消灭饥饿和贫困。WFP 的工作主要包括紧急救援、粮食援助、粮食安全分析、粮食储备管理、粮食运输和物流、粮食购买和分配等。它为受灾害、战争、贫困影响的人群提供了及时的生命救助和恢复性支持。

IFAD 是联合国系统内唯一专注于农业金融和农村扶贫的机构。它通过筹集资金，并以优惠条件将其提供给发展中的成员国，用于发展粮食生产，改善人民营养水平，逐步消除农村贫困。IFAD 的工作主要包括农业投资、农业信贷、农村金融、农村社会发展、农村基础设施建设、农业市场开发、农业保险等，它为农民和农村社区提供了创收的机会和能力。

这三个机构的联合作用在全球范围内推进农业发展、粮食安全和人类福祉。他们之间的协作和协调，也为全球农业治理的有效性和效率提供了保障。

二 全球农业治理的主体演变过程

随着全球格局的持续演变和全球性农业问题的动态发展，全球农业治理的主体正呈现日益丰富多元的发展趋势。各治理主体的影响力与作用也在经历着持续的变化和调整，它们在全球农业治理体系中的角色和地位不断重塑，共同应对和适应着全球化背景下的农业挑战。

(一) 全球农业治理主体的起步

19世纪初至20世纪中叶,各国政府为了有效管理和促进农业生产与发展,采取了设立专门农业部门、颁布相关法律法规和政策等措施。然而,在全球化进程不断加强的当今时代,国家对农业治理的直接控制力和协调能力已经显著减弱。关于如何在全球层面治理农业以解决区域性粮食问题这一议题的讨论最早可追溯到1904年。当时已有倡议提出,世界各国领导人应共同分担粮食和农业领域的挑战,并共享相关知识与经验。美国的波兰裔移民大卫·卢宾曾向意大利国王维托里奥·埃马努埃莱三世提交一份建立国际农业研究所的提案,并获得采纳。1905年5月至6月,在国际农业研究所在罗马举行的会议上,该研究所正式成立。其宗旨是保护农业并推动其现代化,卢宾本人则致力于构建和发展研究所的图书馆资源,使其迅速成为农业科学和政策研究,以及政府和其他专业农业机构的重要参考资源。此外,国际农业研究所在推动政府间粮食合作方面发挥了先驱作用。卢宾的国际农业研究所计划在两次世界大战的动荡背景下历经波折但仍持续推进。第一次世界大战结束后,由于各国间关系日渐紧张,合作意愿减弱,和平共处似乎变得遥不可及。不久后,第二次世界大战的爆发使得情况进一步恶化,国际农业研究所取得的成果因此受限。1920年,自印度经安特卫普港运往巴西的瘤牛在比利时意外地引发了牛瘟,这促使28个国家于1924年签署协议,批准了国际兽疫局(OIE)的成立。[1]

---

[1] World Organization for Animal Health, "History," 2024, Accessed December 6, 2024, https://www.woah.org/en/who-we-are/mission/history/.

(二) 国际农业合作的停滞与重启

第二次世界大战期间,国际组织的发展基本处于停滞状态,农业领域的国际组织同样几乎没有发展。但值得一提的是,乐施会的前身牛津饥荒救济委员会于1942年成立,并在战争期间通过盟军的海上封锁向敌占希腊饥饿的妇女和儿童提供食品,[①]在全球农业领域发挥了不可小觑的作用。1944年,出于战后重建的需要,国际复兴开发银行在于美国召开的布雷顿森林会议后宣告成立,并向被第二次世界大战摧毁的国家提供贷款,其现已扩大为一个由五个发展机构组成的世界银行集团。[②]

(三) 全球农业治理主体的系统化建设

第二次世界大战结束前后,国际组织迎来了崛起的新时代,它们在应对全球粮食危机的紧迫任务中崭露头角,扮演了至关重要的角色。在这一进程中,澳大利亚的农业专家弗兰克·利格特·麦克杜格尔成了关键人物。他不遗余力地倡导农业在抗击营养不良和构建更加公平的经济体系中的核心地位,并向时任美国总统罗斯福阐述了其见解:解决全球冲突和不平等的根本途径在于关注人类生存的基本要素——粮食。罗斯福总统认同了这一观点,意识到建立一个全球性组织的必要性,以团结各国共同对抗饥饿。在这一背景下,同盟国粮食和农业会议于1943年5月18日至6月3日在美国温泉城召开。会议集中讨论

---

① Oxfam, "Our History," 2024, Acessed December 6, 2024, https://www.oxfam.org/en/our-history

② World Bank, "History," 2024, Acessed December 6, 2024, https://www.worldbank.org/en/about/history

了如何解决世界上部分国家粮食过剩而其他国家人民却因饥饿而死亡的不平等现象,并作出决定成立粮农组织筹备委员会,负责起草组织的章程,同时提议将国际农业研究所纳入其框架内。经过精心筹备,1945 年 10 月 16 日,粮农组织在加拿大魁北克正式成立,成为联合国的第一个专门机构,而联合国本身则在八天后正式成立。这一事件不仅标志着全球粮食安全合作的重要进展,也为国际组织的发展开启了新的篇章。①

在 1960 年的粮农组织会议上,美国粮食和平计划署署长乔治·麦戈文提出了一项倡议,建议推出一个跨国食品援助计划。遵循第 16 届联合国大会和第 11 届粮农组织大会的决议,WFP 于 1961 年成立。作为全球最大的人道主义援助机构,WFP 致力于向那些受冲突、灾害和气候变化影响的人提供紧急粮食援助。② 同年,粮农组织第一届欧洲区域会议达成了关于最低食品标准的国际协议,并将食品标准工作交由粮农组织和世界卫生组织共同管理。在 1961 年的粮农组织第 11 届大会上,国际食品法典委员会得以设立,该委员会负责执行粮农组织和世界卫生组织联合制定的食品标准计划。基于这一计划,最终诞生了《食品法典》,为全球食品安全和营养标准设定了重要的参考依据。③ 此外,20 世纪 60 年代初,面对印度发生的严重饥荒,时任粮农组织总干事发起了"摆脱饥饿运动",目的是在全球北方建立委员

---

① Food and Agriculture Organization of the United Nations, "About FAO," 2024, Acessed December 6, 2024, https://www.fao.org/about/about-fao/en/.
② World Food Programme, "Who we are," 2024, Acessed December 6, 2024, https://wfp.org/who-we-are.
③ Food and Agriculture Organization of the United Nations, "About Codex," 2024, Accessed December 6, 2024, https://www.fao.org/fao-who-codexalimentarius/about-codex/history/en/.

会，以支持全球南方的项目。通过这场运动，在海因里希·吕布克（Heinrich Lübke）的呼吁下，德国反饥饿委员会于1962年12月14日成立，并于1967年更名为"救济世界饥饿组织"（Welthungerhilfe）。[①]

联合国系统另一个与农业发展关系密切的组织——联合国开发计划署——于1965年11月22日成立，其前身是联合国技术协助扩大计划署及联合国特别基金。在同一时期，美国提议并在世界银行的支持下创建了国际开发协会，联合国技术协助扩大计划署和特别基金也在进行类似的工作。1962年，联合国经济及社会理事会指示秘书长审视评估合并联合国技术援助方案的利弊，并在随后的进程中，于1965年实现了这些方案的合并，正式成立了联合国开发计划署。[②]

（四）应对全球粮食危机和农业发展问题的国际行动

1974年，联合国系统成立了世界粮食安全委员会，作为其审查和执行粮食安全政策的平台。同年举行的世界粮食会议由联合国主办，旨在应对20世纪70年代初的全球粮食危机。当时，全球粮食短缺导致了广泛的饥荒和营养不良问题，尤其是在非洲国家。世界各国领导人普遍认识到，粮食不安全和饥荒问题并不单纯是粮食生产不足的问题，而更多是与贫困相关的结构性问题。由于发展中国家的大多数贫困人口居住在农村地区，这一状况进一步加剧

[①] Welthungerhilfe, "History of Welthungerhilfe," 2024, Accessed December 6, 2024, https://www.welthungerhilfe.org/about-us/mission-and-vision/anniversary-60-years-of-welthungerhilfe/history-of-welthungerhilfe/.

[②] United Nations Development Programme, "About us," 2024, Accessed December 6, 2024, https://www.undp.org/about-us.

了问题的复杂性。面对这些错综复杂的挑战，会议决定立即建立一个国际发展基金，该基金旨在支持发展中国家开展农业开发项目，重点关注粮食产量的提升。该基金还致力于推动全球农业科学和创新的进步，通过提升生产力来增强应对粮食危机的韧性，从而帮助贫困国家改善其粮食安全状况。在此次会议召开三年后，即1977年，一个专门的国际金融机构IFAD正式成立，致力于支持全球农业发展和保障粮食安全。①

除政府间国际组织外，一些国际非政府组织和私营部门也在快速发展，成为应对全球农业发展问题的重要参与者。例如，1970年，洛克菲勒基金会提议在世界银行常设秘书处下建立一个全球农业研究中心网络。世界银行接受了这一倡议，并率先着手推动国际农业研究磋商组织的成立工作。粮农组织与联合国开发计划署作为联合发起方，与世界银行展开了紧密合作，随后，国际农业发展基金也加入了这一行列。1971年5月19日，CGIAR正式成立，其宗旨是协调各项国际农业研究活动，以减少贫困并实现发展中国家的粮食安全。

此外，在GATT的基础上，WTO于1995年1月1日成立，这是第二次世界大战结束后国际贸易领域的最大改革。在1948年至1994年间，关贸总协定为世界贸易的主要领域制定了规则，并见证了国际商业增长最为迅猛的时期。然而，在这长达47年的岁月里，它一直作为一项临时性的协议存在。关贸总协定主要聚焦于货物贸易，而随后诞生的WTO及其相关协定，在货物贸易的基础上将工作范围扩展至服务贸

---

① International Fund for Agriculture Development, "History," 2024, Accessed December 6, 2024, https：//www.ifad.org/en/history.

易和知识产权领域,并为此类贸易中的争端解决制定了全新的规则框架。①

(五) 全球农业治理主体的多元化进程

进入 21 世纪后,农业领域的各种政府间国际组织和其他组织迅速增多。随着全球化进程的深入和跨国农业挑战的增加,国际社会开始强调多边合作和全球伙伴关系的重要性。农业治理主体的演变涵盖了更多的国际组织、非政府组织、民间社会组织、企业和跨国合作伙伴的参与。这种多元化的参与方式有助于更好地解决全球农业面临的复杂问题。除了联合国系统内的粮农三机构,一些区域性的农业组织,如非洲联盟农业部,也在各自地区推动农业合作和发展。同时,一些跨国公司也在全球农业领域发挥着重要作用,例如,世界四大粮商通过投资、创新、市场开拓等方式,影响着全球农业的生产、加工、分销和消费。此外,还有一些新兴的全球性或跨区域性的农业组织,如全球改善营养联盟、全球农村发展捐助平台、全球收获倡议、世界农民组织等,针对不同的农业议题,它们提供资金、技术、政策等方面的支持。2022 年,世界动物卫生组织也将标识由 OIE 更替为其全名(World Organisation for Animal Health),以体现其在全球动物卫生和福利方面的作用。

为了有效应对农业和食品体系所面临的复杂挑战,不同领域的组织、机构间的协作以及公私伙伴关系模式正在持续演进,推动农业治理的协调与一体化。联合国可持续

---

① World Trade Organization, "History of the Multilateral Trading System," 2024, Accessed December 6, 2024, https://www.wto.org/english/thewto_e/history_e/history_e.htm.

发展目标倡议、全球农业与食品安全项目等举措,在促进跨部门合作与综合治理方面扮演了关键角色。值得注意的是,全球农业治理的主体构成是一个不断演变的过程。随着时代的进步和农业领域面临新挑战,全球农业治理的主体结构可能会继续经历调整和变革,以适应不断变化的全球农业生态环境。

三 全球农业治理的主要规则

全球农业治理规则是一套旨在实现农业可持续发展、确保粮食安全、提升农民福祉、保护生物多样性、应对气候变化等目标的法律法规、政策框架、标准规范、指导原则、行动计划综合体系。这些规则横跨农业生产、农村发展、农业贸易、农业技术、农业环境保护等多个领域和层面,涉及国际、区域、国家、地方各级治理主体和利益相关者。全球农业治理规则的制定与执行是一个持续发展、多元参与、协作推进、协调一致的过程,它要求各方共同努力,适应全球农业领域的持续变化和发展需求。这些规则的来源和表现形式多样。它们主要包括国家间签署的具有法律约束力的公约和协议,以及国际组织或专业机构制定的具有指导意义的国际标准和准则等。诸多规则共同构成了一个复杂而精密的全球农业治理网络,旨在促进全球农业的繁荣与可持续性。

(一) 国际法

随着全球农业贸易的日益频繁,国际法对农业与粮食生产的规范作用越发凸显。在多个国际法领域,农业与粮食议题已成为不容忽视的重要议题。例如,全球环境法领域所涉及的国际水域、森林资源以及大气的使用与保护等，都与农业生产紧密相连。国际人权法则涵盖了涉及农业的劳动权、食物权、生态权和财产权等，这些权利的保障直接影响到农业生产和农户的行为。此外，国际争端解决机制在全球农业贸易中扮演着重要角色，其中包括国际仲裁的程序设计、有效性保障和执行力提升，以及国际组织在解决农业领域争端中所发挥的作用。这些国际法律框架的完善与发展，对于维护全球农业稳定与粮食安全具有重要意义。

国际法是一个包罗万象的领域，在学术分类上主要分为国际公法、国际私法和国内法的国际维度。传统上，国际法的主权主体仅限于国家。然而，随着政府间组织的发展及其作用的显著增强，这一传统视角已经发生了深刻的转变，对国际法参与者的普遍认知也经历了重塑过程。在当今时代，国际组织不仅深度参与国际规则和政策的制定，而且在解决全球性问题和执行相关法律机制方面也发挥着关键作用。一些高度发达的政府间机构甚至构建了自身的法律体系，这一体系被称作超国家法律。例如，欧盟的法律体系就是超国家法律的一个实例，其在国际公法领域内也得到了广泛的认可。特别是在农业领域，国际组织的作用尤为突出，对于促进全球农业政策的制定和实施具有显著影响。

1. 国际公法

国际公法，通常简称为"国际法"，是一个极为广泛的领域。它涵盖了多个层面的法律问题，包括但不限于国家作为国际法律体系核心行为者的相关问题（如国家管辖权、领土完整、国家间相互行为的法律责任等）、国际组织的法律地位（包括其地位、豁免权、国际责任等）、国家边界内个人权利与待遇问题、各类人权议题、国际和平与安全的维护、全球环境保护法规，以及世界贸易规则等。国际公法的法律渊源主要包括国际条约（如公约、协议、盟约、协定、议定书、宪章、非正式协议等形式）、国际惯例法以及一般法律原则等。这些渊源共同构成了国际公法的基础，为国际社会的法律秩序提供了明确的指导和框架。[①]

（1）国际条约

广义的条约是指符合条约定义的以各种名称出现的国际协议的总称。一般来说，公约、条约、协定、议定书、宪章、盟约、规约、换文、宣言、最后议定书、附加议定书等各种不同名称的国际协议只要在实质上符合条约的定义，对当事各方具有法律约束力，它们就都是国际条约。在众多国际条约中，不乏与农业紧密相关的协定。这些条约试图规范各国政府在一系列农业问题上的相互交往与合作。GATT是众多对国际农业法律体系产生重要影响的国际协定之一。此外，依据关贸总协定在WTO框架下制定的其他协定，如《卫生与植物卫生措施协议》和《与贸易有关的知识产权协议》，也对国际农业法的发展产生了深远的影响。《与贸易有关的知识产权协定》涉及并规定了多个农业和食品领域的要求（例如，地理标志、激素的使用、植物新品种、转基因植物等）。

其他对国际农业法具有辅助作用的贸易协定涵盖了区域自由贸易协定、双边自由贸易协定和针对具体问题的贸易协定。欧洲联盟协定（例如，1989年欧盟和美国就活体动物和动物产品贸易中保护公众和动物健康的卫生措施达成会议协定，即美国与欧盟关于荷尔蒙牛肉贸易的临时协定）、美洲国家组织协定（如1979年《美洲农业合作研究所公约》）、非

---

① International Court of Justice, "Statute of the International Court of Justice," 2024, Accessed December 6, 2024, https://www.icj-cij.org/index.php/statute.

洲联盟协定（如1967年《非洲植物检疫公约》）、东南亚国家联盟协定（如《农林协定》）和超国家区域组织的其他协定属于区域性国际协定范畴。多个国家之间任何规范农产品贸易问题的协议，均构成了国际农业法的重要来源。

影响国际农业的其他类型的协定包括关于濒危物种和环境保护的协定，如《联合国气候变化框架公约》《保护和改善边境地区环境北美合作协定》《欧洲国际运输过程中保护动物公约》。①

（2）国际惯例法

国际惯例法，也称习惯国际法，源自特定国家反复实践的行为模式。这些行为模式随着时间的推移被国际社会广泛接受，并基于一种认为此类行为应被遵守的普遍信念而逐渐形成。当各国出于义务感始终如一地遵循这些法律原则时，这些法律原则最终被视为具有约束力的习惯国际法。

习惯国际法影响农业的一个领域是管理跨越国界的资源的使用。这可能引发有关水权或上游国家可以从河流中获取多少灌溉水量的争议。随着时间的推移，上游国家可能会限制其公民可以获取的水量，从而保证下游国家能获取最低限度的水量。经过足够长的时间后，上游国家可能会开始将这种维持最小水流量的做法视为需要履行的义务。这些情况将促成习惯国际法的产生。

（3）一般法律原则

当协定和习惯法无法解决法律问题时，世界主要法律制度中的一般法律原则可以成为国际法的来源。国际法的这一

---

① National Agricultural Law Center, "International Agricultural Law and Organizations－An Overview," 2024, Accessed December 6, 2024, https：//nationalaglawcenter. org/overview/international-law-organizations/.

渊源基于这样一种理念：如果一项原则在多个法律制度中得到承认并被普遍接受，那么将其用于指导各国是适当的。一般法律原则也可以在国际宣言中找到体现。例如，《里约环境与发展宣言》（1992年）确立了重要的可持续发展共识，为各国在环境与发展领域采取行动和开展国际合作提供了指导原则。

(4) 公认的学术著作

在解释国际法时，学术研究往往具有重要的说服力，这些研究通常以司法意见、学术著作以及国家实践和义务的证据为依据。虽然学术著作通常被视为不具约束力的来源，或所谓的"软法律"，但在某些情况下，它可以证明某一特定国家实践应被承认为习惯法，或某一特定法律原则应被广泛接受并适用于国际法问题。

2. 国际私法

国际私法适用于涉及多国法律时人与人之间的纠纷。最常见的农业纠纷发生在私人当事方之间。如果这些当事方国籍不同，或至少是在不同国家的领土上行事，那么其争端的解决将涉及国际私法。国际私法的几乎所有领域都可能涉及农业（例如，财产条例、消费者保护、货币、农业保险、农业承包、银行条例和知识产权问题等）。国际私法通常也来源于国际条约、国际惯例、国际法的一般法律原则和公认的学术著作。

3. 国内法（国内法的国际部分）

国内法是国际法的一个重要组成部分，因为主权国家有权规范国际各方当事人在其境内的活动。这类国内法可以管理一国境内的外国农业。例如，国内标准可以规定在一个国家内允许销售什么类型的农产品。这些法律会影响到希望在该国境内销售其货物的国际当事方。关税或贸易禁运等其他国内法也通过影响贸易来影响外国农业利益。

生物技术立法提供了可能影响国际农业和粮食分配的国内法的另一例证。知识产权对于那些希望保护自己在含有生物技术的农产品上的投资的公司很重要。虽然已经达成了解决这一问题的国际协议（例如欧盟《关于生物技术发明的法律保护指令》），但每个国家保护知识产权的制度或执法水平影响了其获得某些技术的能力。一些国家还会限制使用或进口含有生物技术的农产品，从而影响国际农业。①

（二）政府间国际组织设定的农业规则

国际组织在全球农业领域扮演着举足轻重的角色，这些组织或是基于国际协定而成立，或是主要由主权国家作为成员构成。广义上，"国际组织"这一术语涵盖了多种类型的机构，包括政府间国际组织和国际非政府组织等。其中，政府间国际组织通常被视为受国际公法约束的实体，而国际非政府组织和跨国公司则更多地遵循国际私法和国内法律规范。总体而言，根据现行的国际法体系，"国际组织"这一概念在很大程度上仍然特指政府间组织，它们主导制定了诸多农业相关规则。

1. 食品及农产品相关规则

（1）国际食品法典

国际食品法典委员会是由粮农组织与世界卫生组织共同创建的机构，负责制定食品标准、准则以及粮农组织和世界

---

① National Agricultural Law Center, "International Agricultural Law and Organizations - An Overview," 2024, Accessed December 6, 2024, https://nationalaglawcenter.org/overview/international-law-organizations/.

卫生组织联合食品标准计划下的行为守则——《食品法典》。这些标准旨在保护消费者的健康,确保食品贸易中的公平贸易做法,并协调政府间国际组织和非政府间国际组织开展的所有食品标准工作。国际食品法典委员会的主要工作是编制国际食品标准。国际食品法典委员会下设的负责标准制定的两类组织分别是涉及食品添加剂、污染物、食品标签、食品卫生、农药兽药残留、进出口检验和查证体系以及分析和采样方法等的综合主题委员会(或称横向委员会),以及涉及鱼、肉、奶、油脂、水果、蔬菜等的商品委员会(或称纵向委员会)。两类委员会通过分别制定食品的横向(针对所有食品)和纵向(针对不同食品)规定,建立了一套完整的食品国际标准体系,以食品法典的形式向所有成员国发布。[1] 如今,食品法典已成为消费者、食品生产者和加工者、国家食品控制机构以及国际食品贸易的全球参考标准。同时,WTO的《卫生与植物检疫措施协定》也将食品法典委员会指定为有关食品安全的标准制定组织。食品法典标准也被证明是WTO争端解决机制的重要参考点。[2] 食品法典标准有助于提高国际食品贸易的安全性、质量和公正性,有助于制定明确的食品定义与要求,推动这些标准在全球范围内的协调统一,进而促进国际贸易的顺畅发展。

(2) 欧盟 GLOBALG. A. P. 标准

GLOBALG. A. P. 起源于 1997 年的 EUREPGAP (欧盟良

---

[1] Food and Agriculture Organization of the United Nations, "About Codex Alimentarius," 2024, Accessed December 6, 2024, https://www.fao.org/fao-who-codexalimentarius/about-codex/en/.

[2] National Agricultural Law Center, "International Agricultural Law and Organizations - An Overview," 2024, Accessed December 6, 2024, https://nationalaglawcenter.org/overview/international-law-organizations/.

好农业规范)。EUREPGAP 是由欧洲 22 家大型零售连锁店推动的标准认证体系，它制定了相关农业准则和程序。EUREPGAP 标准帮助生产商遵守欧洲公认的食品安全标准、可持续生产方法、保障工人及动物福利，并确保水资源、复合饲料及植物繁育材料的安全合理使用等。EUREPGAP 认证属于非强制性认证，但 EUREPGAP 认证在欧洲地区已得到全面推行，美国、加拿大、日本等国家的高端市场也相继参照执行。实施了此认证的企业，进入欧盟市场将更加方便。为了反映其全球影响力和成为领先的国际 GPA 标准的目标，EUREPGAP 于 2007 年更名为 GLOBALG. A. P. 。① 作为国际公认的农业生产标准，GLOBALG. A. P. 认证涵盖：食品安全和可追溯性、环境（包括生物多样性）、工人的健康安全和福利、动物福利、作物综合管理、病虫害综合防治、质量管理体系以及危害分析和关键控制点（HACCP）。经过认证的水果和蔬菜、养殖海鲜和藻类、花卉和植物可在包装上使用 GGN 标签。GGN 标签是 GLOBALG. A. P. 为消费者提供的一个标识，旨在为消费者提供一致的品质保证与精准定位，建立可信任的透明系统。②

2. 植物保护相关规则

国际植物检疫措施标准（ISPMs）

国际植物检疫措施标准是植物检疫措施委员会通过的标准，该委员会是《国际植物保护公约》的理事机构，同时也是粮农组织的法定机构。《国际植物保护公约》是由 180 多个

---

① Food and Agriculture Organization of the United Nations, "Overview of Existing Standards and Certification Programmes," 2024, Accessed December 6, 2024, https://www.fao.org/3/y5136e/y5136e08.htm#TopOfPage.

② GLOBALG. A. P., "GGN Label," 2024, Accessed December 6, 2024, https://www.globalgap.org/ggn/.

国家签署的政府间条约，旨在防止有害生物的传播与入侵，以保护全球植物资源，同时促进安全的国际贸易，而粮农组织也为此建立了全球唯一的植物健康标准制定机制。《国际植物检疫措施标准》旨在保护可持续农业，加强全球粮食安全，保护环境、森林和生物多样性，以及促进经贸发展。①

《国际植物保护公约》是受 WTO《动植物卫生检疫措施协定》、食品法典委员会食品安全标准委员会，以及 WOAH 的动物卫生标准所认可的"三姐妹"之一。

3. 动物保护相关规则

在当前全球化趋势下，动物卫生措施对于促进动物和动物产品的安全国际贸易变得日益重要。《动植物卫生检疫措施协定》鼓励 WTO 成员以国际标准、准则和建议（如果有的话）采取卫生措施。WOAH（前身为 OIE）是 WTO 动物健康和人畜共患病相关标准的参考组织。② WOAH 作为动物健康的唯一国际参考组织，通过发布动物和动物产品国际贸易的健康标准来保护世界贸易，其制定的与规则相关的规范性文件包括《陆地动物卫生法典》《陆生动物诊断检测和疫苗手册》《水生动物卫生法典》和《水生动物诊断检测手册》。WOAH 与食品法典委员会之间也建立了协作机制，为动物源性食品的安全制定标准。

4. 农业贸易相关规则③

WTO 在农业贸易规则和粮食安全管理体系中占有重要地

---

① International Plant Protection Convention, "Adopted Standards (ISPMs)," 2024, Accessed December 6, 2024, https://www.ippc.int/zh/core-activities/standards-setting/ispms/.

② World Organization for Animal Health, "Standards," 2024, Accessed December 6, 2024, https://www.woah.org/en/what-we-do/standards/.

③ 张玉荣、王瑛、陆冰洁：《世界贸易组织——规则与运用》，北京：清华大学出版社，2020。

位。WTO 于 1995 年 1 月 1 日成立并作为规范和协调全球经贸关系的国际组织正式开始运作。在 WTO 正式运作之前，成立于 1947 年的 GATT 一直以临时适用的多边协定形式存在，肩负着协调、处理缔约方间关税与贸易的职能，成为多边贸易体制的组织和法律基础。

在第二次世界大战后的大部分时间里，农业贸易实际上被排除在多边贸易规则之外，在 GATT 框架下获得了一系列豁免。在此期间，包括美国、加拿大、欧洲共同体成员国、日本、挪威和瑞士在内的一些高收入国家为农业提供较高的关税保护和扭曲贸易的农业补贴。在"乌拉圭回合"谈判期间，贸易谈判代表同意将农业纳入多边贸易规则，并对扭曲贸易的支持措施和关税设定限制。他们还同意将边境上的非关税措施转变为关税，这一过程被称为"关税化"。经过谈判，最终在 1993 年 12 月 15 日达成了《农业协议》（AOA），所有 WTO 成员都承诺进行长期的农业改革，建立一个以市场为导向的农产品贸易体制，使农产品贸易更加公平和逐步自由化。

《农业协议》主要从市场准入、国内支持、出口竞争等方面对成员作出约束，这是 GATT 的基本原则和规则在国际农产品贸易领域的具体应用。

（1）市场准入

由于许多国家，尤其是发达国家用关税及非关税壁垒来限制他国农产品进入其国内市场，导致了世界农产品贸易的不公平竞争，妨碍了农产品贸易自由化的实现。为此，AOA 要求各方尽力排除非关税措施的干扰，并通过将非关税壁垒关税化、禁止使用新的非关税壁垒的规定来削减农业贸易领域现存的非关税壁垒。此外，各方还达成了增加农产品市场准入机会的协议,以保证一定水平的市场准入,促进农产品贸易自由化的实现。

(2) 国内支持

各国各地区采取措施支持农业生产,既有其必要性,但也是造成国际农产品贸易不公平竞争的主要原因之一。"乌拉圭回合"农产品贸易谈判就如何区分"贸易扭曲性生产措施"和"非贸易扭曲性生产措施"进行了讨论,最终达成的《农业协议》对不同的国内农产品支持措施进行分类处理。

a. "绿箱"(GreenBox)措施。"绿箱"措施是指由成员政府提供的、其费用不转嫁给消费者且对生产者不具有价格支持作用的政府服务计划。这些措施对农产品贸易和农业生产不会产生或者仅有微小的扭曲影响,可以继续保留,成员无须承担约束和削减的义务。

b. "黄箱"(AmberBox)措施。"黄箱"措施是指成员政府对农产品的直接价格干预和补贴,包括对种子,肥料、灌溉等农业投入品的补贴,对农产品营销贷款的补贴等。这些措施对农产品贸易会产生扭曲,对超过农业生产总值比重的补贴,成员必须承担约束和削减补贴义务。对不高于该比重(占比重为微量)的补贴,成员则不需要削减。

c. "蓝箱"(Blue Box)措施。"蓝箱"措施是指成员政府为了保持生态环境和土地生息,强迫部分土地休耕和约束养畜数量,为此对给农业生产者和畜牧业者造成的收入损失予以补贴。这些补贴与政府对农畜品的限产计划有关,继续保留,成员无须承担削减义务。

(3) 出口补贴

出口补贴是指依据出口行为而给予的补贴。这是一项对贸易产生严重扭曲的政策措施,"乌拉圭回合"之前的各轮谈判只是成功地对工业品出口补贴进行了限制。AOA规定,不禁止成员对农产品出口实行补贴,但要削减这些出口补贴。

(1) 削减出口补贴的基准并削减程度;
(2) 削减承诺约束的出口补贴;
(3) 禁止实施未采取过的补贴;
(4) 遵守卫生与植物卫生措施协议。

(三) 国际非政府组织设定的农业相关规则

国际非政府组织的运作大多相对独立于政府控制或干预,致力于推动公共利益或特定群体的福祉。在农业领域,众多国际非政府组织积极投身于农业研究、政策倡导、教育培训、技术援助以及监督评估等多个方面,为农业发展贡献力量。这些组织制定的规则虽不具备法律强制性,但因其专业性和权威性而广受认可,对农业实践和政策的制定与实施产生显著的影响和指导作用。

1. 国际标准化组织(ISO)标准

尽管ISO自我定位为一个非营利性的非政府组织,并不属于法律意义上的国际政府间组织,但实际上,各国政府对ISO体系有着深入的参与和广泛认可。长期以来,ISO在全球范围内被公认为最重要的自愿性国际协调行业标准制定机构之一。其成员构成多元,涵盖了政府机构、半官方机构、三方机构以及非政府组织,其中后者通常由行业代表组成。按照规定,每个国家或地区仅能有一个机构成为ISO的正式成员。ISO自1947年成立以来,便在日内瓦设立了中央秘书处,以协调和推动其国际标准化工作。① ISO 主导制定了大量与农业和食品相关的国际标准。ISO 在食品领域的国际标准制定工作主要由 ISO/TC 34 食品技术委员会负责，在该委员会制定的食品安全标准中，ISO 22000 系列标准的应用最为广泛，它涵盖了水果、蔬菜、谷物、豆类、乳制品、禽类、肉类和鱼类等多个食品类别，为全球食品安全管理提供了重要指导。②

同时，ISO 的农业标准几乎涵盖了农业的所有方面，从灌溉和 GPS 到农业机械、动物福利和可持续农场管理。它们帮助推广有效的耕作方法，同时确保供应链上的所有环节——从农场到餐桌——都达到足够的安全和质量水平。在 ISO 总共 21500 多个国际标准中，有 1000 多个与农业有关，覆盖的领域包括：农业用拖拉机和机械、灌溉、肥料和土壤改良剂、饲料机械及动物饲料、环境影响、防护服、农业电子技术、食品及安全，涉及 ISO 农业标准制定方面的技术委员会包括 ISO/TC 23、ISO/TC 34、ISO/TC 207、ISO/TC 134、ISO/TC 94/SC 13、ISO/TC 23/SC 18、ISO/TC 34/SC 10 等。③

2. SA8000 标准

社会责任标准 SA8000 是由社会责任国际组织（SAI）于 1998 年制定的工作场所标准，SA8000 标准基于国际公认的体

---

① Food and Agriculture Organization of the United Nations, "Overview of Existing Standards and Certification Programmes," 2024, Accessed December 6, 2024, https://www.fao.org/3/y5136e/y5136e08.htm#TopOfPage.

② 福建省标准化研究院：《食品与农产品》，2021，最后访问日期：2024 年 12 月 6 日，http://www.fjbz.org.cn/ESacGov/WebSite/Upload/2127spyncp/2127_1053173_17.html.

③ International Organization for Standardization, "ISO and Agriculture," 2017, Accessed December 6, 2024, ISBN: 9789267107356. https://www.iso.org/files/live/sites/isoorg/files/store/en/PUB100412.pdf.

面工作标准,包括《世界人权宣言》、国际劳工组织公约和国家法律。该标准促进国际劳工组织关于社会正义和工作条件的公约的实施。① 相关措施包括禁止童工或强迫劳动、执行安全和健康的工作环境、结社自由权和集体谈判权、工作时间、工资、不受歧视和社会保障的要求等标准。这些标准最初是为制造业制定的,并于2000年被批准用于农业部门。

3. 农业环境指标

"农业环境指标"是由CGIAR制定的一套用于评估农业对环境的影响和贡献的指标,旨在为农业研究、政策和实践提供科学的、可操作的、可比较的和可沟通的信息,以促进农业的可持续发展和环境保护。它包括以下四个方面:②

农业生态系统服务:指农业生态系统提供的有益于人类福祉的服务,如水资源调节、土壤保持、生物多样性保护、碳汇等。

农业环境压力:指农业活动对环境造成的负面影响,如水污染、土壤退化、生物多样性损失、温室气体排放等。

农业环境适应能力:指农业系统应对环境变化和灾害的能力,如抗旱、抗病、抗虫、抗盐等。

农业环境管理:指农业系统采取的改善环境状况和提高环境效率的措施,如节水、减肥、有机农业、生态农业等。

(四)发达国家设定的农业相关规则

发达国家在全球农业治理中发挥着重要的作用,它们设

---

① Social Accountability International, "SA8000 Standard," 2024, Accessed December 6, 2024, https://sa-intl.org/programs/sa8000/.

② Consultative Group on International Agricultural Research (CGIAR), "The measure of agroecology," 2022, Accessed December 6, 2024, https://www.cgiar.org/news-events/news/the-measure-of-agroecology/.

定了一些农业相关的规则标准，以保护和促进本国和全球的农业利益。这些规则反映了发达国家在全球农业治理中的地位和影响力，也体现了发达国家在全球农业治理中的责任和义务。

1. 美国 USDA 标准

美国农业部（USDA）是美国政府的一个执行机构，成立于 1862 年。美国农业部的农产品等级标准是依据美国《农业销售法》制定的，标明了农产品的不同质量等级。[①] 农产品质量等级标准是基于产品可测量的属性，这些属性可明确描述产品的价值和效用。例如，牛肉的质量等级标准就是基于每个等级牛肉的纹理、色泽、肉质松紧程度和质感等属性。消费者可以通过农产品质量等级标准的分级，对农产品进行更便捷的挑选。同时，美国农业部还因其有机认证领域内权威、严苛的标准，成为全球闻名的有机认证机构之一。

2. 日本 JAS 标准

日本的农业标准化管理制度（JAS），是基于日本农林水产省制定的《关于农林物质标准化及质量标识正确化的法律》所建立的对日本农林产品及其加工产品进行标准化管理的制度。[②] JAS 标准覆盖的产品种类包括：食品、饮料和油脂；农业、林业、家畜和水产品及以此为原料的加工品。任何在日本市场上销售的农林产品及其加工品（括食品）都必须接受 JAS 制度的监管，没有 JAS 标志的产品仍可以在市场上销售，但日本的消费者更信赖并倾向于购买经过 JAS 合格评定的产品。

[①] U. S. Department of Agriculture, "Grades and Standard," 2024, Accessed December 6, 2024, https：//www. ams. usda. gov/grades-standards.

[②] Ministry of Agriculture, Forestry and Fisheries, "Japanese Agricultural Standards," 2022, Accessed December 6, 2024, https：//www. maff. go. jp/e/policies/standard/jas/.

3. 英国 BRC 标准

英国零售商协会（BRC）于 1998 年为食品供应商制定了第一版 BRC 食品技术标准和协议，旨在帮助食品行业遵守英国和欧盟的食品安全法。2016 年，BRC Global Standards 被 LGC 集团收购，从此它们不再由英国零售商协会控制和管理。BRC（现改名 BRCGS）目前是全球最受欢迎的食品安全认证标准之一，已被世界各地的食品制造商采用，特别是那些为英国零售商供货的组织。最新发布的第九版 BRCGS 全球食品安全标准，不仅涵盖了食品安全、质量管理和过程控制等关键领域，还新增了食品安全文化、食品欺诈防控和环境监测等方面的要求。该标准的核心要求包括：实施 HACCP 体系以预防食品安全危害，建立完善的食品安全质量管理体系，以及对工厂环境标准、产品、流程和人员进行全面监督。BRCGS 认证因其全面且高效的合规解决方案而广受认可。其科学严谨的标准帮助企业系统化管理食品安全，降低风险，提升运营效率。此外，BRCGS 体系不仅满足客户和法规要求，还增强了品牌信誉和市场竞争力，使企业更容易进入国际供应链。正因如此，众多企业选择并认可这一标准。[①]

4. 德国和法国 IFS 标准

2002 年，为了建立共同的食品安全标准，德国食品零售商联合会制定了名为国际食品标准（IFS）的食品供应商质量体系审核标准。2003 年，法国零售和批发商联合会加入了 IFS 工作组并参与标准的共同制定。IFS 认证被德国和法国的零售商广泛接受，许多欧洲知名超市集团在选择食品供应商

---

① British Retail Consortium Global Standard, "Food Safety," 2021, Accessed December 6, 2024, https://www.brcgs.com/our-standards/food-safety/benefits/.

时也要求供应商通过 IFS 审核。IFS 标准是全球食品安全倡议的基准标准，适用于制造商、批发商、分销商、代理商和经纪人。IFS 标准在解决食品安全和产品质量管理问题方面的应用包括：食品和配料制造、食品包装制造、消费品包装、储存、配送、分配和物流、宠物食品制造。

CHAPTER

6

第六章

全球未来农业

随着现代科技的飞速发展，绿色农业、数字农业、基因农业以及以营养为导向的农业生产模式正不断革新和演进，全球未来农业的发展态势已呈现不可逆转的趋势。这些新兴的农业形式不仅推动了传统农业的转型升级，也为全球粮食安全、生态环境保护和社会经济发展注入了新的活力，给全球农业治理带来一系列新变化。

第一节 以生态理念为核心的绿色农业

绿色象征着农业的本质，绿色农业代表着现代农业发展的新趋势，它具备协同性、系统性和创新性等显著特征。本节从政策演进的视角出发，详细回顾全球绿色农业发展的三个主要阶段，并深入探讨欧盟的共同农业政策、日本的绿色农业发展实践，以及绿色农业领域的先进技术案例，分析全球绿色农业发展所面临的主要挑战。

一 绿色农业的概念

第二次世界大战结束后，发达国家推崇的石油农业和发展中国家推行的"绿色革命"[①]，在迅速提高农业产出的同时，也引发了严重的生态问题和诸多的环境污染事件。对此的深刻

---

① 陈厚基：《当代世界"持续农业"和农村发展的理论与实践》，《地域研究与开发》1994年第2期。

反思所引发的新环保运动,开启了基于可持续发展目标的绿色农业理念。农业可持续发展早期主要以有机农业、生态农业、循环农业、自然农业、可持续农业等形式体现,之后逐渐向以资源节约、环境友好和产品安全为核心的绿色农业演变。[1] 绿色农业于20世纪上半叶萌芽于欧美地区,全球各国对于绿色农业至今没有统一的定义。"可持续农业"概念最早由澳大利亚农学家高登·麦克利蒙特(Gordon McClymont)于1950年提出。根据联合国的定义,可持续农业在提升环境质量、高效利用资源、维持经济可持续发展方面发挥了重要作用,其宗旨是为减少贫困和保障粮食安全作出重要贡献。

在我国,绿色农业是面对农业和农村经济进入新的发展阶段而探索出的更适合我国国情的新的农业发展模式。虽然我国提出绿色农业概念的时间较晚,但其内涵与国外可持续农业的内涵基本一致。2003年10月,中国绿色食品协会在北京主持召开了"亚太地区绿色食品与有机农业市场通道建设国际研讨会",这是一次有关我国农业发展的盛会,在会上中国绿色食品协会的专家首次提出了"绿色农业"的概念。[2] 金光风认为绿色农业包括生态农业、高效农业与管理农业;[3] 严立冬指出绿色农业是以科技投入为基础,集节约能源、保护与改善农业生态环境于一体的新型农业发展模式;[4] 刘连馥认为,绿色农业是指充分运用先进科学技术、先进工业装备和

---

[1] 漆雁斌等:《中国绿色农业发展:生产水平测度、空间差异及收敛性分析》,《农业技术经济》2020年第4期。
[2] 王德胜:《绿色农业的发展现状与未来展望》,《中国农业资源与区划》2016年第2期。
[3] 金光风:《农业大国的富裕之路——绿色食品开发战略》,《农业经济问题》2000年第1期。
[4] 严立冬:《绿色农业发展与财政支持》,《农业经济问题》2003年第10期。

先进管理理念，以促进农产品安全、生态安全、资源安全和提高农业综合经济效益的协调统一为目标，以倡导农产品标准化为手段，推动人类社会和经济全面、协调、可持续发展的农业发展模式。① 综合上述定义，绿色农业是基于生态学的原理，以全面、协调、可持续发展为原则，以在提高农业综合经济效益的同时实现资源节约型和环境友好型绿色农业为目标，以环保技术为支撑，采用先进的技术、装备和管理理念，注重资源的有效利用和合理配置，集保护生态环境、发展农业生产于一体的农业发展模式。

二　绿色农业的特征

（一）协同性

绿色农业以经济、社会、生态环境的可持续发展为目标。农业绿色发展的核心在于统筹协调农业发展的经济效益、社会效益、环境效益和生态效益，旨在实现资源节约、环境友好、生态保育、质量高效，强调农业产地环境、生产过程和农产品均要实现绿色化。② 发展绿色农业不是对资源和生态环境的竭泽而渔，而是要在发展中保护、在保护中发展，强调经济、社会发展和生态环境的协调统一。这是一种建立在农业资源环境承载力约束条件下的发展方式。发展绿色农业，需要实现自然资源禀赋、农业劳动力、农业资本、产业组织水平和技术创新能力的协同发展，避免明显的短板，推动生产力和效率的变革。

---

① 刘连馥：《绿色农业的由来》，《中国报道》2007年第3期。
② 魏琦等：《中国农业绿色发展指数构建及区域比较研究》，《农业经济问题》2018年第11期。

(二) 系统性

相较于传统农业，绿色农业更关注农业系统、生态系统和社会系统的统一。绿色农业是由生物体、环境和人类社会劳动三大要素组成的整体，是一个多功能的复合型体系，其中任何一个要素出现非绿色问题，绿色农业就会失去存在的基础。① 绿色农业不仅涉及农业生产生活方式的绿色化和生态化，还涵盖了农业资源保护、农业生态系统修复等内容。同时，绿色农业还肩负保障从农田到餐桌的全过程安全的使命。从可持续的发展观来看，农业生产应该在一个相互联系的生态体系中进行，生态环境既是生产生活的空间，也是生产资料供给的源泉，又是各种生物生存的栖息地。从目标导向来看，绿色农业是自然生态系统、经济生产系统、社会治理系统的融合，目的是实现农业生产的经济效益、社会效益和生态效益的统一。

(三) 创新性

发展绿色农业是应对新时代农业农村机遇与挑战的创新性发展方向，其本质要求我们改变以往单纯追求产量、供给和资源消耗的方式，转而更加注重质量的提升，更加注重有效供给，同时强调资源节约和环境友好，注重实现可持续发展。② 创新是绿色农业的核心价值，它在绿色农业的发展中主要体现在对生产要素的合理分配，以及对农业科技人才的充分利用上。绿色农业的创新性还体现在，它在吸收传统农业

---

① 刘华楠等：《绿色农业：中国 21 世纪食品安全的产业支撑》，《农村经济》2002 年第 12 期。
② 焦翔：《我国农业绿色发展现状、问题及对策》，《农业经济》2019 年第 7 期。

精华的基础上,通过引入先进的工业装备、科学技术和现代管理理念,实现生态与生产的优化组合,建立一个优良的生态环境,确保农产品安全、生态安全和资源安全,提高农业的综合经济效益,以增加农民收入、企业收入和财政收入,进而实现社会、生态和经济效益协调发展。

三 全球绿色农业发展历程

从全球范围来看,走可持续发展的绿色农业道路已成为世界各国农业发展的共同选择。无论是美国的可持续农业,俄国的"生态农业",荷兰的高效生态农业,日本的"自然农业",法国的"环保农业",丹麦的"有机农业",以色列的"节约农业",还是德国和英国的"生物农业",以及印度、墨西哥等国家倡导的低成本高效农业,都是对绿色农业发展的有益尝试。基于学界对全球绿色发展演变的定义,① 全球绿色农业发展可分为三个主要阶段。

(一) 初期探索阶段

20世纪20年代,绿色农业在欧洲开始兴起,并在20世纪30年代至40年代在英国、德国、美国等国家得到了一定的发展。最初,绿色农产品仅仅是为了满足少部分人的需求,针对某一类产品和市场进行自发生产。英国是最早进行绿色农产品种植、实验和生产的国家之一,成立了相关的协会和社团,共同探索和发展绿色农业。自20世纪30年代初,英

---

① 刘濛:《国外绿色农业发展及对中国的启示》,《世界农业》2013第1期;冯丹萌等:《发达国家农业绿色发展的政策演进及启示》,《农村工作通讯》2019年第4期;李周:《中国农业绿色发展:制度演化与实践行动》,《求索》2022年第5期。

国农学家艾尔伯特·霍华德（Albert Howard）提出有机农业的概念并组织相应的试验与推广活动以来，有机农业在英国得到了广泛发展。有机农业作为高标准的绿色生产方式，是农业绿色转型和生态环境保护耦合发展的重要途径。[1] 美国是世界上较早推行有机农业的国家之一。自 20 世纪 40 年代以来，在民间的积极推动和政府政策支持的双重驱动下，有机农业在美国得到了一定程度的推广，在农业绿色发展以及为消费者提供健康优质农产品等方面发挥了重要的作用。在 20 世纪早期，美国的一些农场尝试放弃化学肥料和农药的使用，恢复有机生产。1940 年，美国第一个有机农场罗代尔农场成立，开始了有机农业生产实践。[2] 罗代尔也因此成为美国绿色农业的先驱。绿色农业在本阶段的发展过程中，强调用新技术与新手段代替传统做法，从而实现自然循环的科学模式。然而，科学技术的欠缺和普遍的不认同导致绿色农业的发展极其缓慢。在同时期的中国，以毛泽东同志为主要代表的中国共产党人从改善农业生产条件、增加农业产量出发，提出林木保护、荒山荒坡造林、全民植树造林和兴修水利、根治水患等具有绿色发展含义的主张，并把这些措施作为防止水旱灾害的根本方法，以增强自然环境对农业生产的适应性。

（二）快速发展阶段

20 世纪中后期，随着发达国家工业的高速发展，环境污染问题日益严重。为了缓解环境污染带来的不良影响，发达

---

[1] 张弛等：《生态环境视角下有机农业发展助推环境保护与绿色发展（1994—2019）》，《农业资源与环境学报》2019 年第 6 期。

[2] 穆建华等：《美国有机农业发展及对我国的启示》，《中国食物与营养》2021 年第 3 期。

国家开始采取大规模、高强度的农业绿色发展措施，不断完善生产结构和政策法律体系，有力推动了农业绿色的发展。1950~1990年，美国政府相继出台《农产品贸易发展和援助法》《粮食安全法》《食品、农业、水土保持和贸易法》，提出了"土地休耕计划""土壤保护计划""沼泽地保护计划""乡村发展计划"等一系列举措，旨在保护和推动农业绿色发展。20世纪70年代，日本提出减少农业污染、提高农产品品质的议题，并于1971年成立了日本有机农业研究会，拉开了日本农业绿色发展的序幕。1972年，国际绿色农业运动联盟在法国成立。菲律宾是东南亚地区开展生态农业建设起步较早、发展较快的国家之一。玛雅农场是一个具有世界影响力的典型案例。1980年，菲律宾在玛雅农场召开了国际会议，与会者对该生态农场给予了高度评价。绿色发展理念在发达国家农业发展中的融合度不断提高。在同时期的中国，1982年，中央一号文件强调农业应当走对生态环境有利的发展道路。按照中央文件的要求，农业部自20世纪80年代初就开始了生态农业试点村的试验示范工作。1984年发布的《国务院关于环境保护工作的决定》提出要保护农业生态环境，积极推广生态农业，防止农业环境的污染和破坏。1989年出台的《中华人民共和国环境保护法》将加强农业环境的保护写入了法律条文。

中日两国同属于东亚小农制经营体系，同样面临农业工业化带来的环境污染与农村可持续发展问题，农业绿色发展是中日两国农业可持续发展的共同追求。[①] 以下介绍日本的农业绿色发展政策：

---

① 何微等：《日本农业绿色发展现状、特点及对中国的启示》，《农业展望》2022年第6期。

案例 6-1　日本农业绿色发展政策

日本国土面积小、人口密度大，是东亚典型的"人多地少"的小农国家。第二次世界大战后，为推动经济增长，日本农业政策的核心是稳定和提高农业生产。然而，一味追求农业产量导致环境受到严重污染，农产品品质也随之下降。随后，日本政府颁布了一系列以农业绿色发展为目标的政策，在保证农产品产量与质量的同时加强环境保护。如今，日本农产品的高品质和绿色环保已得到国际认可。

整体来看，日本农业绿色发展可分为四个阶段（见表6-1）：一是初步萌芽期（20世纪40~60年代），这一阶段日本的绿色发展意识尚处于初步萌芽期，农业发展目标以提高产量与经济发展为主，造成的环境污染并未引起太多重视；二是加强监管期（20世纪70~80年代），这一阶段日本的农业政策目标开始由增产转向发展循环农业与有机农业，强调减少农药和化肥的使用及循环利用农业废弃物，并加强了政府和公众的监管力度；三是快速发展期（20世纪90年代初期至末期），这一阶段的农业政策主要注重建立和发展"环境保全型农业"，强调发挥农业在保护国土与涵养水源、保护自然环境等方面的功能；四是成熟突破期（21世纪至今），这一阶段的农业政策主要注重全面推进有机农业，包括有机食品认证、补贴政策、肥料管理、农药监管、畜禽粪便处理以及有机农业整体发展等。

表 6-1　日本农业发展相关政策演进

发展阶段	时间	日本农业发展相关政策
初步萌芽期	1948 年	《农药取缔法》
	1958 年	《水质保护法》
	1965 年	《山村振兴法》
加强监管期	1970 年	《农用地土壤污染防治法》《水质污浊防治法》
	1972 年	《环境保护法》
	1984 年	《湖泽水质保全特别法》
	1987 年	《自然农法技术纲要》
	1988 年	《发展自然农业条例》《农业白皮书》
快速发展期	1992 年	《新的食物、农业和农村政策基本方向》《特殊栽培农产品标识指导》
	1995 年	《农山渔村旅宿型休闲活动促进法》
	1999 年	《食物、农业、农村基本法》《持续农业法》《家畜排泄物法》《肥料管理法》
成熟突破期	2000 年	《有机 JAS 标准》《山区、半山区农业直接补贴政策》《循环型社会形成推进基本法》
	2001 年	《肥料取缔法》《生态农业推广法》《堆肥品质管理法》
	2002 年	《食品卫生法》《土壤污染对策法实施细则》
	2003 年	《农药危害防止运动实施纲要》
	2005 年	《农业环境规范》《食物、农业、农村基本计划》《食育基本法》
	2006 年	《有机农业推进法》《食品残留农业化学品肯定列表制度》
	2007 年	《农地、农业用水、环境保全向上对策》《促进有机农业发展基本方针》
	2014 年	《农林水产·农村地域活力创造计划》
	2015 年	《环境保全型农业直接补贴政策》
	2017 年	《有机农业促进法案》
	2018 年	《农药取缔法》（修订）《SDGs 行动计划》
	2021 年	《绿色食品体系战略》
	2024 年	《食物、农业、农村基本法》（修订）

资料来源：何微等：《日本农业绿色发展现状、特点及对中国的启示》，《农业展望》2022 年第 6 期。

日本农业绿色发展政策的特点包括：一、肥料和农药使用的严格监管。这是农业审查监管的两大重点。在农药监管方面，日本主要从农药登记制度和制订农残标准两方面入手，从源头控制农业生产中使用的农药种类与标准，以限制农产品中化学残留物的含量，确保农产品安全；在肥料管理方面，同样采用登记制度来控制农业生产中的肥料使用；二、政府补贴和贷款优惠与环境保护活动挂钩。这一做法旨在引导农户的环境保护行为。例如，《有机农业推进法》对从事有机农产品生产的农户提供无息贷款，并提供税收方面的优惠政策；三、加大对科技的投入。日本支持绿色农业技术的研究和应用。自1960年起，日本的农业科研经费不断增加，1976年的农业科研经费占政府科研总经费的30%；四、有机农产品和食品安全助推农业绿色发展。日本有两类有机农产品标识制度，即特殊栽培农产品标识制度和有机JAS标识制度。这两种有机农产品标识制度聚焦于公众最为关心的农产品安全问题，采用鼓励措施推动农户和农业企业改进栽培方法，减少农业生产过程中肥料与农药的使用；五、公众参与农业绿色发展政策的制定和日常农业生产活动的监督。例如，2018年修订的《农药取缔法》规定农药生产企业需公开农药登记变更、取消及失效等信息，从社会监督这一角度约束农药生产企业的行为；六、注重为农民提供信息咨询服务，提高农户的农业生产知识水平，提高农业生产执行者实施有机农业的能力。例如，2017年颁布的《有机农业促进法案》指出要为有机农业农民提供农业咨询、信息服务及培训等。

资料来源：何微等：《日本农业绿色发展现状、特点及对中国的启示》，《农业展望》2022年第6期。

（三）稳步发展阶段

自 20 世纪 90 年代起，绿色农业逐渐进入了稳定发展的阶段。在这一时期，为了进一步推进农业的可持续发展，发达国家在农业技术和财政方面持续加大投入，为绿色农业的发展提供了持续提供的动力。奥地利于 1995 年即实施了支持绿色农业发展的特别项目，国家提供专门资金鼓励和帮助农场主向绿色农业转变；法国于 1997 年制定并实施了绿色农业发展中期计划；日本农林水产省推出了环保型农业发展计划，并在 2000 年 4 月推出了绿色农业标准；美国艾奥瓦州和明尼苏达州规定，只有生态农场才有资格参与"环境质量激励项目"，并且州政府会补助有机农场用于资格认定的费用的三分之二。绿色农业的发展逐渐成为全球性的议题，得到广泛认同和支持，各国政府纷纷制定相应的策略发展绿色农业。同时，发达国家不断加强与不同国家的合作和交流，通过发展农业绿色相关项目，进一步提升大众对农业绿色发展的接受度和应用程度，取得了显著成效。在同时期的中国，2002 年修订的《中华人民共和国农业法》首次将提高农产品质量写入法律，农业绿色发展支持政策开始聚焦于农产品质量的提升。同年，农业部根据《农药管理条例》制订了《农药限制使用管理规定》；为了推动节水型农业的发展，2012 年国务院印发了《国家农业节水纲要（2012—2020 年）》；2016 年中央一号文件提出了推动农业绿色发展的任务，随后，农业绿色发展连续 5 年成为中央 1 号文件的重要内容。2017 年，中共中央办公厅、国务院办公厅印发《关于创新体制机制推进农业绿色发展的意见》。这是党中央、国务院出台的第一个指导农业绿色发展的纲领性文件。2017 年底，农业部等 8 部委联合印发了《关于启动第一批国家农业可持续发展试验示范区建设开展农业绿色发展先行先试工作的通知》，截至2022年，共批准创建了130个国家农业绿色发展先行区。

在全球自然资源日益减少、环境污染不断加剧，以及公众对农产品绿色安全要求不断提高的背景下，发展绿色农业显得尤为重要。绿色发展不仅能够节约和高效利用自然资源，还能减少农业发展对环境造成的负担，提供优质安全的农产品。当前，发展绿色农业已成为全球农业发展的主要趋势。本节选取欧盟共同农业政策2023~2027改革作为全球绿色农业发展区域治理的典型案例①，同时将全球绿色农业先进技术作为绿色农业技术层面的典型案例②，分别从政策和技术两个不同层面，介绍现阶段全球绿色农业发展情况。

案例 6-2

（1）欧盟共同农业政策2023~2027改革

欧盟农业高度发达，农业产量、农民收入和农业环境保护实现了有机结合，这和其制定绿色提质导向的共同农业政策密不可分。共同农业政策自1962年出台以来，经历了多次改革，有效促进了欧盟农业农村的发展。2021年12月12日，欧洲议会批准，新共同农业政策将于2023年开始实施，开启了共同农业政策的新篇章，下文将简单介绍最近一次欧盟共同农业政策2023~2027改革的特点。

---

① 马红坤等：《欧盟共同农业政策的绿色转型轨迹及其对我国政策改革的镜鉴》，《农村经济》2019年第3期；刘武兵：《欧盟共同农业政策2023—2027：改革与启示》，《世界农业》2022年第9期。
② 林巧等：《推进农业绿色高质量发展的政策研究及实践启示》，《中国农学通报》2022年第30期。

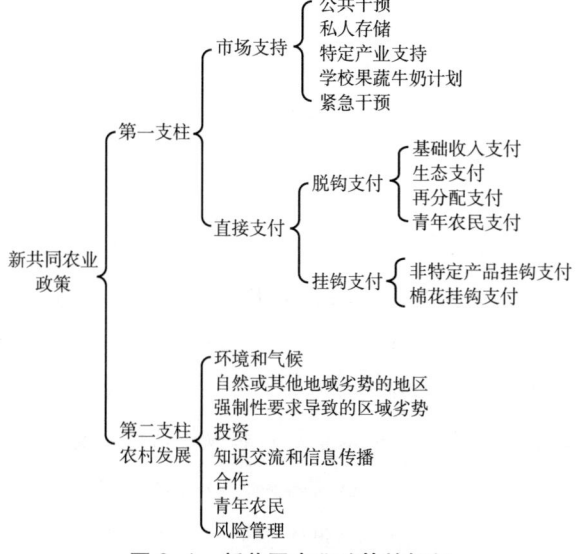

```
                     ┌ 公共干预
                     │ 私人存储
           ┌ 市场支持 ┤ 特定产业支持
           │         │ 学校果蔬牛奶计划
           │         └ 紧急干预
   第一支柱 ┤
           │         ┌ 脱钩支付 ┌ 基础收入支付
           │         │         │ 生态支付
           └ 直接支付 ┤         │ 再分配支付
                     │         └ 青年农民支付
新共同农业                       
政策                  │         ┌ 非特定产品挂钩支付
                     └ 挂钩支付 ┤
                               └ 棉花挂钩支付

           ┌ 环境和气候
           │ 自然或其他地域劣势的地区
           │ 强制性要求导致的区域劣势
   第二支柱 │ 投资
   农村发展 ┤ 知识交流和信息传播
           │ 合作
           │ 青年农民
           └ 风险管理
```

图 6-1 新共同农业政策的框架

资料来源：作者整合改编自刘武兵：《欧盟共同农业政策 2023—2027：改革与启示》，《世界农业》2022 年第 9 期。

本次改革保留了共同农业政策的两个支柱，即作为第一支柱的市场支持和直接支付，作为第二支柱的农村发展。但对市场支持、直接支付和农村发展均进行了不同程度的改革，更加强调支持小农和绿色发展，更加注重提升农业竞争力和因地制宜发展农村产业，以促进欧盟农业农村的可持续发展。总体来看，本次改革体现出对农民更加公平、农业发展更加绿色和政策更加灵活的特点。新共同农业政策更加注重绿色发展，这一点主要表现在：一、更高的环保雄心。新共同农业政策要求欧盟各成员国确保其共同农业政策战略计划在环境和气候方面具有更高的雄心水平，不能"开倒车"，要符合《欧洲绿色协议》的要求。二、更严的环保要求。新共同农业政策要求所有共同农业政策受益人都必须符合欧盟法定管理要求、良好农业和环境规范的要求，2025年开始评估共同农业政策对气候变化的贡献。三、更多的环保资金。欧盟要求共同农业政策预算的40%必须与气候相关，并大力支持在2027年前将10%的欧盟总预算用于实现生物多样性目标。

（2）绿色农业先进技术

绿色农业先进技术是绿色农业发展的关键所在。绿色农业技术涉及农业的各个环节，包括节药技术、节肥技术、节水技术、耕作技术、加工技术和贮藏运输技术等，发达国家农业绿色发展的尖端技术如下：

高新材料技术：新型纳米材料是农业前沿交叉领域的研究热点，纳米构型设计是当前新型农业投入品发展的主流。欧美国家在纳米材料构型设计、组装合成、物性表征及其生物学与环境效应等领域开展了系统性的研究，开发了纳米生物传感器、多功能纳米农膜与包装材料、重大疾病快速检测试剂盒等一系列产品。目前，天然高分子材料作为可降解材料技术热点正在被广泛应用在绿色农业生产中，发达国家利用玉米、马铃薯和青豌豆等开发出了可完全降解且过程可控的全淀粉塑料。

废弃物高效利用技术：农业废弃物的有效利用，既满足居民的消费需求，又满足建设环境友好型、资源节约型社会的需要，可延长农业绿色发展产业链。日本爱东町和宫崎县岭镇的农业废弃物资源化利用模式、菲律宾生态产业园的农业废弃物循环利用模式等都减少了农业废弃物对农业立体环境的污染，实现了生态环境维护与废弃物资源化利用的结合。同时，美国等发达国家注重对农产品加工副产物的综合利用，强调循环利用、高值利用、梯次利用，在粮油薯加工、畜禽加工和水产品加工等过程中产生的副产物综合利用技术发展水平较高。

高端智慧农业技术：农业物联网技术和智能农机装备为

农业绿色发展提供智慧解决方案。美国、德国、日本等发达国家研发的环境和生命信息感知技术，实现了对农业环境和动植物的实时感知和反馈调控，通过构建生产环境监测模型，动植物发育和诊断模型，进而指导农业生产要素的精准调控和农业生产的管理决策。此外，欧美发达国家将动植物作业对象感知与跟踪、农机工况实时监测与智能测控等技术与机器视觉与数字信息感知、导航定位、智能决策等系统相互集成，进一步推进了农业装备的智能化和网联化。

资料来源：刘武兵：《欧盟共同农业政策 2023—2027：改革与启示》，《世界农业》2022 年第 9 期。

四 绿色农业发展面临的主要挑战

绿色农业发展面临的挑战之一是当前全球粮食系统发展的不平衡。世界经济论坛粮食系统计划部负责人丽莎·斯威特（Lisa Sweet）表示，尽管自 2001 年以来，已有 1.6 亿人摆脱了营养不良，但全球仍有 10% 的人口处于饥饿状态。在全球最贫困的人口中，有 65% 的人口从事农业及相关行业。粮食系统严重依赖自然生态系统，但同时也对自然环境造成破坏。目前，全球 52% 的农业用地已处于中度或严重退化状态。据估计，在未来的 25 年里，土地退化可能会导致全球粮食生产率下降 12%，进而引发全球粮食价格上涨 30% 以上。因此，为实现农业健康、绿色、可持续发展，必须增强粮食系统的抗风险能力。[①]

[①] 赵琪：《欧盟农业绿色转型面临挑战》，《中国社会科学报》2022 年 4 月 20 日，第 2 版。

绿色农业发展面临的另一个挑战是全球大多数农民的收入水平较低，新技术掌握能力相对薄弱。根据世界经济论坛《与农民一起转变粮食系统：欧盟的发展之路》报告，欧盟推行的气候智能型农业模式在一些农民眼中是经济负担。尽管农场管理软件、用于优化投入和用水的卫星或无人机监测技术，能够实现更加科学的种植，有效提高粮食产量和农作物质量，增加农民收入，但是受制于过高的投入成本，部分技术难以大规模推广。此外，大多数农民虽然认可可持续农业发展模式，但对于如何转型以及需要学习哪些新技术仍缺乏认知。① 如果农民不能深刻理解向气候智能型农业模式过渡的长期意义，以及这种转型所带来的经济利益，他们的转型意愿可能会受到限制，进而影响整体推广的效果。

此外，绿色农业发展引发的绿色壁垒也值得关注。绿色贸易壁垒是指一国出于保护环境的目的而直接或间接地采取限制甚至禁止贸易的措施。虽然绿色贸易壁垒的初衷是限制非绿色生产消费活动，推动经济社会的可持续发展。但在实际应用过程中，部分国家开始假借保护生态环境之名，肆意对他国设置一系列苛刻的、高于国际公认标准或绝大多数国家难以接受的环保法规和标准，以实现限制他国进口商品的目的。② 我国每年出口大量农产品，部分发达国家出于贸易保护主义的目的，不惜破坏全球农产品贸易供应链，对我国以及其他发展中国家的农产品制定越来越多、越来越严苛的检测项目和标准，削弱了我国农产品的国际竞争力，甚至引发

---

① 赵琪：《欧盟农业绿色转型面临挑战》，《中国社会科学报》2022年4月20日，第2版。
② 孙亚楠：《绿色壁垒对我国农产品贸易的影响及对策研究——评〈基于绿色贸易壁垒视角的中国农产品出口贸易研究〉》，《生态经济》2022年第6期。

双边和多边贸易争端,破坏国际贸易关系。在这样的现实背景下,我们必须重新审视绿色贸易壁垒对我国农产品的影响,并寻求积极有效的应对策略,通过企业、协会及政府的共同努力,将绿色贸易壁垒转"危"为"机"。

第二节 以现代信息技术为核心的数字农业

现代信息技术的快速发展引发了产业的深度变革。数字农业,作为信息时代数字经济与现代农业紧密结合的成果,将信息确立为关键的生产要素。它依托智能技术的广泛应用,实现了农业生产、流通、消费等环节的数字化重塑,从而推动传统农业向现代化农业的全面转型。本节旨在深入阐述数字农业的概念、核心特征以及发展现状。

一 数字农业的概念

农业是人类基本生活资料的来源,也是产业体系中最先成型的产业。[①] 自人类文明诞生以来,农业经历了一系列革命,在生产率、成本效率和市场机会等方面都发生了翻天覆地的变化。

第一次农业革命发生在新石器时代(约公元前 10000 年),人类的生活方式由游牧狩猎转变为农业,开始定居并通过种植和养殖来获取食物。自此,农业成为人类生存的根基,也催生了世界上最早的社会和文明。第二次农业革命,也称为农业机械化革命(17 世纪中叶和 19 世纪末),随着工业化的不断发展,最早出现在英国。它的具体表现为大规模运输和灌溉设施

---

① 苗建军:《农业革命:从产业化到知识化》,《农业经济问题》1999 年第 7 期。

的建设以及耕种和收割机器的应用,改变了农业传统的生产方式,提高了农业生产效率和产量。第三次农业革命,即农业绿色革命(20世纪30年代到70年代),主要变革集中于作物品种研发和农药、化肥的使用与改进。1990~2005年左右,基因改造技术的兴起,将第三次农业革命推向了高潮。第四次农业革命,即农业数字化革命(2005年以后),是信息化、数字化和智能化时代的产物。随着区块链、大数据、人工智能、物联网和"5G"等数字技术的研发和推广,农业数字化转型快速发展,① 数字农业应运而生。作为工业4.0的一部分,数字农业通过高度互联和数据密集型计算技术,为农业发展提供了新的机会。② 目前,对于数字农业的理解可以分为狭义和广义两个维度。

  狭义上,数字农业主要指农业生产方式的数字化。而广义上的数字农业则是整个农业经济活动的数字化,包括生产方式、管理和运营方式全流程的数字化。数字农业既是利用信息通信技术技术提升农业生产可持续性的经济活动,③ 也是农业全产业链的数字化改造。数字农业作为数字经济的一部分,涉及农业生产、运营和管理全流程的数字化。④ 进入数字经济时代,数字农业是以信息作为关键生产要素,通过大数

---

① 罗浚文等:《数字经济、农业数字要素与赋能产值——基于GAPP和SFA的实证分析》,《农村经济》2020年第6期。
② Foreign Affairs, "The Fourth Industrial Revolution," 2015, Accessed October 5, 2023, https://www.foreignaffairs.com/world/fourth-industrial-revolution.
③ Samuel Shen et al., "Structure of A Digital Agriculture System and Agricultural Risks due to Climate Changes," *Agriculture and Agricultural Science Procedia* 1 (2010): 42-51; Burak Ozdogan et al., "Digital Agriculture Practices in the Context of Agriculture 4.0," *Journal of Economics Finance and Accounting* 2 (2017): 186-193.
④ 阮俊虎等:《数字农业运营管理:关键问题、理论方法与示范工程》,《管理世界》2020年第8期。

据、物联网、云计算、区块链等数字技术的有效使用实现农业生产、流通、消费等环节的数字化，进而推动传统农业向现代化农业转型的一系列新型经济活动，是数字经济与现代农业深度融合的产物。①

二 数字农业的特征

数字农业，作为信息技术、智能技术等现代技术发展的产物，正在从根本上改变传统农业的形态。在现代技术的革新下，数字农业通过生产数字化变革、经营数字化变革和销售数字化变革彻底改变了低效的传统农业形态，重塑了产业主体的组织模式，② 实现了农业在要素、生产和产品三个方面的全方位数字化改造。参考马述忠对于数字农业特征的阐释，③ 本书认为数字农业具备信息化、集约化、精确化和去中心化四大特征。

（一）信息化

数字农业的信息化主要体现在农业要素的信息化和农业活动的模型化。其中，农业要素的信息化是指在对生物要素、环境要素、技术要素和社会经济要素等农业要素进行数据化采集和信息化处理的基础上，将获取的数据经过标准化传输存储至相应的农业数据中心。农业活动的模型化是指在获取农业数据的基础上，通过专业数据处理和分析，结合自然规

---

① 马述忠等：《数字农业的福利效应——基于价值再创造与再分配视角的解构》，《农业经济问题》2022年第5期。
② 程华等：《农业产业链组织的内涵、演化与发展方向》，《农业经济问题》2019年第12期。
③ 马述忠等：《数字农业的福利效应——基于价值再创造与再分配视角的解构》，《农业经济问题》2022年第5期。

律、市场规律、经济规律和政策环境等信息,建立科学模型对农业活动进行预测,从而使农业活动进一步科学化、数字化和合理化。

(二) 集约化

农业遥感、3S技术、区块链等数字技术的更新迭代使得农业生产全过程的智能化、精准化和数字化控制成为可能。借助数字技术,数字农业能够实现实时获取农业生产大数据,对农业投入、生产、流通全过程质量进行追踪溯源,进而利用数学算法和农业物联网对农业生产流程进行精确和系统的调整。对于农业企业而言,数字农业能够大大提高集约化管理,包括生产、经营、销售和管理全流程等多个环节,进而大幅提高农业生产效益,有效降低单位生产成本。

(三) 精确化

数字农业为消费者和生产者提供精确化定位,通过大数据将需求端和供给端相互连接,能够为消费者提供更加个性化的服务。一方面,农业生产者或农业企业等主体能够基于消费端的大数据指导制定或调整生产策略,形成"按需供给,按量分配"的新供给策略。对于农产品销售端而言,消费大数据的作用则更加凸显,可实现依据消费者消费数据及时调整销售模式。例如,网易味央与大众点评达成合作,依托平台消费大数据,为消费者推出个性化商品组合和满足客户个体需求的定制产品。[①] 另一方面,消费者可通过数字溯源追踪农产品生产和销售等环节的情况,以此确定产品的安全性。

---

① 汪旭晖等:《数字农业模式创新研究——基于网易味央猪的案例》,《农业经济问题》2020年第8期。

例如，地理标志产品就能够为消费者提供更加明确的指引。借助区块链等数字技术的优势，农产品溯源成为可能，消费者因此能够拥有更加可靠、安全和精确的选择。

（四）去中间化

在数字技术的支持下，农业生产者，尤其是小农户，能够通过互联网直接与消费者建立联系。这种减少中间环节的做法，能够实现交易的"去中间化"，减少生产端的收益分散，提高农业生产者的收入水平。以传统农业为例，小农户所生产的农产品需要经过收购商、批发商和销售商等多个环节才能到达消费者手中，每个环节所需要经过多级主体，链条长，损耗高。每增加一个环节就会产生5%至10%的利益消耗。大部分利润经过多级经销商的汲取后，生产者所能获取的利润大大减少，生产者无法成为农业生产的最大受益者，有时甚至需要面临"货到地头死""低价倾销"等困境。而数字农业的发展，打通了农产品产销环节的闭塞，解决了传统农业产供销中信息不对称的问题。例如，在北京平谷大桃、四川青神椪柑等区域品牌的建设和农村电商的普及案例中，果农们利用微信、抖音和快手等互联网平台为果农们提供销售平台，在消费大数据的支持下精准推送，将果农与消费者联系在一起，实现直接沟通、产地发货等功能，赋予农户最直接的议价权和定价权，实现果农增收。

三　全球数字农业支持政策与发展路径

（一）代表性国家的支持政策概况

数字农业已逐步成为全球农业转型升级的必然选择。自

21世纪初以来,众多国家纷纷出台政策,积极推动数字农业的进步。从各国的农业发展现状来看,大多数国家将数字农业视为信息通信技术发展战略中的一个分支,或是将其作为数字政府战略中的子项目进行推进(这一点在经合组织国家尤为明显)。鲜有国家将发展数字农业上升为国家战略,并出台专门的配套政策。粮农组织的研究指出,制定专门针对数字农业发展的政策至关重要,这样的政策不仅能够避免数字农业在推进过程中面临孤立无援的局面,还能够促进农业部门内部以及跨部门的协同合作,从而加速数字农业改革的步伐。[①] 一些由粮农组织进行试点和指导实施数字农业战略的国家,如不丹和斯里兰卡,正式出台了关于发展数字农业的全面政策规划。此外,中国政府也于2019年出台了《数字农业农村发展规划(2019—2025年)》,这使得中国的数字农业在近5年得到快速发展。表6-2所显示的是部分国家出台的关于支持数字农业发展的相关政策。

表6-2 部分国家为支持数字农业发展制定的重要政策

国家	政策	时间
墨西哥	国家数字战略(National Digital Strategy)	2018
哥伦比亚	在线政府战略(Online Government Strategy)	2018
巴西	数字治理战略(Digital Governance Strategy)	2016
保加利亚	农业农村数字化转型战略 (Strategy for Digitization of Agriculture and Rural Areas)	2019
匈牙利	国家数字化战略(2021—2023) (Hungary's National Digitalisation Strategy 2021-2030)	2021

---

① FAO, "Status of Implementation of e-Agriculture in Central and Eastern Europe and Central Asia - Insights from selected countries in Europe and Central Asia," 2018, Accessed October 5, 2023, https://openknowledge.fao.org/server/api/core/bitstreams/94a3a722-4da2-41a9-880c-ccc9ac1bb621/content.

续表

国家	政策	时间
澳大利亚（维多利亚）	数字农业战略（Digital Agriculture Strategy）	2018
希腊	希腊农业数字化转型战略（Digital Transformation of Greek Agriculture）	2018
英国	农业技术战略（Agricultural Technologies Strategy）	2013
爱尔兰	利用数字——数字爱尔兰框架（Harnessing Digital——The Digital Ireland Framework）	2022
西班牙	农业、粮食、林业部门和农村地区数字化议程（Agenda for the Digitization of the Agri-Food and Forestry Sectors and Rural Areas）	2019
中国	数字农业农村发展规划（2019年—2025年）	2019
印度	国家数字治理计划2.0（National E-Governance Plan 2.0）	2015

资料来源：FAO, "Digital technologies in agriculture and rural areas-Status report," 2019, Accessed October 5, 2023, https：//openknowledge.fao.org/server/api/core/bitstreams/0bb5137a-161c-4b7c-9257-3d4d5251b4bf/content.

在当今数字化时代，数字基础设施不仅是数字农业发展的基石，也是日常生活不可或缺的组成部分。然而，多种因素导致不同地区在数字基础设施水平上存在显著差异，进而形成了区域间的数字鸿沟。这一现象是导致全球数字农业发展不均衡的核心因素。随着数字农业的不断推进，发达国家与发展中国家在数字基础设施的建设水平和覆盖程度上存在较大的差距。技术相对薄弱的发展中国家正不懈努力，通过加大国家财政投入、推动技术研发与创新、引进先进技术以及加强基础设施建设等多种手段，来应对面临的社会和经济挑战。

(二) 全球数字农业发展的具体路径

数字农业的发展在一定程度上取决于数字基础设施的建设和公民数字素养的高低程度。因此，不同经济、技术和教育发展程度的国家，在推动数字农业发展的进程中也展现出不同的路径。总体而言，西方国家依托其发达的经济、技术创新和基础设施水平，更多地采取环境型政策工具，通过营造有利于数字农业发展的市场环境，驱动农业科技企业开展技术创新和研发工作。相比之下，发展中国家中的发达经济体则更多地采用供给型政策工具，政府通过加大数字基础设施和科技研发投资，支持科研机构进行技术创新，培育公民数字采纳能力等方式来推动农业数字化转型。而欠发达国家数字农业发展的动力则更多来自国外技术援助和教育援助，借助他国之力来拉动本国数字农业发展。

全球数字农业发展的路径之一是营造市场环境，驱动农业企业技术创新。相较于发展中国家而言，发达国家拥有较为健全的数字基础设施，并且不断通过国家财政投资的方式对之加以完善和升级。其公民整体教育水平和素质高，农业机械化程度高，在农业数字化转型中具有比较优势。这一类国家政府助推数字农业发展的主要方式是创造良好市场环境，充分发挥多元主体力量，以科技创新为主线，推动产、学、研有机融合，提升农业科研院所、农业科技企业的技术创新能力并强调知识产权的保护和监管。这一发展路径主要以美国、德国和英国等西方发达国家为典型。

案例 6-3 美国的数字农业发展

美国作为最早发展数字农业的国家，农业科技和数字技术对其农业发展的贡献十分突出。联合国统计数据显示，美国每年平均出口粮食约 1.15 亿吨，占世界粮食出口的 50% 左右。美国的农业从业人口仅约 800 万，与中国约 2 亿的农业从业人口和占世界粮食市场 10% 的份额相比，其农业发展优势十分明显。美国政府所打造的技术服务供给体系已经基本成熟，技术服务组织网络较为完善。在以市场为主体的基础上，美国注重培育农业技术服务类企业与公益性服务机构，让它们承担农业技术服务的研发者和供给者的角色，这不仅能够为经营主体提供较为完善的技术服务，还能够激发相关企业和机构自主创新的能力和动力。典型的农业技术服务组织，例如美国农业技术服务组织，在农业技术服务方面发挥着不可或缺的作用。

美国政府也十分注重农业数据的采集、整理和共享。目前已建成并在持续使用的农业数据库，如 PESTBANK 数据库、BIOSISPREVIEW 数据库、AGRIS 数据库、AGRICOLA 数据库等为农业技术创新提供了庞大的数据基础。此外，美国国家农业图书馆数据库（AGRICO-LA）、国家海洋与大气管理局数据库、地质调查局（USGS）数据库等影响力较大的涉农信息数据库为美国农业科技研发提供了大量的数据支持。不仅如此，美国还制定了《2018 年美国农业数据法案》等专门的农业数据共享法案，旨在促进美国农业部收集农业种植数据，并在保护农民隐私的基础上，将数据收集和分析的结果提供给学术机构和研究人员。

资料来源：钟文晶等：《数字农业发展的国际经验及其启示》，《改革》2021 年第 5 期。

全球数字农业发展的另一个路径是夯实基础设施，推动农业数字化转型。数字农业的发展需要大量的基础设施投入和农业技术创新，这正是发展中国家的短板。在数字化、信息化浪潮的推动下，传统农业的生产方式不足以满足未来需求，发展中国家的农业也亟须转型，向数字化方向发展。为了满足数字农业发展的需要，发展中国家主要依靠政府公共财政支持，在农村地区大量进行数字基础设施投资，引导数字技术企业向支持农业数字化发展和农村数字化转型，支持农业科研机构开展技术创新和研发工作。此外，以政府购买服务的方式加大数字技术在农村地区的供给以及加强对农民数字素养的提升。但这一发展路径大多体现在经济实力和国家能力较强的国家，例如中国、印度、巴西等发展中国家。

案例 6-4　中国的数字农业发展

中国政府在 2015 年在《农业部关于推进农业农村大数据发展的实施意见》中首次对数字农业发展做出规划，随后几年陆续出台相关政策文件支持数字农业的发展。2019 年农业农村部、中央网络安全和信息化委员会办公室印发的《数字农业农村发展规划（2019—2025 年）》一文，对数字农业的发展做出详细规划，确定了有关数字农业农村的发展目标和具体进程。从中国政府所出台的一系列政策文件来看，中国发展数字农业的重点是对基础设施的投资和建设，整体遵循从基础设施建设的大力推进，到数字技术的推广应用，再到大数据体系和平台的建立，以实现数字技术和农业生产的深度融合的路径。[①] 整体建设以政府主

[①] 钟文晶等：《数字农业发展的国际经验及其启示》，《改革》2021 年第 5 期。

导为主，政府通过供给型政策工具的使用，优化农村数字基础设施结构，强化农业领域的科技服务水平，推进农业数字化监管和智能化生产。

中国数字农业的发展呈现自上而下的布局和推动方式。首先中央政府对全国农业农村数字化发展做出明确规划，各地方政府有针对性地出台相应政策，因地制宜推进农业农村数字化转型。北京、浙江、广东、福建和江苏等经济强省，在数字农业发展方面走在全国前列，在政策规划中大多将本省定位于数字农业发展创建标杆和示范省份。例如，2020年广东省出台《广东数字农业农村发展行动计划（2020—2025年）》，提出要夯实广东数字农业新基建基础，争创优势，形成数字农业示范标杆效应，打造"数字农业硅谷"。中西部经济较为薄弱的省份则在规划中明确自身条件，以扎实推进基础设施建设为重点，寻求本省在发展数字农业中的新优势。例如，湖南省在《湖南省数字乡村发展行动方案（2020—2022年）》中提出，到2022年，湖南省数字乡村建设应取得明显成效，并提出要推动农业物联网的应用，打造数字农业产业新优势。

中国数字农业的发展在经济发达省份已经取得了较为丰富的成果。浙江省是走在全国数字化发展前列的省份。根据北京大学新农村发展研究院数字乡村项目组发布的《县域数字乡村指数2020》，全国县域数字乡村指数排名前十的县市中有6个来自杭州。浙江德清县是全国县域农业农村信息化发展先进县。德清县通过推动数字技术与农村产业的深度融合，持续培育新兴农业产业，为农业的发展插上了数字的"翅膀"。德清县自2020年以来通过实施"数字乡村一张图"将基础设施、产业发展、公共服务和乡村治理等多个领域联系起来。

资料来源：钟文晶等：《数字农业发展的国际经验及其启示》，《改革》2021年第5期。

案例6-5　印度的数字农业发展

印度是世界第二大农业生产国。印度约42%的人口从事农业劳动，但印度通过应用数字技术改善农业的尝试仍处于起步阶段。近年来，印度政府采取了一系列举措，主要通过扩大数字基础设施建设、加强农业技术供给、出台支持政策来创新农业领域发展路径，推进农业转型发展。2021年9月，印度联邦农业和农民福利部部长纳伦德拉·辛格·托马尔（Narendra Singh Tomar）正式宣布启动《数字农业战略规划（2021—2025年）》，该战略规划旨在支持和加快数字技术，如人工智能、区块链、遥感和地理信息系统技术，以及无人机和机器人等，在农业领域的应用。

印度发展数字农业主要采取公私合作的方式。在启动《数字农业战略规划（2021—2025年）》的同时，印度政府与CISCO、Ninjacart、Jio Platforms Limited、ITC Limited和NCDEX e-Markets Limited（NeML）等IT巨头企业签署了五份谅解备忘录，通过试点项目推进印度数字农业发展。2021年6月，印度政府与微软签署了合作协议，在六个邦的100个村庄实施数字农业试点计划。微软根据协议条款使用其云计算服务为印度开发"农民服务平台"。该平台将是印度数字农业核心基础设施、数据、应用程序和数字工具的汇聚地，将作为公共和私人资源的链接地，为全国各地的农民提供技术服务。此外，在2020年2月，印度政府推出了Jio Agri（Jio-Krishi）平台。该平台通过对农业数据的精准分析，应用AI/

ML 等先进算法，提供农业咨询服务，为农业发展提供个性化建议。

资料来源：Government of India Ministry of Agriculture & Farmers Welfare, "Ministry of Agriculture and Farmers Welfare Signs 5 MOUs with Private Companies for Taking Forward Digital Agriculture," 2019, Accessed October 5, 2023, https：//pib. gov. in/Pressreleaseshare. aspx? PRID=1754848.

全球数字农业发展的第三个路径是通过农业技术援助推动农业生产变革。欠发达国家，尤其是非洲国家，在全球贸易体系中处于资源供给国的位置，无论是其经济发展水平还是其技术创新能力都处于低水平，农业数字化转型乏力。但欠发达国家同样具有农业数字化转型的需求。由于自身技术发展水平和创新能力的不足，这些国家大多通过他国的援助来满足自身转型需求。然而，由于内生发展动力不足，这类国家的数字农业发展水平往往较低，其未来数字农业的发展仍旧面临许多挑战。

案例 6-6　美国对塞内加尔的技术援助（Naatal Mbay）

塞内加尔的数字经济发展水平仍旧较低，但正处于不断发展的阶段。根据 2016 年的一项塞内加尔全国性调查结果，在塞内加尔仅有 72% 的人口拥有移动电话，全国 3G 和 4G 网络覆盖率仅为 14%。总体而言，塞内加尔的数字基础设施建设水平相较于全球，尤其是西方发达国家而言较为落后。近年来，塞内加尔政府开始加大对通信基础设施的投资建设力度，支持数字经济的发展。为了改变塞内加尔的农业发展现状，帮助农民脱离贫困，增收致富，美国国际开发署于 2015 年开始在塞内加尔开展 Naatal Mbay 项目。Naatal Mbay 项目是美国国际开发署

(USAID) 在塞内加尔开展的一项名为"养活未来的塞内加尔"的计划 (Feed the Future Senegal project)。其最重要的内容之一就是使用数字工具收集和分析支持当地农业可持续发展的数据。这一工作的特点就是简单化,基于一台安装了 Office 软件的笔记本电脑,充分发挥数据的潜力,为农民提供服务,监测农业生产活动,提高农产品生产的透明度和可溯性。Naatal Mbay 项目通过简单数字工具的推广和使用,增强了为农民提供粮食生产服务的农民服务组织和企业的能力,同时加强了这些组织与其他利益相关方之间的联系。

资料来源:U. S. Agency for International Development, "Finding the Best Fit: Nataal Mbay," 2020, Accessed October 5, 2023, https://www.usaid.gov/sites/default/files/2022-05/Naatal_ Mbay_ Case_ Study. pdf.

第三节　以生物技术为支撑的基因农业

2022 年,全球人口达到惊人的 80 亿。面对如此庞大的人口群体对粮食的需求,确保粮食安全成为全球共同面临的重大挑战。为了应对这一挑战,我们需要探索相应的办法。其中,利用科学技术手段培育高品质的种子,实现农作物的高产和优质,是我们应对这一挑战的潜在解决方案之一。根据 CGIAR 的统计数据,在 1965 年至 1998 年间,作物基因改良技术对水稻、小麦和玉米的产量提升产生了显著效果,年增长率介于 0.7% 至 1.0% 之间。[①] 鉴于基因农

[①] Renkow Mitch and Byerlee Derek, "The Impacts of CGIAR Research: A Review of Recent Evidence," *Food Policy* 35 (2010): 391.

业具有通过调整农作物基因实现增产增收的潜在能力,推动基因农业的发展为解决全球粮食安全问题提供了一条可参考路径。

一 基因农业的概念

基因农业这一术语的内涵丰富而多元,涵盖了不同的技术要素和应用范围。在广义上,基因农业这一概念不仅包括了利用传统育种技术的农业实践,也囊括了采用最前沿现代生物技术的农业生产形式。换句话说,广义基因农业包含了旨在通过改变作物基因来提高产量、增强抗性、改善品质或适应环境变化的农业活动。而从狭义的角度来看,基因农业则特指那些依赖基因工程等现代生物技术进行作物改良的农业形态。这种定义下的基因农业,强调的是通过精确的分子技术直接干预作物的基因组,以达到预期的农业目标。

按照中国科学院刘耀光院士的定义,根据促使农作物基因发生变异的技术手段差异,基因农业可划分为以下几种形态:自然突变、人工诱变(包括物理诱变和化学诱变)、生物诱变(如转座子/T-DNA 插入突变、基于序列特异性核酸酶的基因编辑)。三种不同的基因变异方式所产生的效果在本质上是等同的。纵观农业历史,传统农业对农作物基因的改造主要依赖于自然突变,而现代农业则更多采用人工诱变和生物诱变技术[1]。这样的分类有助于我们更深入地理解基因农业的发展及其在现代农业中的应用。

---

[1] 郝丽芳、陈宏宇:《基因编辑领域专家访谈:刘耀光院士》,《生物工程学报》2021 年第 1 期。

二 基因农业的发展

对农作物进行基因改造的做法在古代就已存在。古代农人通过选育良种、从外地引进优质作物等传统农业技术来改良原有作物的基因，以实现获得优质作物的目的。① 比如，中国在北宋时期曾从今天的越南引入并推广占城稻。② 17 世纪，荷兰移民将具有固氮和饲料功能的三叶草引入英国，推动了英国农业革命的进程。③④ 这种传统的农业改良方式其实就是通过鉴定性状来筛选具有优良基因的农作物，从而将农作物的优质基因保留下去，或者传播到他处。传统的基因改造方法可以在小范围内改良农作物的基因。然而，这种方法的局限性在于农作物基因的自然变异具有很大的随机性。这就使得农人很难在短期内获得具有理想性状的农作物。事实上，古代农人需要耗费漫长的时间才能基于自然突变来获取改良的农作物。这一时间可能长达几十年甚至上百年。如果涉及推广，所需时间则更长。比如，康熙皇帝曾经花费了大约十年时间选育水稻种，在北方总计进行了三十多年的选育、试种后才向南方推广。⑤ 因此，传统基因农业的发展往往具有时间长、不确定性大的特点。

---

① 何红中、周瑞洲：《中国作物育种技术发展的回望与思考》，《科学》2016 年第 4 期。
② 刘旭：《中国作物栽培历史的阶段划分和传统农业形成与发展》，《中国农史》2012 年第 2 期。
③ Jones Eric L, "Agriculture and Economic Growth in England, 1660-1750: Agricultural Change," *The Journal of Economic History* 25 (1965): 1-18.
④ 刘景华、崔洪健：《东盎格利亚道路：英国传统农业区的曲折转型》，《历史研究》2012 年第 3 期。
⑤ 闻性真：《康熙发现和推广的御稻种》，中华文史网《清史镜鉴》第 1 期，最后访问日期：2024 年 12 月 1 日，http://www.qinghistory.cn/magazinefree/html/31/201/content/250.shtml。

随着科学技术的发展，人工诱变开始在农业生产中得到应用。根据诱变剂的不同，人工诱变可以分为物理诱变（使用放射射线等物理试剂）和化学诱变（使用化学试剂）。[1] 其中，物理诱变在农作物培育中的运用更早。1926 年，科罗拉多大学研究人员埃德娜·路易斯·约翰逊（Edna Louise Johnson）对向日葵受到 X 射线照射后的生长情况以及氧化酶受到的影响进行了研究。[2] 1934 年，印度尼西亚科学家 D. 托莱尼尔（D. Tollenear）通过 X 射线诱变的方式成功培育出烟草突变品种。这是世界上首次通过人工诱变的方式获取新的农作物品种。[3] 此后，更多的科学家开始通过物理诱变的方式来获得新的农作物品种。化学诱变在农作物培育中的应用较晚。直到 20 世纪 60 年代，化学诱变育种的方式才开始在农业生产中得到应用。[4] 如今，γ 射线和秋水仙素分别是常用的物理和化学诱变剂。

近年来，生物诱变技术在农作物基因改良领域的应用日益广泛，特别是转基因技术和基因编辑技术。这两种技术的核心在于对农作物基因的直接操作。它们的共同之处在于，它们均通过对基因的调整来提升作物性能。然而，它们在操作方式上存在明显差异：转基因技术通过将外源基因引入目标作物，从而赋予其新的特性；而基因编辑技术则侧重于对原有作物基因的精确修饰，例如通过定点敲除等手段来优化

---

[1] 杨震、彭选明、彭伟正：《作物诱变育种研究进展》，《激光生物学报》2016 年第 4 期。
[2] Johnson Edna Louise, "Effects of X-Rays upon Growth, Development, and Oxidizing Enzymes of Helianthus annuus," *Botanical Gazette* 82 (1926): 373-402.
[3] 陈子元：《从辐射育种的发展来展望航天育种的前景》，《核农学报》2002 年第 5 期。
[4] 杨震、彭选明、彭伟正：《作物诱变育种研究进展》，《激光生物学报》2016 年第 4 期。

作物性状。① 此类技术在农业生产中的运用提升了农作物的部分品质，比如提升农作物的产量，促使农作物出现或者加强农作物抗病虫害、抗除草剂、固氮等优秀性状。② 因此，以转基因技术为核心的生物技术，在推动农业发展、提高产量和增强作物抗逆性等方面发挥了重要作用。然而，与此同时，这一技术也因涉及伦理、食品安全等敏感问题，引发了社会公众的广泛关注和担忧。这些关切不容忽视，它们构成了未来全球农业治理体系必须深思熟虑并积极应对的挑战。

三　基因农业的治理主体

在全球范围内，若干国际性组织扮演着推动基因农业进步的关键角色。例如，在1983年，粮农组织倡导成立了粮食和农业遗传资源委员会（CGRFA）。该委员会作为唯一处理粮食和农业生物多样性问题的政府间机构，肩负着保护和维持粮食及农业生物多样性的重任，以此保障全球粮食安全。在CGRFA的众多工作领域中，基因农业占据了重要地位。③ 除了CGRFA，还有其他一些机构在操作层面为基因农业的发展提供了动力。本章节将以联合国粮农组织/国际原子能机构（IAEA）粮食与农业核技术联合中心（简称"联合中心"）为例，阐述治理主体如何在促进基因农业的进步方面发挥作用。联合中心作为一个典范机构，其在利用核技术推动农业可持续发展和增强粮食安全方面的努力，为我们提供了宝贵的经验和启示。

---

① 王福军、赵开军：《基因组编辑技术应用于作物遗传改良的进展与挑战》，《中国农业科学》2018年第1期。
② 李玲、孙文松：《基因工程在农业中的应用》，《河北农业科学》2008年第12期。
③ 粮食和农业遗传资源委员会：《遗传资源》，联合国粮食及农业组织，最后访问日期：2024年12月3日，https://www.fao.org/genetic-resources/zh/。

1964年，粮农组织和IAEA共同建立了联合中心。联合中心旨在推动核技术在农业领域的和平利用，重点促进成员国的农业发展以及粮食安全。粮农组织和IAEA的具体合作内容如下：联合中心根据这两个组织的项目以及工作实施方式来开展工作；相关费用由两个组织的总干事商定承担；联合中心由指导委员会提供总体指导，该委员会由两个组织派出的高级管理层代表组成；联合中心拥有一支由约100名科学家、技术专家和支持人员组成的团队，由两个组织派出的相关工作人员均驻扎在IAEA，并且同时为这两个机构工作。此外，联合中心接收来自成员国的顾问、研究员、实习生等人员。①

联合中心的工作主要围绕五大支柱活动展开，分别是支持和协调研发（研发活动）、能力建设和技术转让、技术支持和服务、网络和伙伴关系、政策咨询和信息服务。② 该机构的工作主要通过两种执行机制展开：协调研究项目和技术合作项目。协调研究项目的主要目标是帮助发展中国家解决粮食生产和农业发展方面的具体实际问题。协调研究项目的相关研究在明确界定的全球/区域主题或重点问题领域内开展。每个协调研究项目团队由10~15名研究合同持有者（通常来自发展中国家）、2~5名协议持有者（主要来自发达国家），以及1~2名为该项目提供特定服务的技术合同持有者组成。每个协调研究项目持续4~6年。在项目存续期间，项目团队人

---

① International Atomic Energy Agency, "FAO/IAEA Partnership," 2024, Accessed December 6, 2024, https://www.iaea.org/about/organizational-structure/department-of-nuclear-sciences-and-applications/joint-fao/iaea-centre-of-nuclear-techniques-in-food-and-agriculture/fao-iaea-partnership.

② International Atomic Energy Agency, "Organizational Structure and Function," 2024, Accessed December 6, 2024, https://www.iaea.org/about/organizational-structure/department-of-nuclear-sciences-and-applications/joint-fao/iaea-centre-of-nuclear-techniques-in-food-and-agriculture/organizational-structure-and-function.

员需要每18个月召开一次会议来共享信息，并制定下一阶段的工作计划。大量技术、方法和协议通过协调研究项目得到开发、评估和验证，并随后通过IAEA的技术合作计划转让给成员国。在技术合作项目中，联合中心会基于成员国的发展诉求，根据成员国正式提出的请求，支持后者进行能力建设，并向后者转让相应的技术。这些技术通常由位于奥地利赛伯斯多夫的实验室来研发、改进或者调整。技术合作项目通常持续2~4年，具体时长根据项目内容以及预期目标的不同存在差异。特殊情况下，项目可以延期一年。[①]

联合中心的核技术在农业领域的应用主要涉及五大领域，分别是植物诱变育种、水土的管理和可持续利用、农产品辐照加工和食品安全、畜牧生产和动物健康以及植物病虫害防治。该联合中心在维也纳分别针对这五大领域建立了五个实验室。[②] 这些实验室从事应用研究与开发、培训和能力建设、技术和分析服务工作。[③] 在将近60年的时间里，联合中心推动了核技术在多个领域的应用，并向成员国转移了相应的技术。这些技术包括诱导新的遗传多样性（突变）的方法、突变检测和选择、用于性状利用的功能基因组学、加速遗传增

[①] International Atomic Energy Agency, "Our Work-Delivery Mechanisms," Accessed December 6, 2024, https://www.iaea.org/about/organizational-structure/department-of-nuclear-sciences-and-applications/joint-fao/iaea-division-of-nuclear-techniques-in-food-and-agriculture/our-work.

[②] 联合国：《五十年引领核技术农业应用——记粮农组织与原子能机构联合司》，2014年9月19日，最后访问日期：2024年6月28日，https://news.un.org/zh/audio/2014/09/305782。

[③] International Atomic Energy Agency, "FAO/IAEA Agriculture & Biotechnology Laboratories," Accessed December 6, 2024, https://www.iaea.org/about/organizational-structure/department-of-nuclear-sciences-and-applications/joint-fao-iaea-centre-of-nuclear-techniques-in-food-and-agriculture/laboratories.

益的快速育种等。① 此外，联合中心建有突变品种数据库。该数据库记录了世界各地100多类农作物的数千种改良突变品种，从而展现了突变育种对全球粮食安全以及农作物适应气候变化的贡献。数据库中每个突变品种的信息包含诱变剂的类别和使用剂量、改良的性状、已发布品种的可用农艺学数据等。②

联合中心所推广使用的技术对全球范围内，尤其是发展中国家的农业发展产生了积极的影响。截至2022年，联合中心已经通过核技术诱变育种的方法，研发出了超过3400个植物突变品种。这些突变品种涵盖粮食作物、观赏植物和树木等超过210类植物，已在70个国家获批商用。③ 在老挝，联合中心推广了通过使用稳定同位素技术来确定更佳土壤以及管理养分的工作模式。老挝农民在该技术的支持下，提升了使用肥料的有效性，将水稻产量提高了60%。④ 在墨西哥，联合中心通过使用昆虫不育技术来消灭地中海实蝇。该技术通过γ射线辐射对雄性地中海实蝇进行绝育但保留性竞争力的

---

① International Atomic Energy Agency, "Game-changing Technological Achievements," Accessed December 6, 2024, https://www.iaea.org/about/organizational-structure/department-of-nuclear-sciences-and-applications/joint-fao/iaea-division-of-nuclear-techniques-in-food-and-agriculture/achievements.
② Joint FAO/IAEA Center, "Mutant Variety Database," Accessed December 6, 2024, https://nucleus.iaea.org/sites/mvd/SitePages/Home.aspx.
③ 皮特·梅耶：《国际原子能机构携手联合国粮农组织将种子送入国际空间站》，联合国粮食及农业组织，2022年7月11日，最后访问日期：2024年6月30日，https://www.fao.org/newsroom/detail/iaea-and-fao-send-seeds-to-international-space-station/zh。
④ 韩露：《改良土壤和养分管理实践提高老挝水稻产量》，国际原子能机构，2021年6月30日，最后访问日期：2024年12月6日，https://www.iaea.org/zh/newscenter/news/gai-liang-tu-rang-he-yang-fen-guan-li-shi-jian-ti-gao-lao-zhua-shui-dao-chan-liang-ying-wen。

处理后放归自然,从而有效控制了该有害生物的数量,提升了水果和蔬菜的产量。①

四 中国基因农业发展案例

经过多年的稳健发展,中国的基因农业已经形成了独特的产业特色。杂交水稻、航天育种、基因编辑等技术,作为中国基因农业的突出成就,不仅继承了传统自然突变、人工诱变和生物诱变的精髓,更代表了我国在这一领域的创新实践。基因农业的快速发展,通过显著提升作物产量和质量,在一定程度上保障了我国的粮食安全,并为全球应对粮食危机提供了可参考的中国方案,展现了我国在全球农业科技创新中的责任与担当。

首先,杂交水稻技术由中国首创并向多个国家和地区推广,已经成为中国为国际社会(尤其是发展中国家和地区)的粮食安全挑战所提出的重要解决方案之一,是中国在全球农业治理体系中的一张名片。杂交水稻技术属于传统基因农业技术,通过将两种性状不同的水稻品种进行杂交,培育新的优质的水稻品种。1964年,袁隆平开始研究杂交水稻。1976年,我国大规模推广杂交水稻,拉开了我国农业生产的新序幕。1979年,杂交水稻开始走出国门。越南引进杂交水稻试种,但效果欠佳。1980年,中国将杂交水稻技术作为农业科研成果转让给美国。杂交水稻在美国的种植取得成功。从此,杂交水稻开始在国际社会获得认可②。袁隆平为杂交水

---

① 联合国粮食及农业组织:《核技术帮助墨西哥免遭实蝇危害》,联合国粮食及农业组织,2022年6月17日,最后访问日期:2024年12月6日,https://www.fao.org/newsroom/story/A-nuclear-technique-averts-a-fruit-fly-emergency-in-Mexico/zh。

② 李梅森:《我国杂交水稻技术向国外转让的前前后后》,《种子世界》1988年12期;廖伏明、罗闰良、万宜珍:《杂交水稻国际推广的现状与策略》,《植物遗传资源学报》2011年第2期。

稻在国际上的推广作出了重大贡献，为通过发展传统基因农业解决全球粮食问题提供了中国方案。1991年，袁隆平受邀担任粮农组织国际首席顾问。他曾多次访问国际水稻研究所（IRRI），也多次赴水稻生产国（如印度、越南、缅甸、菲律宾、孟加拉国等）考察。袁隆平和同事曾在中国先后举办140多期杂交水稻国际培训班，为来自80多个国家的14000名政府官员和农业科学家授课。在中国和IRRI的技术援助下，印度、孟加拉国、印度尼西亚、越南、菲律宾、美国和巴西已成为杂交水稻的种植大国。2017年，这些国家的杂交水稻种植面积达到700万公顷。[①] 杂交水稻技术作为传统自然突变基因农业的典型代表，将继续在全球农业发展体系中发挥积极作用。

其次，中国是目前唯一持续使用航天技术育种的国家。[②] 航天育种的技术原理是利用太空环境的特性来促使种子发生变异。这属于物理诱变的范畴。中国的航天育种始于1987年的农作物种子空间搭载实验，至今已经有三十多年历史，并已在国际场域里创造两个"首次"。2006年，中国发射实践八号卫星。这是国际上首颗专门研究航天育种的卫星。2020年，中国发射嫦娥五号探测器，在国际上首次进行了深空诱变育种搭载实验。由于种子有可能不会发生基因突变，或者发生不定向的基因突变，科技人员需要对种子进行多代选育，才有可能获得符合要求的种子。目前，航天育种周期已经缩

[①] Qian Qian, Zhang Fan and Xin Ye Yun, "Yuan Longping and Hybrid Rice Research," *Rice* 14（2021）: 101.

[②] 航天育种的定义：利用太空的特殊环境（如空间宇宙射线、微重力、高真空、微磁场等），对农作物种子进行诱变促使种子产生变异，在种子返回地面后选育新种质、新材料和培育新品种。参考王乃彦：《开展航天育种的科学研究工作，为我国农业科学技术的发展做贡献》，《核农学报》2002年第5期。

短到 4 年左右。经过 30 多年的实践，中国已经通过航天育种技术培育了多种具有优质品质的农作物，比如矮秆抗倒伏、抗病害的小麦，早熟抗病的青椒，增产抗病的番茄等。截至 2024 年 4 月，中国已进行超过 3000 项航天育种搭载实验，培育 260 多个主粮审定品种，上百个蔬菜、水果、林草、花卉新品种，年增产粮食 20 多亿公斤，创造直接经济效益逾千亿元。① 航天育种不仅创造了可观的经济效益，也为中国培育优良种子提供了有效路径。作为一种物理诱变基因农业模式，航天育种将继续助推农作物新品种以及种质资源的培育，为中国的粮食安全体系建设贡献力量。

最后，中国在以生物诱变技术为基础的基因农业领域也取得了一定的成果。在转基因作物培育方面，1993 年，中国的研究人员在国内外首次宣布通过子房注射的方法将 Bt 基因转入玉米，获得了转基因玉米植株。② 当前，中国通过转基因技术培育了多种农作物，比如水稻、小麦、番木瓜、玉米等。其中，转基因水稻包含耐除草剂、抗虫、抗病等性状，转基因小麦获得了早熟、耐寒、抗病等优良性状。③ 在转基因产品管理方面，中国于 2001 年颁布了《农业转基因生物安全管理条例》，并于 2011 年、2017 年两次修订该条例④。根据该条例，农业转基因生物是指利用基因

---

① 常钦：《太空种子结硕果》，《人民日报》，2024 年 4 月 12 日，最后访问日期：2024 年 12 月 2 日，http：//paper.people.com.cn/rmrb/html/2024-04/12/nw.D110000renmrb_20240412_1-07.htm。
② 丁群星等：《用子房注射法将 Bt 毒蛋白基因导入玉米的研究》，中国科学（B 辑）1993 年第 7 期。
③ 康升云等：《转基因在农作物生产上的应用》，《南方农机》2022 年第 7 期。
④ 中华人民共和国国务院：《农业转基因生物安全管理条例》，中华人民共和国农业农村部，2017 年 12 月 22 日，最后访问日期：2024 年 12 月 2 日，http：//www.moa.gov.cn/ztzl/zjyqwgz/zcfg/201007/t20100717_1601306.htm。

工程技术改变基因组构成，用于农业生产或者农产品加工的动植物、微生物以及产品。基于该条例的要求，国务院农业行政主管部门负责全国农业转基因生物安全的监督管理工作。国家相关部门针对农业转基因生物安全管理建立部际联席会议制度、分级管理评价制度、安全评价制度以及标识制度。目前，中国仅批准了转基因棉花和番木瓜的商业化种植，批准进口用作加工原料的6种作物（大豆、玉米、棉花、油菜、甜菜和番木瓜）。[1] 近年来，中国在基因编辑农业方面也有了一定的发展。2022年7月，农业农村部基因编辑创新利用重点实验室（海南）在三亚成立，该实验室的成立将进一步推动我国基因编辑研究的发展。2023年，高油酸大豆成为国内首个获得基因编辑安全证书的农作物。[2] 2024年，矮秆玉米成为国内首个获得基因编辑安全证书的主粮作物。[3] 国家层面的认可有利于推动基因编辑作物的产业化进程。关于基因编辑农业的整体发展情况，中国农业大学陈其军教授指出，中国作物基因编辑研发在技术优化层面处于国际领先地位。同时，他认为，基因编辑农业也面临三大挑战：一是需要支付专利费；二是基因编辑作物性状的商业价值需要进一步挖

---

[1] 中华人民共和国农业农村部科教司：《我国对农业转基因产品标识是如何规定的？农业转基因产品标识与安全性有关系吗？》，中华人民共和国农业农村部，2023年2月17日，最后访问日期：2024年12月3日，http://www.moa.gov.cn/ztzl/zjyqwgz/kpxc/202302/t20230217_6420890.htm。

[2] 王健：《舜丰生物获得全国首个基因编辑安全证书》，《大众日报》，2023年5月3日，最后访问日期：2024年12月6日，https://dzrb.dzng.com/articleContent/17_1137595.html。

[3] 葛园园：《"矮秆玉米"来了！济南公司获批全国首张基因技术主粮作物"准生证"》，《中国网》，2024年5月13日，最后访问日期：2024年12月6日，http://ccpd.china.com.cn/2024-05/13/content_42786947.html。

掘；三是国家应当完善监管政策。① 如果能妥善解决上述问题，再加上技术的进步，基因编辑农业有望在未来进一步发展。

第四节　以营养为导向的现代农业生产

营养安全是全球农业领域当前及未来都将持续关注的关键议题之一。20世纪50至60年代，第一次绿色革命在显著提升农业生产力、缓解饥饿状况的同时，也不可避免地导致了饮食结构单一化和营养不良等问题的出现。随着绿色革命所带来的"后遗症"日益凸显，生物强化、可持续密植、营养导向型农业等新理念和方法开始受到国际社会的广泛关注，并逐步成为解决全球饥饿与营养不良问题的重要策略。② 本节内容旨在通过对营养导向型农业（NSA）的概念解析、具体实践案例、国际关注焦点以及发展趋势的深入梳理，全面揭示营养安全在全球农业议题中的重要地位，并探讨其在未来农业发展中的潜在作用。

一　营养导向型农业的概念

根据《2023年世界食物及农业状况》报告，全球约有1.481亿（22.3%）5岁以下儿童发育迟缓，4500万人（6.8%）过度消瘦，3700万人（6.8%）超重。到2030年，将有近6亿人面临长期营养不良问题，这将是可持续发展目

---

① 陈宏宇、郝丽芳：《基因编辑领域专家访谈：陈其军教授——记首个基因编辑安全证书获批》，《生物工程学报》2023年第7期。
② Soria Lopez Antonet al., "Challenges for Future Food Systems: From the Green Revolution to Food Supply Chains with a Special Focus on Sustainability," *Food Frontiers* 1（2023）：9-20.

标中的消除饥饿目标面临的巨大挑战之一。① 全球经历巨大变革的当下，营养导向型农业被视为全球解决食物安全问题、提供优质营养的新范式与方案。本质上，这是为了重塑营养、健康与农业发展之间的关系。

营养导向型农业经历了从侧重食物供给到侧重食物系统的概念发展历程。② NSA 最初希望解决的是由营养摄入不足而导致的营养不良问题。2014 年粮农组织在第二届国际营养大会上将营养导向型农业定义为一种以食物营养为基础的农业发展理念，将营养丰富的食物、膳食多样化和食物强化措施作为消除营养不良和微量营养素缺失的核心策略。③ 该阶段对 NSA 的定义主要从食物的可及性、多样性、高质量以及生产的可持续性方面展开，并未触及健康、医疗和产业链等领域。学界对该定义的批判在于，以食物供给为导向强调农业生产力的提高，并不能直接提高甚至不能提高居民的营养和健康水平。④

营养导向型农业的定义进而被拓展为以食物为基础的农业模式，旨在从根本上解决营养不良问题，包括粮食获取不

---

① Food and Agriculture Organization of the United Nations et al, 2023, "The State of Food Security and Nutrition in the World 2023," 2023, Accessed October 15, 2023, https://openknowledge.fao.org/items/445c9d27 - b396 - 4126 - 96c9 - 50b335364d01.
② 卢士军等：《营养导向型农业的概念、发展与启示》，《中国农业科学》2019 年第 18 期。
③ Food and Agriculture Organization of the United Nations, "Second International Conference on Nutrition," 2014, Accessed October 15, 2023, https://openknowledge.fao.org/server/api/core/bitstreams/0123fb43 - de6a - 4649 - b4c4 - 9148eabcd7f6/content.
④ Wijeratna, A & Hauenstein, S, "Action to Improve Nutrition: Making ICN2 Count over the Next Decade and Beyond," 2014, Accessed October 15, 2023, http://www.unscn.org/files/Announcements/ACF - ImproveNutritionMakingICN2cont - Nov14-final.pdf.

足、护理和喂养方法不当，以及健康和卫生环境不良等。[①] 显而易见，在上述定义框架下，营养导向型农业不仅仅是一系列具体的农业生产技术手段，它更代表了一种以提升营养和健康为终极追求的发展理念。营养导向型农业深化了我们对饥饿问题的认识，揭示了营养不良或所谓的"隐性饥饿"在实际情况中的复杂性。这些问题不仅仅是食物的不足或安全性缺失所导致，而是与多个相互交织的因素密切相关，这些因素包括但不限于可持续发展目标中的健康（SDG3）、优质教育（SDG4）、清洁饮水和卫生设施（SDG6）、资源的合理获取以及性别平等和女性赋权（SDG5）。因此，营养导向型农业的推广和实践，对于全面实现可持续发展目标具有重要意义。

从宏观层面审视，良好的营养状况不仅能为个体带来更高的个人收入和更佳的心理健康状态，进而推动国家宏观经济的高效发展和社会的整体进步，[②] 而且还会为社会的和谐和稳定奠定基础。营养导向型农业的目标在于有效解决营养不良所导致的个体营养安全问题，以及可能由此产生的广泛社会影响。它倡导提供可负担性更高且营养丰富的食物，以改善居民的健康和经济状况。通过这种途径，营养导向型农业有助于在收入的持续增长与营养不良问题的减少之间构建起一种积极的反馈循环，为实现社会的可持续发展贡献力量。

---

① Food and Agriculture Organization of the United Nations, "Key Recommendations for Improving Nutrition through Agriculture and Food Systems," 2015, Accessed October 15, 2023, https：//openknowledge. fao. org/server/api/core/bitstreams/dcb05ea7-19cb-4170-8e87-36d2b9dbab97/content#：~：text=Improve%20processing%2C%20storage%20and%20preservation, healthy%20foods%20convenient%20to%20prepare.

② Patrick, W. 2014, "Nutrition and the Post-2015 Sustainable Development Goals," 2014, Accessed October 15, 2023, https：//unnutrition. org/library/briefs/nutrition-and-post-2015-sustainable-development-goals.

二 营养导向型农业的特征

(一) 多样性

营养导向型农业以食物为基础，将营养丰富的食物、膳食多样化和食物强化作为核心。① 首先，营养导向型农业注重生产多样化，以增加不同食物在市场中的供给，确保居民膳食的多样化；② 其次，营养导向型农业重视营养密集型作物，通过营养强化与营养干预，包括加工、植物育种、改善土壤肥力等，增加食物中的营养素，从而预防微量营养素的缺乏，为居民提供优质、营养丰富、具有高附加值的食物。对于农业生产者来说，多样性的生产策略可以有效抵御气候变化与价格波动，以保证稳定的生计来源。③

(二) 系统性

食物系统 (亦称为农食系统) 涵盖了与食物生产、加工、分配、消费以及其废弃物处理等相关的所有要素与活动，以及这些环节之间相互作用和相互依赖的复杂网络，④ 包括食物

---

① Brian, T. & Leslie, A, "FAO's Approach to Nutrition-Sensitive Agricultural Development," 2011, Accessed October 15, 2023, https://www.fao.org/fileadmin/user_upload/agn/pdf/FAO_Approach_to_Nutrition_sensitive_agricultural_development.pdf.
② 郭宇等:《营养导向型农业发展的路径探析》,《农业经济》2022 年第 4 期。
③ Ruel Marie T. & Harold Alderman, "Nutrition-sensitive Interventions and Programmes: How can They Help to Accelerate Progress in Improving Maternal and Child Nutrition?" *Lancet* 9891 (2013): 536-551.
④ Food and Agriculture Organization of the United Nations, "Sustainable Food Systems: Concept and Framework," 2018, Accessed October 15, 2023, https://openknowledge.fao.org/server/api/core/bitstreams/b620989c-407b-4caf-a152-f790f55fec71/content.

生产、农产品贮藏与流通、再生产、销售等活动，以及环境、活动主题、投入、基础设施、制度等要素。① 营养导向型农业不仅要面向食物系统，考虑营养目标，还需要寻求与经济、社会、环境等因素的协同作用。2017 年，粮农组织在其新一份针对食物安全与营养的报告中提出，营养导向型农业旨在确保生产出数量充足、质量优良且价格合理、营养丰富、符合地方文化、安全的食物，而这需要将食物系统中的农业生产链与价值链囊括其中，包括生产、加工、零售、消费、教育、政策等各个环节。②

（三）可持续性

营养导向型农业强调通过先进技术与理念促进农业的可持续生产。营养导向型农业要求维持或改善对食物和营养安全至关重要的自然资源基础，主张通过科学、精细、可持续的方式进行管理。例如，通过实施保护性农业、有效的水管理和病虫害综合治理，我们可以减少传染病的发病概率、提高生物多样性、确保家庭安全水源的提供，并防止个体，尤其是儿童，因营养不良而无法获得相对平等的智力发展机会。③

---

① 樊胜根等：《农食系统转型与乡村振兴》，《华南农业大学学报（社会科学版）》2022 年第 1 期。
② Food and Agriculture Organization of the United Nations et al,"The State of Food Security and Nutrition in the World 2017," 2017, Accessed October 15, 2023, https：//www.fao.org/policy-support/tools-and-publications/resources-details/en/c/1107528/.
③ Ruel Marie T. & Harold Alderman, "Nutrition-sensitive Interventions and Programmes：How can They Help to Accelerate Progress in Improving Maternal and Child Nutrition?" *Lancet* 9891 (2013)：536-551.

（四）实践性

营养导向型农业不仅要求针对食物系统的各个环节采取干预措施，包括展开国际组织与国家的双多边发展合作、开展营养导向型农业项目、制定营养导向型政策等，还强调在不同层面上的行动与实践。第一，各国政府将营养导向战略纳入本国农业发展与农业发展合作政策，以确保营养议题成为国家食物与营养安全的重点；第二，各国国内跨部门合作对消除营养不良至关重要，营养导向型农业要求卫生保健、教育、资源环境、社会保障等部门共同协作，提高项目效率、实现共同的战略目标、促进成功经验与知识的传播；[1] 第三，在地方层面开展家庭农业、家庭菜园和宅基地食物生产项目等，以提供更多种类的作物，设计开展不同活动以解决由不同原因导致的各类营养不良问题；第四，关注不同社会经济背景下的特殊人群，以提高他们在营养导向型农业中的参与度和受益范围。[2]

（五）标准化

营养导向型农业通过建立指标体系来指导农业生产、食品加工、政策干预、项目实践等。[3] 法国农业国际合作研究发展中心研究主任桑德琳·杜里（Sandrine Dury）等人根据农

---

[1] Food and Agriculture Organization of the United Nations, "ICN2 Second International Conference on Nutrition: Better Nutrition," 2014, Accessed October 15, 2023, https://www.fao.org/about/meetings/icn2/background/en/#:~:text=The%20Second%20International%20Conference%20on, the%20Global%20Food%20Security%20Crisis%20.

[2] Ruel Marie T. and Harold Alderman, "Nutrition-sensitive Interventions and Programmes: How can They Help to Accelerate Progress in Improving Maternal and Child Nutrition?" *Lancet* 9891 (2013): 536-551.

[3] 郭宇等：《营养导向型农业发展的路径探析》，《农业经济》2022年第4期。

业和营养之间的关系确定了六类风险与五项原则。这些风险与收入来源、食物供应、价格比率、妇女的社会地位与工作量、健康风险、环境退化和不平等有关。五项原则可概括为：在营养干预过程中识别跟踪营养风险；促进生计多元化以防止与耕种系统和收入单一来源相关的风险；提高弱势群体、妇女在营养型农业活动中的积极性与自主性；推广减少健康风险的经验；提供营养知识；预测干预措施所存在的潜在效果。① 有学者在联合国儿童基金会给出的营养导向型农业概念框架的基础上进行修正，发展出了一套用于分析营养不良根源问题的系统框架。② 该框架定义了营养不良的三大潜在因素，即食物安全、医疗保健以及卫生环境。它们受到社会、经济与政治背景等基本因素的影响，构成营养不良的直接原因，即人是否健康以及营养摄入量是否充足。粮农组织关于营养导向型农业的指标体系便是在此基础上发展起来的。③

三　营养导向型农业发展现状

全球各国在营养不良和营养风险方面面临的挑战各不相同，这种差异性体现在各个国家的营养水平与营养结构中。基于对营养水平与结构的深入分析，下文将简述不同国家的项目与政策案例，目的是分析营养导向型农业在全球范围内的实际应用及其在改善营养状况方面所发挥的作用。

---

① Dury S, et al., "What Risks do Agricultural Interventions Entail for Nutrition?" *Working Paper Moisa 2014-3*, Umr Moisa, 2014.
② Balz Angelina G. et al., "Nutrition-sensitive Agriculture: New Term or New Concept?" *Agriculture & Food Security* 4 (2015): 1-16.
③ Anna, H. et al., "Compendium of Indicators for Nutrition-Sensitive Agriculture,", 2016, Accessed October 15, 2023, https://openknowledge.fao.org/server/api/core/bitstreams/c423a2f5-2bcf-4919-b268-0ee7770e96c8/content.

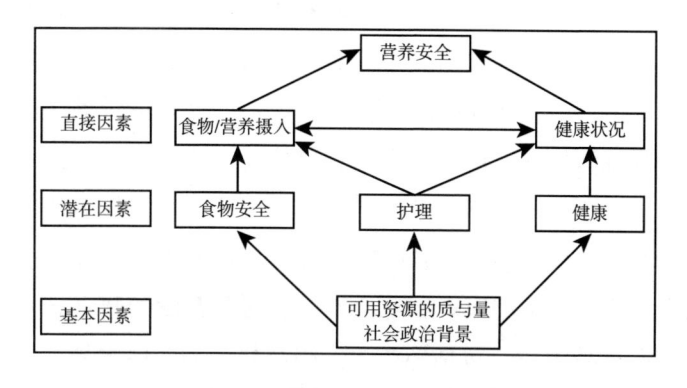

```
                    ┌─────────────┐
                    │  营养安全    │
                    └─────────────┘
                       ↑       ↑
┌─────────┐    ┌──────────────┐    ┌──────────┐
│直接因素  │    │食物/营养摄入  │←→ │ 健康状况  │
└─────────┘    └──────────────┘    └──────────┘
                  ↑       ↑        ↑
┌─────────┐    ┌──────┐ ┌────┐  ┌──────┐
│潜在因素  │    │食物安全│ │护理 │  │ 健康 │
└─────────┘    └──────┘ └────┘  └──────┘
                          ↑       ↑
┌─────────┐         ┌──────────────────┐
│基本因素  │         │可用资源的质与量   │
└─────────┘         │社会政治背景       │
                    └──────────────────┘
```

图 6-2　营养导向型农业概念框架

资料来源：Balz Angelina G. et al.，"Nutrition-sensitive Agriculture：New Term or New Concept?" *Agriculture & Food Security* 4（2015）：1-16.

（一）不同国家的膳食情况差异较大

全球各地的膳食结构展现出丰富多样的特色，其中几种尤为典型的膳食模式包括地中海膳食、欧美膳食、亚洲膳食等。这些不同的膳食模式与营养状况之间存在着紧密的关联，它们不仅反映了各地文化和生活方式的差异，也影响着人们的健康和福祉。每种膳食结构的特点和营养组成，为我们理解不同地区居民的营养健康状况提供了重要的视角。

地中海膳食，作为地中海沿岸国家数千年的文化遗产，其膳食结构以植物性食物为核心，橄榄油是主要的脂肪来源。在这种饮食模式中，鱼类和海鲜的摄入量保持在中到高水平，同时，人们适量食用鸡蛋、家禽和乳制品，红肉的摄入量相对较低，且有适量饮酒的习惯。研究表明，地中海膳食可能有助于降低非传染性疾病，如心血管疾病、糖尿病、癌症和抑郁症等的风险。北欧膳食则侧重于富含植物性成分的食物，如水果、蔬菜、菌类、浆果、根类植物、香料、坚果和全谷物等。北欧人普遍食用低脂乳制品和鱼类，同时限制加工肉类、红肉、糖、盐和乙醇的摄入。这种饮食习惯有助于维持健康的身体状态。传统日本膳食以谷物、蔬菜为主要组成部分，辅以适量的鱼类、蛋类和肉类，水果和牛奶作为营养补充。此外，日本膳食还强调饮用清洁的水或茶，这种平衡的饮食模式有利于健康。相比之下，美国和西欧的膳食结构以动物性食品为主，包括肉类、蛋类和奶制品，而水果、蔬菜和全谷物的摄入量相对较低，呈现出高能量、高脂肪和高蛋白质的特点。中国江南膳食，则以稻米和丰富的水果蔬菜为主要食物，动物性食品中以鱼虾和猪肉为主，烹饪时注重少油少盐，这种饮食方式既体现了地方特色，也符合健康饮食的理念。①

(二) 营养导向型农业的应用

营养导向型农业在发达国家和发展中国家都得到了广泛应用。发达国家通过营养议题为本国内的健康膳食提供政策支持，从而在农业价值链上培养居民的营养意识；同时，在国际社会上将营养导向型农业作为发展援助与合作的重要工具，为受援国提供战略指导与惠民项目。发展中国家在营养导向型农业领域起步较晚，但在国家层面上正逐渐提高重视，通过将营养议题融入国家发展战略，加速营养导向型农业在本国的发展。

1. 发达国家的营养导向型农业

发达国家作为营养导向型农业的先行者，拥有较为完善

---

① 夏佳钰等：《中国可持续健康膳食发展思考》，《中国工程科学》2023年第4期。

的食物与农业政策。这些国家通过传播营养导向理念、开展营养导向型农业项目，减少全球及本国居民的营养不良问题。发达国家一方面积极开展政策规划，将社会、经济、生态等视角引入农业政策中进行全盘考虑，以改善国内居民的膳食健康与食物安全；另一方面将营养导向型农业作为国际发展合作的前沿领域，帮助发展中国家摆脱饥饿，提升国家营养安全，其中以欧盟、日本、德国、美国等发达国家及区域组织行为体为典型。[1]

案例6-7　欧盟的营养导向型农业政策

欧盟的营养导向型农业政策确立了新型食物系统、健康与营养之间的联系。一方面，欧盟通过政策研究为营养导向型农业政策提供理论支撑。欧盟共同研究中心发布的《实现未来健康社会的食物研究重点》以"健康新世界"（Healthy New World）为愿景，要求在强社会意识与低农产品价格的基础上进一步采取措施。特别是，呼吁通过财政措施保证食物质量，实现食物与营养的安全治理，制定权威的营养指南与标准并将营养与健康教育视为重要的公共教育任务。另一方面，欧盟为营养导向型农业政策制定系统性战略。欧盟绿色解决方案（European Green Deal）是当前欧盟针对可持续发展目标的要点之一，旨在通过加强环境友好与气候中立经济的发展改善人们的健康与生活质量。从农场到餐桌战略作为该方案的核心，强调通过咨询服务、金融工具、科研创新、教育推广、市场监管等软硬性政策工具促进可持续农食系统的形成。

---

[1] 孙君茂等：《营养导向型农业国内外政策规划与启示》，《中国农业科学》2019年第18期。

欧盟的营养导向型农业政策还强调对发展中国家营养安全的支持。在资金支持方面，2014~2020年期间，欧盟在营养方面承诺提供的资金超过43亿欧元；2021年12月在东京举行的N4G峰会上，欧盟承诺在2021~2024年间提供25亿欧元的国际援助；此外，欧盟-非洲联盟（AU）峰会通过了"非洲-欧洲投资全球门户一揽子计划"（Global Gateway Africa-Europe Investment Package），该计划承诺对非援助的合作金额高达1500亿欧元，为期7年，其中包括支持非洲地区建立可持续的食物系统等。

此外，欧盟通过国际食物与营养安全治理来维持在营养议题上的全球领导力。在2021年联合国食物系统峰会召开后，欧盟主动加入峰会的八大联盟，包括服务儿童与全人类的健康膳食（Healthy Diets from Sustainable Food Systems for Children & All）、校园餐联盟（School Meals Coalition）、应对食物危机与人道主义-发展-和平网络（Fighting Food Crises Along the Humanitarian-Development-Peace Nexus）等。在组织合作方面，欧盟在其营养行动计划（Action Plan on Nutrition）中明确提出与包括其他援助国、受援国、援助机构在内的其他行为体建立伙伴关系，通过利用共同融资扩大营养投资，围绕营养行动的实施开展多方合作；就组织自身而言，欧盟将"从农场到餐桌战略"作为组织的旗舰议程，以营养议题实现其领导全球发展、全球欧洲（The Global Europe）的战略愿景。

资料来源：Bock, A. et al., "Tomorrow's Healthy Society: Research Priorities for Foods and Diets," 2015, Accessed October 15, 2023, https://publications.jrc.ec.europa.eu/repository/handle/JRC91330#:~:text=The%20resulting%20ten%20research%20priorities, with%20the%202050%20food%20system; European Union, "The European Green Deal: Striving to be the First Climate-neutral Continent," 2019, Accessed October 15, 2023, https：//commission. europa. eu/strategy–and–policy/priorities–2019–2024/european–green–deal_en; European Union, "Farm to Fork Strategy：for a Fair, Healthy and Environmentally–friendly Food System," Accessed October 15, 2023, https：//food. ec. europa. eu/horizontal–topics/farm–fork–strategy_en; European Union：Directorate–General for International Partnerships, "Action Plan on Nutrition–Seventh Progress Report April 2021–March 2022," 2022, Accessed October 15, 2023, https：//op. europa. eu/en/publication–detail/–/publication/d370223d–3894–11ed–9c68–01aa75ed71a1/language–en; Koen, D. & Francesco, R., "Upgrading the European Union's Policy Toolbox for Nutrition Leadership," 2023, *ECDPM Discussion Paper No. 347*, The Centre for Africa–Europe Relations.

2. 发展中国家的营养导向型农业

发展中国家正在积极将营养导向型农业纳入国家农业与营养发展战略当中，以促进可持续发展目标的实现。发展中国家致力于使用不同类型的政策工具，系统地为国内各相关主体提供营养安全理念、营养导向型农业生产措施等。此外，发展中国家注重将本国自身的营养安全与国际社会对营养安全议题的关注进行结合，借此为自身的发展谋取更多资源与智力上的支持。其中，印度、巴西、埃塞俄比亚等国家的营养导向型农业政策较为典型。

案例6-8　埃塞俄比亚的营养导向型农业政策

埃塞俄比亚致力于改变本国营养不良现状，推进营养导向型农业政策。埃塞俄比亚五岁以下儿童死亡率高达45%，主要由营养不良问题所致。此外，发育迟缓问题仍然影响着540多万埃塞俄比亚五岁以下儿童（39%）。埃塞俄比亚在实现对抗与饮食相关的非传染性疾病这一目标方面取得的进展有限。8.5%

的成年女性（18岁及以上）和2.4%的成年男性患有肥胖症。据估计，5.9%的成年女性和6.9%的成年男性患有糖尿病。埃塞俄比亚政府致力于将改善饥饿、提高营养作为国家发展的主要战略，通过与不同的国际组织和国家部门合作，制定本国营养导向型农业政策，以支持跨部门的合作、提高以营养为导向的干预措施有效性。具体干预措施如下：

第一，改善本国营养安全。埃塞俄比亚通过国内议程设置承诺实现营养导向型农业的战略目标。首先，埃塞俄比亚政府在本国内发起《塞科塔宣言》（Seqota Declaration）运动，重申对2030议程的承诺；其次，将营养导向型农业战略目标纳入国家整体发展与农业纲要以创造有利的政策环境，包括增长与转型计划、国家营养项目、农业增长项目等。

第二，积极参与国际营养议程，达成国际合作。埃塞俄比亚积极签署有关消除饥饿和极端贫困、确保营养安全等方面的国际承诺和宣言，包括非洲农业综合发展计划、非洲发展新伙伴计划、埃塞俄比亚食物和营养安全新联盟、加强营养倡议等。

第三，完善国家农业与食物政策制定过程。埃塞俄比亚政府根据本国营养结构与营养水平建立了一套农业-营养联系框架以指导农业与食物政策的制定。该框架主要论证了食物与营养安全和饮食之间的关系，并以此建立了针对本国的营养导向型农业发展战略。该框架主要遵循以下10条原则：社区参与和自主权，对妇女、青年和儿童的特别考虑，基于需求和证据的项目规划和实施，创新本土知识，与利益相关者在各个层面开展包容性合作，多部门协作与协调，培育一线服务提供商的能力，以及环境友好和可持续。通过对营养导向型农业发展战略目标、核心行动等方面的细致计划，该框架为本国营养导向型农业发展提供了制度基础。

第四，以食物为基础制定国家膳食指南（FBDGs）。FBDGs是由粮农组织建立推广的一套针对发展中国家膳食健康的发展指南，旨在对与营养相关的政策与项目提供指导。埃塞俄比亚根据自身国情，结合FBDGs，将营养导向型农业的干预范围设定在以下方面：第一，促进营养丰富食品的生产；第二，提高食品安全；第三，推进农村电气化、基础设施建设；第四，采用推广适合当地情况的气候智能型技术；第五，促进营养导向型农业价值链的发展；第六，制定埃塞俄比亚本国通用的FBDGs；第七，培养民众营养素养和意识；第八，加强政府内部对营养导向型农业战略的支持，包括推进土地改革、加大政府财政拨款及农业投入、鼓励企业落实营养导向型农业战略、为小农提供补贴等；第九，促进农业农村转型；第十，加强农业技术创新。

资料来源：United Nations International Children's Emergency Fund, 2019, "Emergency Nutrition Response in Ethiopia as of 15 April 2019," 2019, Accessed October 15, 2023, https：//www.unicef.org/ethiopia/media/1331/file/Nutrition%20Emergency%20Response%20in%20Ethiopia%20.pdf; Global Nutrition Report, "Country Nutrition Profile：Ethiopia," Accessed October 15, 2023, https：//globalnutritionreport.org/resources/nutrition-profiles/africa/eastern-africa/ethiopia/; Food and Agriculture Organization of the United Nations, "Ethiopia Envisions Food Systems Transformation by 2030," 2021, Accessed October 15, 2023, https：//www.fao.org/ethiopia/news/detail-events/es/c/1457326/; Ministry of Health, Ethiopian Public Health Institute, "Ethiopia：Food-Based Dietary Guidelines-2022," 2022, Accessed October 15, 2023, https：//ephi.gov.et/wp-content/uploads/2021/02/FBDG_MotherDocument_WebVersion.pdf.

四 营养导向型农业的发展趋势与中国面临的挑战

以提升营养为目标的农业生产理念正逐步成为全球范围内的普遍共识。围绕营养导向型农业的国际议程、发展合作理念、具体项目以及资金支持等,已经成为推动实现2030年可持续发展目标的重要动力。在此背景下,中国对营养导向型农业的发展也给予了国家层面的重视,尽管如此,与国际先进水平相比,仍存在一定差距。以下内容将分析营养导向型农业的整体发展趋势,并展示中国在这一领域的发展状况与挑战。

(一) 营养导向型农业的发展趋势

1. 以联合国为核心的国际组织越来越重视营养议题

2014年粮农组织与WHO合作主办的第二届国际营养大会(ICN 2)标志着全球营养治理迈出的一大步(见表6-3)。此次会议形成了《营养问题罗马宣言》与《行动框架》两大重要文件,旨在提高各国,尤其在国家层面,参与全球营养治理的政治意愿,促进针对营养议题的融资与政治承诺。①

粮农组织是全球营养治理的组织者。它针对全球营养治理的战略目标主要包括:第一,积极设立政治议程,加强全球农食系统的营养治理。粮农组织作为营养导向型农业的主要倡导者,通过概念界定、宣传推广、政策扩散等一系列措施促进不同层面的利益相关者参与食物系统的转型议程。第

---

① Food and Agriculture Organization of the United Nations, "ICN2 Second International Conference on Nutrition: Better Nutrition," 2014, Accessed October 15, 2023, https://www.fao.org/about/meetings/icn2/background/en/#:~:text=The%20Second%20International%20Conference%20on, the%20Global%20Food%20Security%20Crisis%20.

二，粮农组织重视有关营养导向型农业的知识积累与经验分享。自 2013 年以来，粮农组织提供了一系列重要的知识产品，为营养导向型农业提供理念支撑。这些产品包括《关于通过农业和食物系统改善营养的关键建议》《营养导向型农业投资规划》《营养导向型农业指标汇编》、食物不安全体验量表、家庭膳食多样化指标等报告；① 第三，加强国家、区域和地方制定和实施政策和计划以提高改善营养状况的能力。

联合国系统营养问题常设委员会成立于 1977 年，主要负责联合国应对世界营养问题的总体方向、规模、一致性和影响力。其主要业务范围包括：第一，提供有关营养的全球战略指导和宣传，确保高层的参与和投资；第二，促进联合国机构之间的共同营养行动、伙伴关系和相互问责机制；第三，为营养议题提供概念支持与理论支撑，包括方法、指导方针、政策和战略；第四，评估基于营养目标的政策与项目，促进实践、工具和需求方面的知识交流，加强全球营养公共产品议程的一致性，帮助识别前沿问题；② 第五，促进全球各领域利益相关者之间的对话，加强营养行动，并将营养议题主流化。

世界粮食安全委员会（CFS）是联合国中以营养为主要目标的重要机构。③ 世界粮食安全委员会成立于 1974 年，旨在

---

① Food and Agriculture Organization of the United Nations, "Toolkit on Nutrition-Sensitive Agriculture and Food Systems," Accessed October 15, 2023, https://www.fao.org/policy-support/tools-and-publications/resources-details/en/c/884011/.

② United Nations System Standing Committee on Nutrition, "UNSCN Submission to the High Level Political Forum July 2017," 2023, Accessed October 15, 2023, https://hlpf.un.org/sites/default/files/vnrs/2021/14552United_Nations_System_Standing_Committee_on_Nutrition_%28UNSCN%29.pdf.

③ Food and Agriculture Organization of the United Nations. 2014. "Nutrition Mainstreamed in FAO's Strategic Objectives," 2014, Accessed October 15, 2023, https://www.fao.org/3/mm192e/mm192e.pdf.

成为一个协调利益攸关者,支持以国家为主导消除饥饿,确保居民食物安全,实现营养相关目标的国际平台,CFS 特别关注第二项可持续发展目标,即消除饥饿,实现粮食安全,改善营养状况和促进可持续农业。CFS 主要由粮农组织、IFAD 与 WFP 联合支持,其联合秘书处设置在粮农组织,日常活动依赖自愿捐款。其主要职责包括:第一,推动政策一致性和政策建议的落实,确保食物安全和营养可持续;第二,为营养议题提供全球沟通、协调与经验分享平台;第三,总结国际社会在食物安全方面的发展经验。CFS 主要通过高级别专家小组和全球年度会议参与全球营养治理,其具有代表性的成果包括《全球食物安全和营养战略框架》《国家食物安全范围内土地、渔业及森林权属负责任治理自愿准则》《农业和食物系统负责任投资原则》《长期危机中保障食物安全和营养行动框架》。[1]

表 6-3 与营养议题相关的国际重大事件与成果

重大事件	时间	举办地点	主要成果
世界食物大会 (World Food Conference)	1974	罗马	世界食物大会报告 (Report of World Food Conference)
第一届国际营养大会 (ICN)	1992	罗马	世界营养宣言与行动框架 (World Declaration on Nutrition and Framework for Action)
世界粮食会议 (World Food Summit)	1996	罗马	世界粮食安全罗马宣言 (Rome Declaration on World Food Security)

---

[1] Food and Agriculture Organization of the United Nations, "The Committee on World Food Security (CFS)," Accessed October 15, 2023, https://www.fao.org/fileadmin/templates/cfs/Docs1920/Corporate_Files/CFS_Corporate_Profile_En.pdf.

续表

重大事件	时间	举办地点	主要成果
联合国千年首脑会议（Millennium Summit of 2000）	2000	纽约	千年发展目标（MDGs）
世界粮食峰会（World Food Summit）	2002	罗马	世界粮食峰会宣言（Declaration of the World Food Summit）
世界卫生大会（World Health Assembly）	2004	日内瓦	大会决议（Resolution）
世界粮食安全高级别会议（High-Level Conference on World Food Security）	2008	罗马	世界粮食安全高级别会议宣言：气候变化和生物能源的挑战（Declaration of the High-Level Conference on World Food Security: The Challenges of Climate Change and Bioenergy）
世界食物安全峰会（World Summit on Food Security）	2009	罗马	世界食物安全宣言（Declaration of the World Summit on Food Security）
加强营养运动（SUN Movement）	2011		加强营养运动：行动框架（Scale Up Nutrition: A Framework for Action）
世界卫生大会（World Health Assembly）	2012	日内瓦	大会决议（Resolution）
联合国可持续发展大会（United Nations Conference on Sustainable Development, Rio+20）	2012	里约热内卢	成果文件：我们期望的未来（Future We Want-Outcome Document）、零饥饿挑战（Zero-Hunger Challenge）

续表

重大事件	时间	举办地点	主要成果
世界卫生大会 (World Health Assembly)	2013	日内瓦	大会决议 (Resolution)
营养促增长峰会 (N4G)	2013	伦敦	全球营养促增长协定 (Global N4G Compact)
联合国大会 (United Nations General Assembly)	2013	纽约	大会决议(Resolution)
第二届国际营养大会 (ICN 2)	2014	罗马	世界营养宣言与行动计划 (World Declaration on Nutrition and Framework for Action)
联合国可持续发展峰会 (United Nations Sustainable Development Summit)	2015	纽约	可持续发展目标(SDGs)
缔约方会议第二十一届会议 (COP 21)	2015	巴黎	巴黎协定 (Paris Declaration)
联合国大会 (United Nations General Assembly)	2016	纽约	大会决议(Resolution)
全球营养峰会 (Global Nutrition Summit)	2017	米兰	营养增长计划 (The Plan for Nutrition Growth)
世界卫生大会 (World Health Assembly)	2021	线上	大会决议(Resolution)
东京营养促增长峰会 (N4G)	2021	东京	促进全球营养增长的东京协定 (Tokyo Compact on Global Nutrition for Growth)
联合国食物系统峰会 (The Food Systems Summit)	2021	纽约	行动声明 (Statement of Action)

续表

重大事件	时间	举办地点	主要成果
全球食物与农业论坛 (Global Forum for Food and Agriculture, GFFA)	2023	柏林	2023最后公报： 食物系统转型： 多重危机的全球回应 (Final Communiqué 2023: Food Systems Transformation: A Worldwide Response to Multiple Crises)

资料来源：笔者参考FAO与营养相关文件自制：Food and Agriculture Organization of the United Nations, "Second International Conference on Nutrition (ICN2) Documents of Relevance to Nutrition," 2014, Accessed October 15, 2023, https://www.fao.org/fileadmin/user_upload/faoweb/ICN2/documents/ICN2-Documents-of-Relevance-to-Nutrition.pdf。

2. 营养议题成为推进可持续发展目标的引擎

2021年召开的联合国食物系统峰会是营养议题主流化的重要标志。峰会制定的行动轨道（Action Tracks）对农业食品系统的转型具有重要的实践意义。具体来说，轨道一致力于确保所有人在任何时候都能获得充足可负担的安全食品。实现这一目标意味着增加营养食品的供应量，控制食物价格，并减少获取食物方面的不公平现象。轨道二致力于培养消费者对可持续生产食品的需求，这要求加强当地价值链，改善营养，并促进食物资源的再利用和再循环。轨道三致力于优化食物生产、加工和分配过程中的环境资源利用效率。在实现这一目标的过程中，行动轨道旨在加深对食品价值链上小农户和小型企业所面临的制约和机遇的理解并为食物系统治理贡献解决方案。轨道四通过促进食物价值链上所有行为体的充分就业与体面工作，促进创业来解决资源获取和价值分配不公平的问题，努力为消除贫困作出贡献。轨道五致力于确保可持续食物系统在容易发生冲突或自然灾害的地区继续发挥作用、促进全球行动、确保食物供应不受大流行病的影响。

3. 营养导向型农业成为发展援助的重要领域

在过去十多年中,发达国家将营养导向型农业纳入了其国家发展援助政策。① 德国联邦粮食和农业部为参与全球农业与营养治理设立了双边信托基金(BTF),旨在通过该基金支持消除饥饿与营养不良的发展项目。自 2002 年以来,BTF 每年的预算为 1000 万欧元,为总共 118 个项目提供了超过 1.42 亿欧元的资金。② 法国制定了《2019-2024 食物安全、营养和可持续农业新国际战略》,这份战略重点关注五个主要目标,即加强食物安全和营养的全球治理、加强法国在营养方面的行动、发展可持续农业和食物系统、支持可持续农食部门的构建、加强对弱势群体的粮食援助行动并提高其韧性。③ 英国国际发展部,现更名为英国外交、联邦和发展事务部,于 2011 年发布了《加强营养:英国关于营养不良的立场文件》。该份文件从伙伴关系、营养不良问题的分析和解决方案的提出、项目监测评估、创建循迹方法和能力建设等方面,为英国解决全球营养不良问题、发展营养导向型农业提供系统性

---

① 孙君茂等:《营养导向型农业国内外政策规划与启示》,《中国农业科学》2019 年第 18 期。
② Federal Ministry of Food and Agriculture, "Promoting Food Security and Nutrition Together: The Bilateral Trust Fund with the FAO," 2018, Accessed October 15, 2023, https://www.bmel.de/EN/topics/international-affairs/agenda-2030/bilateral-trust-fund.html.
③ France Diplomacy, "Food Security, Nutrition and Sustainable Agriculture," Accessed October 15, 2023, https://www.diplomatie.gouv.fr/en/french-foreign-policy/development-assistance/food-security-nutrition-and-sustainable-agriculture/#sommaire_2.

的方案。① 下文通过介绍美国的营养导向型农业发展援助项目的具体案例来帮助读者理解发达国家营养导向型农业发展援助的具体实践。

案例 6-9　美国对马里锡卡索地区的营养导向型农业发展援助项目

2019年6月，USAID 发布了关于西卡索地区营养与卫生项目（PNH）的学习简报。本案例主要基于该简报。西卡索地区被认为是马里的粮仓，但当地人的营养不良问题很严重。PNH 是一项综合计划，旨在通过提供农业、营养、水和环境卫生，以及个人卫生三方面的援助，支持锡卡索地区与布古尼地区的200个社区。该项目计划在六年内至少为10000名孕妇和哺乳期妇女（pregnant and lactating women，PLW）以及50000名两岁以下的儿童提供全套干预措施，通过开展可持续与营养导向型农业生产活动来提高农业产量，使更多人能够获得营养价值高的食物。具体活动如下：

第一，鼓励种植豆类（如花生、大豆和豇豆）、当地特色农作物等营养价值高的作物。

第二，加强女性农民的能力建设。项目专家与当地农业推广组织的专家合作，由这些当地专家培训农民，提供基础的营养知识（包括纯母乳喂养、幼儿辅食喂养和膳食多样性），传授农业种植（选种、栽培、耕犁、播种）、维护（锄地、除草）、收获（成熟辨识、改善技术）、运输与储存方法

---

① UKaid from Department for International Development (DFID), "Scaling Up Nutrition: The UK's Position Paper on Undernutrition," 2011, Accessed October 15, 2023, https://assets.publishing.service.gov.uk/media/5a79810140f0b642860d8a68/scal-up-nutr-uk-pos-undernutr.pdf.

(粗加工)等方面的经验。

第三,建立田间学校。在理论学习的基础上,运用农业技术管理农田。

第四,建立家庭农场营销体系。通过参与式农业推广方法向农民传授预算-成本-产量-收益的理念,提高其自主决策的能力。

第五,种子生产计划。以当地居民需求为导向为其提供育种方法。

第六,加工。通过非机械的方法来储存农产品,包括将豆磨成粉、烘干红薯及大豆等。

第七,食物银行。

第八,村储贷协会。帮助感兴趣的女性农民建立集体组织,给予组织目标、运营机制、业务范围等方面的指导,为组织提供政府资源。

项目最终在 200 个社区培训了 2000 名女性农民,并帮助地方建立了 72 个村储贷协会,其中 46 个协会已组建正式工会,达成了 40% 的女性提高 25% 的农产品产量、25% 的女性提高 50% 及以上的农产品产量、使用营养丰富的产品开发出 10 多种新食谱的目标。

资料来源:Save the Children, "Learning Brief: Nutrition Sensitive Agriculture," 2019, Accessed October 15, 2023, https://resourcecentre.savethechildren.net/document/learning-brief-nutrition-sensitive-agriculture/.

(二)中国发展营养导向型农业的主要挑战

随着国家主要矛盾的转变,中国开始意识到,在解决温饱问题之后,居民的营养状况成了一个重要的关注点。首先,中国居民的营养状况有了明显改善。中国居民蔬菜摄入量稳定在人均每日270克左右，动物性食物提供的蛋白质占总蛋白质摄入量的35.2%，优质蛋白摄入量增加，城乡差距正在缩小。营养不足问题也得到了根本性的改善。中国5岁以下儿童生长迟缓率为4.8%、低体重率为1.9%，营养不足的发生率明显降低。① 其次，中国对居民食物消费与食物结构的重视程度不断增强，政府陆续发布了各种政策文件，包括《90年代中国食物结构改革与发展纲要》（1993）、《中国营养改善行动计划》（1997）、《中国食物与营养发展纲要（2001—2010年）》、《中国食物与营养发展纲要（2014—2020年）》、《国民营养计划（2017—2030年）》、《"健康中国2030"规划纲要》等。国家层面的战略方针为我国食物与营养安全的发展提供了明确的方向，同时也为中国营养导向型农业的实施提供了基础性的政策指导。然而，从实际操作的角度来看，中国在推进营养导向型农业的过程中仍面临着不少挑战。

第一，中国营养导向型农业供应链体系不健全。② 一方面，农产品供给与需求不匹配。市场上营养价值高的农产品供应相对不足、品种单一，且开发程度低，未能满足居民日益增长的多元化需求；另一方面，农产品精加工技术欠佳。在食品过程中，加工精度过高可能会导致食物营养价值流失，而加工不足可能会导致食品安全和食品营养素不足的问题。此外，气候变化、全球危机、环境污染等问题也为中国的农业生产与发展客观上带来了较大的负面影响。

---

① 中国营养学会编著《中国居民膳食指南科学院研究报告》，北京：人民卫生出版社，2021。
② 陈志钢等：《营养导向型的中国食物安全新愿景及政策建议》，《中国农业科学》2019年第18期。

第二,中国营养导向型农业政策体系不完善。① 首先,由于中国营养导向型农业发展还处于起步阶段,国内营养导向型农业缺乏官方定义。其次,缺乏较为系统的政策体系,推进营养导向型农业的战略缺乏具体的衡量指标,且食品监管缺乏有效方案,食品安全、食物浪费问题较为严重。再次,在对外合作方面中国较少将营养议题纳入政策讨论,这导致难以与现存国际营养议程对接,同时,缺乏参与全球营养治理的意愿。最后,将教育、支持弱势群体等软性概念引入农业体系的能力薄弱。

第三,中国居民仍然存在营养不良问题。《中国居民膳食指南科学研究报告(2021)》提出了以下问题:一是居民运动水平明显下降,这主要体现在静坐时间增加、运动时间减少等。② 二是居民超重肥胖问题较为严重,根据《中国居民营养与慢性病状况报告(2020)》,超重或肥胖的成年人比例达50.7%,已超过全国居民人口的二分之一,高血压、心血管疾病、糖尿病等作为超重或肥胖人群易发疾病,在中国的发病率正在逐年增加。③ 三是居民膳食结构不平衡,这主要体现在高油高盐饮食的普遍性、含糖饮料消费的增加,以及全谷物食品与优质蛋白摄入的不足等方面。

此外,过量饮酒问题凸显、特殊人群营养问题缺乏关注、城乡膳食水平差距明显、居民对食物与营养安全方面的认知较弱等问题也是我国营养问题的重要表现形式。

---

① 樊胜根等:《联合国食物系统峰会的中国方案》,《农业经济问题》2022年第3期。
② 中国营养学会编著《中国居民膳食指南科学院研究报告》,北京:人民卫生出版社,2021。
③ 国家卫生健康委员会:《中国居民营养与慢性病状况报告(2020年)》,《营养学报》2020年42卷第6期。

附录：

全球农业相关组织介绍

（一）农业和粮食领域的专门组织

1. 政府间组织和机制

联合国粮食及农业组织

联合国粮食及农业组织（简称"粮农组织"）是引领国际消除饥饿的联合国专门机构。联合国粮农组织成立于1945年10月16日，目前由195个成员组成（包括194个成员国及欧盟），其总部位于意大利罗马，在世界各地设有区域和外地办事处，并在全世界超过130个国家开展工作。其目标是实现所有人的粮食安全，确保人们能够定期获得充足的优质食物，拥有积极健康的生活。①

世界粮食安全委员会（CFS）

世界粮食安全委员会（简称"粮安委"）成立于1974年，并于2009年进行了改革，是所有利益相关方共同努力确保所有人的粮食安全和营养的最重要的包容性国际和政府间平台。

粮安委采用多利益相关方和包容性方针，就广泛的粮食安全和营养议题制定并批准政策建议和指导。这些建议是根据粮食安全和营养问题高级别专家小组编制的科学且基于循证的报告，或通过粮农组织、IFAD、WFP和粮安委顾问组代

---

① Food and Agriculture Organization, "About FAO," 2024, Acceessed December 8, 2024, https://www.fao.org/about/zh/.

表的技术支持工作来制定的。粮安委每年 10 月在罗马粮农组织举行一次全体会议。①

国际农业发展基金（IFAD）

国际农业发展基金是一家国际金融机构和联合国专门机构，总部设在意大利罗马。IFAD 是唯一一个专门关注并致力于改变农业、农村经济和粮食系统的专业化全球发展组织。IFAD 投资于数百万最有可能被抛在后面的人：贫穷的小规模粮食生产者、妇女、青年，以及生活在农村地区的其他弱势群体，其使命是通过使农村经济和粮食系统更具包容性、生产力、韧性和可持续性来改变它们。自 1978 年以来，IFAD 已向涉及 5.18 亿人的项目提供了 232 亿美元的赠款和低息贷款。②

世界粮食计划署（WFP）

世界粮食计划署成立于 1961 年，总部位于罗马，是全球最大的人道主义组织。每年，联合国世界粮食计划署都会向约 80 个国家的 8000 万人提供援助，是处于全球抗击饥饿最前线、致力于抗击饥饿、提供紧急粮食援助并与各种社区展开合作共同改善营养状况与增强恢复力的人道主义组织。世界粮食计划署的工作以紧急援助、救济与重建、发展援助和特别行动为主，专注于饥饿和粮食安全问题，也是最大的学校膳食提供者。

世界粮食计划署的资金全部来自自愿捐赠。它在全球范围内拥有超过 1.4 万名员工，其中逾 90% 都驻扎在机构提供

---

① Committee on World Food Security, "About CFS," 2024, Acceessed December 8, 2024, https：//www.fao.org/cfs/en/.
② International Fund for Agricultural Development, "Who We Are," 2024, Accessed December 8, 2024, https：//www.ifad.org/en/who-we-are.

援助的国家。世界粮食计划署与两家设于罗马的姐妹组织——粮农组织和国际农业发展基金——合作紧密，被统称为粮农三机构。①

国际食品法典委员会（CAC）

国际食品法典委员会是由粮农组织和世界卫生组织设立的国际食品标准制定机构。国际食品法典委员会负责为食品法典制定国际食品标准、准则和业务守则，以促进食品贸易的安全、质量和公平。国际食品法典委员会的目的是保护消费者的健康，确保公平的国际食品贸易，以及根据可靠的科学原理制定标准。②

国际食品法典委员会的主要职能是为已批准的食品添加剂建立国际食品标准，为食品中添加剂的最大含量、污染物和毒素的最大限量、农药和兽医用兽药的最大残留限量制定标准，并建立卫生和技术功能实践规范。③

世界动物卫生组织（WOAH）

世界动物卫生组织，前身为国际兽疫局（OIE），是一个协调、支持和促进动物疾病控制的政府间组织。其主要使命是改善全球动物健康，从而确保所有人拥有更美好的未来。其目标包括：透明度、科学信息、国际团结、卫生安全、促进兽医服务、食品安全和动物福利。

世界动物卫生组织作为动物健康相关的唯一国际参考组

---

① World Food Programme, "Overview," 2023, Accessed October 10, 2023, https://zh.wfp.org/overview.

② Food and Agriculture Organization, "Understanding Codex," 2018, Accessed October 10, 2023, https://www.fao.org/3/CA1176EN/ca1176en.pdf

③ Magnuson, Bernadene, et al. "Review of the regulation and safety assessment of food substances in various countries and jurisdictions." *Food additives & contaminants: Part A* 30.7 (2013): 1147-1220.

织，与食品法典委员会之间建立的协同关系，为动物源性食品的安全提供了更好的保障。世界动物卫生组织在该领域的标准制定活动侧重于消除在屠宰动物或其产品（肉类、牛奶、鸡蛋等）的初级加工之前存在的潜在危害。①

全球农村发展捐助平台（GDPRD）

全球农村发展捐助平台是一个由40个双边和多边发展机构、国际金融机构、政府间组织和基金会组成的网络。该平台成立于2003年，通过集体行动和游说增加对农业和农村发展的公共和私人投资。平台的首要目标是促进包容性和可持续的农村转型发展，这一目标响应了国际社会和发展中国家对实施《2030年议程》以及关于发展融资协议的全球呼吁。②

2. 非政府组织

世界农民组织（WFO）

世界农民组织成立于2011年，是一个以会员为基础的协会，汇集了来自世界各地的农民组织和农业合作社。世界农民组织的使命是在影响农民现状和未来的所有相关国际进程中（从全球农业对话到营养和可持续性）代表农民的声音。其目标是为制定政策和计划创造条件，以改善生产者和农村社区的经济环境和生计，提升农业在应对人类面临的挑战方面作出贡献的能力。③

农民之路（La Vía Campesina）

农民之路成立于1993年，是一个国际性的农民运动网

---

① World Organisation for Animal Health, "Who We Are," 2023, Accessed October 10, 2023, https：//www.woah.org/en/who-we-are/.
② Global Donor Platform for Rural Development, "About Us," 2023, Accessed October 10, 2023, https：//www.donorplatform.org/about-us.html.
③ World Farmers' Organisation, "An Organization Created by the Farmers for the Farmers," 2023, Accessed October 10, 2023, https：//www.wfo-oma.org/wfo/.

络，汇集了世界各地数百万无地工人、土著人民、牧民、渔民、农场移徙工人、中小型农户、农村妇女和青年农民。它以牢固的团结和团结意识为基础，捍卫农民农业的粮食主权。农民之路认为，基于几个世纪的经验和积累的证据，多样化的、以农民为主导的农业生态生产模式，是保证每个人获取健康食品，同时与自然和谐相处的核心。为了实现粮食主权，农民之路组织动员并倡导农民进行领地的土地改革，同时为农民提供农业生态生产方法方面的培训。①

全球改善营养联盟（GAIN）

全球改善营养联盟是 2002 年在联合国成立的非营利性基金会，总部设在瑞士日内瓦，旨在消除营养不良造成的人类痛苦。全球改善营养联盟与政府、企业和民间社会合作，致力于改变粮食系统，使粮食系统能够为所有人，特别是最脆弱的人群提供更有营养的食物。其目标是通过改善所有人，特别是最容易营养不良的人对营养和安全食品的消费，来促进营养目标的实现。②

国际农业研究磋商组织（CGIAR）

CGIAR 是一个全球性伙伴关系机构，致力于将从事粮食安全未来研究的组织联合起来。CGIAR 这个名字来源于国际农业研究协商小组的首字母缩写。2008 年，CGIAR 进行了重大改革，为了反映这一点同时保留其根源，保留了 CGIAR 作为名字。CGIAR 的使命是通过在农业、畜牧业、林业、渔业、政策及自然资源管理等领域开展科学研究以

---

① La Via Campesina, "About La Via Campesina," 2023, Accessed October 10, 2023, https：//viacampesina.org/en/international-peasants-voice/.

② Global Alliance for Improved Nutrition, "About GAIN," 2023, Accessed October 10, 2023, https：//www.gainhealth.org/about.

及与研究相关的活动,帮助发展中国家实现可持续粮食保障和减少贫困人口的目标。它由 15 个中心组成,这些中心是 CGIAR 联合会的成员,与数百个伙伴组织密切合作,包括国家和地区研究机构、民间社会组织、学术界和私营部门。15 个研究中心通过 CGIAR 研究项目产出和传播农业发展相关知识、技术和政策。①

全球收获倡议组织(GHI)

全球收获倡议组织成立于 2009 年,其使命是通过可持续地缩小全球农业生产力差距来解决饥饿和粮食不安全问题。作为私营部门在整个农业价值链中提高生产力的倡导者,全球收获倡议组织致力于以可持续的方式满足不断增长的世界的需求。GHI 认为,正确的政策可以改善全球粮食和营养安全,加速提高生产力,并保护自然资源。GHI 创建了全球农业生产力报告(GAP 报告),该报告后来于 2019 年由弗吉尼亚理工大学接管制作责任。②

增强营养(SUN)运动

增强营养运动是由联合国秘书长于 2010 年发起的一种创新合作方式,旨在消除一切形式的营养不良。该运动通过其四个网络——SUN 民间社会网络、SUN 商业网络、联合国营养网络和 SUN 捐助者网络——来实现目标。这些网络由 4000 多个民间社会组织、约 1400 家企业、5 个联合国机构,以及一些国际捐助者和基金会组成。③ 为了在 2030 年前实现创造

---

① EAT, "Consortium of International Agricultural Research Centers," 2023, Accessed October 10, 2023, https://eatforum.org/partner/cgiar/.
② DEVEX, "Global Harvest Initiative," 2023, Accessed October 10, 2023, https://www.devex.com/organizations/global-harvest-initiative-ghi-45806.
③ Scaling Up Nutrition, "About," 2023, Accessed October 10, 2023, https://scalingupnutrition.org/about/who-we-are.

一个没有饥饿和营养不良的世界的愿景，SUN 运动的参与原则指导各成员有效地共同努力消除一切形式的营养不良。这些原则确保 SUN 运动是灵活的，并在保持共同目标的基础上建立相互问责机制。

（二）有农业项目的发展组织和国际金融组织

1. 政府间组织和机制

世界银行集团（WBG）

世界银行集团作为一个国际性银行组织，其特殊地位源于其股东均为国家，所有股东均提供大量股本，一些比较富裕的国家还提供大量的捐赠。因此，世界银行集团的实力和信誉对任何银行而言都是不可企及的。其五个机构共同致力于在发展中国家减少贫困问题，促进共享繁荣和促进可持续发展。这五个机构分别是国际复兴开发银行（IBRD），国际开发协会（IDA），国际金融公司（IFC），多边投资担保机构（MIGA）和国际投资争端解决中心（ICSID）。[①] 世界银行集团通过向经济相对落后的地区和国家提供扶贫贷款，促进其经济发展，同时也呼吁减免发展中国家的债务。2008 年，世界银行集团承诺向借款国提供 247 亿美元信贷和赠款，其中划分到农村发展主题以及农业、渔业、林业部门的贷款占了相当一部分数额。[②]

联合国开发计划署（UNDP）

联合国开发计划署（开发署）作为联合国在国际发展方面

[①] World Bank, "About," 2023, Accessed October 10, 2023, https：//www.worldbank.org/en/who-we-are.

[②] 何曼青、马仁真：《列国志世界银行集团（第 2 版）》，社会科学文献出版社，2011。

的牵头机构，在170个国家和地区开展工作，以消除贫穷并减少不平等。开发署帮助各国制定政策，提升领导技能、合作能力、机构能力，并建立韧性以实现可持续发展目标。其工作主要集中在三个重点领域：可持续发展、民主治理与和平建设、气候与灾害复原力。[①] 开发署与诸多国家的农业部门均有国际合作，共同开展扶贫与可持续发展项目，支持农民获得土地、技术和市场，优化资源管理，确保对基础设施和技术的投资，并提高农业生产力，以此实现对农村地区发展的促进作用。

经济合作与发展组织（OECD）

经济合作与发展组织（经合组织）成立于1961年，是一个政府间国际组织。其目标是制定促进所有人的繁荣、平等、机会和福祉的政策。经合组织致力于建立基于循证的国际标准，并寻找应对一系列社会、经济和环境挑战的解决方案。从改善经济绩效和创造就业机会，到促进强有力的教育体系和打击国际逃税，经合组织为数据和分析、经验交流、最佳实践分享以及公共政策和国际标准制定提供建议，并提供了一个独特的论坛和知识中心。[②] 经合组织涉及的农业内容包括农产品贸易、农业与环境、农业生产力与创新、农业政策监测和评估等。通过分析农业方面遇到的机遇与挑战，经合组织协助各国做出明智有效的农业政策决定。

区域开发银行（RDB）

区域开发银行是多边金融机构，致力于为相应区域低收入和中等收入国家的发展提供财政和技术援助。它的资金通

[①] United Nations Development Programme, "About Us," 2023, Accessed October 10, 2023, https：//www.undp.org/about-us.
[②] Organisation for Economic Co-operation and Development, "Who We Are," 2023, Accessed October 10, 2023, https：//www.oecd.org/about/.

过低息贷款和赠款分配给一系列发展部门和企业,尤其是农业部门这一保障粮食安全的基本部门。区域开发银行通常是指四个机构:非洲开发银行、亚洲开发银行、欧洲复兴开发银行、美洲开发银行。①

2. 非政府组织

乐施会(Oxfam)

乐施会成立于1995年,是一个由一些独立的非政府组织创建的国际发展及救援的非政府组织。乐施会的前身为1942年成立的牛津饥荒救济委员会,致力于为当时第二次世界大战中遭受饥饿的妇女和儿童提供食品供应。乐施会目前由十四个独立运作的乐施会成员组成,其愿景是与政府部门、社会各界及贫穷人群合作,共同努力消除饥饿、贫困和不公正现象,帮助贫穷人群改善生活,建立一个公正和可持续的世界。②

救济世界饥饿组织(WHH)

救济世界饥饿组织是德国最大的私人援助机构之一,保持政治和宗教上的独立性。自1962年成立以来,该组织已为70个国家的10369多个海外项目提供了42亿欧元的资金。该组织的愿景是让每个人都可以在尊严和正义中过上自主的生活,远离饥饿和贫困。救济世界饥饿组织为实现"到2030年实现零饥饿"的目标而奋斗,希望尽其所能找到解决饥饿这个问题的长期解决方案。③

---

① Center for global Development, "Regional Development Banks (ABCs of the IFIs Brief)," 2024, Accessed December 8, 2024, https://www.cgdev.org/publication/regional-development-banks-abcs-ifis-brief.
② Oxfam, "About," 2023, Accessed October 10, 2023, https://www.oxfam.org/en/what-we-do/about.
③ Welt Hunger Hilfe, "About Us," 2023, Accessed October 10, 2023, https://www.welthungerhilfe.org/about-us/.

援外社国际协会

援外社国际协会是一个拥有 75 年历史的全球联合会，致力于与世界上的贫困和社会不公正问题作斗争，特别关注赋予妇女和女童权利。该组织旨在消除贫困和社会不公正的根本原因，以此为穷人和农民等弱势群体的生活带来持久的改变。该协会认为，贫穷的根源在于不平等的权力关系，这种关系导致男女之间、权力拥有者和边缘化社区之间以及国家之间资源和机会的分配不均。如果不解决这些潜在的权力不平衡问题，就无法克服贫困问题。①

洛克菲勒基金会

洛克菲勒基金会，又称洛氏基金会，是美国的一个慈善机构，由标准石油公司联合创始人大约翰·戴维森·洛克菲勒、他的儿子小洛克菲勒以及纽约州重要的商业和慈善事业高级顾问弗雷德里克·泰勒·盖茨在 1913 年创立。其历史使命一直是提高全人类的福祉。洛克菲勒基金会早期一直关注医学，在将医药卫生纳入关注范围后，农业改良也成为洛氏基金会的长期重点，基金将这方面的科研与世界各地的扶贫工作结合了起来。洛氏基金会认为消除饥饿的关键在于改良农业，使粮食大幅度增产。为此，它在诸多国家都开展了农业项目，并建立国际农业研究中心以支持农业改良的推进。②

比尔及梅琳达·盖茨基金会（BMGF）

比尔及梅琳达·盖茨基金会是由比尔·盖茨和梅琳达·弗兰奇·盖茨于 2000 年创立的美国私人基金会。该基金会致

---

① CARE, "About Us," 2023, Accessed October 10, 2023, https：//www.care-international.org/about-us.
② Rockefeller Foundation, "Our History," 2023, Accessed October 10, 2023, https：//www.rockefellerfoundation.org/about-us/our-history/.

力于帮助所有人过上健康、富有成效的生活。在美国,它旨在确保所有人——尤其是那些资源最少的人——都能获得在学校和生活中取得成功所需的机会。而在发展中国家,它则侧重于改善人们的健康状况,让弱势群体有机会摆脱饥饿和极端贫困。①

(三) 侧重于粮食和农业有关的其他领域的专门组织

联合国环境规划署 (UNEP)

联合国环境规划署(联合国环境署)是全球环境领域的牵头机构,负责制定全球环境议程,促进联合国系统内连贯一致地实施可持续发展环境层面相关政策,并承担全球环境权威倡导者的角色。其使命是通过告知、激励和赋权的方式确保各国及其人民在不损害子孙后代生活质量的前提下提高自身的生活质量,建立伙伴关系,共同关爱地球环境。曾经,工业化农业的实践,如合成肥料、化学杀虫剂和高产谷物杂交种等,似乎有望减少饥饿,适应不断增长的人口刺激经济繁荣。从1960年到2015年,农业产量增加了两倍多,这避免了全球粮食短缺。然而,并非一切都如预期的那样进行。几十年的工业化农业对环境造成了沉重的打击,UNEP对粮食生产的未来有严重的担忧,认为高效农业不仅仅是生产问题,它还涉及环境可持续性、公共卫生和经济包容性等一系列问题。为此,UNEP牵头制定了协作决策和改进治理的指导方针,为"一个星球网络"的可持续粮食系统方案作出贡献,UNEP支持向全球粮食体系过渡,同时为营养、环境和农民生

---

① Gates Foundation, "About," 2023, Accessed October 10, 2023, https://www.gatesfoundation.org/about.

计带来积极影响。①

政府间气候变化专门委员会（IPCC）

政府间气候变化专门委员会是牵头评估气候变化的国际组织。它是由联合国环境规划署和世界气象组织于1988年建立的，旨在向世界提供关于当前气候变化及其潜在环境和社会经济影响的科学观点。作为一个科学机构，IPCC负责评审和评估全世界产生的关于气候变化的最新科学技术和社会经济文献。由于其科学性质和政府间性质，IPCC有独特的机会为决策者提供严格和均衡的科学信息。②

IPCC的报告不仅涵盖诸多气候变化对农业及粮食安全影响的评估，还概述从气候变化对农业生态系统的物理影响到对生计和粮食安全的影响，并阐明IPCC的应对战略及减缓和适应气候变化的方案。③

国际劳工组织（ILO）

国际劳工组织成立于1919年，是结束第一次世界大战的《凡尔赛条约》的一部分，反映了只有基于社会正义才能实现普遍和持久和平的信念。自1919年以来，国际劳工组织将187个成员国的政府、雇主和工人聚集在一起，制定劳工标准和政策，并制定促进所有人体面工作的计划。国际劳工组织致力于促进社会正义和国际公认的人权和劳工权利，履行社会正义对普遍和持久和平至关重要的创始使命。1946年签署

---

① United Nations Environment Programme, "About," 2023, Accessed October 10, 2023, https://www.unep.org/about-un-environment.
② Intergovernmental Panel on Climate Change, "About the IPCC," 2023, Accessed October 10, 2023, https://www.ipcc.ch/about/.
③ 联合国粮食及农业组织：《气候变化和粮食安全：风险与应对》，李婷等译，中国农业出版社，2019。

的联合国协定，使该组织成为联合国唯一的三方机构。① 其中，国际劳动公约中与农业相关的治理劳动公约有 1969 年的《（农业）劳动监察公约》，技术劳动公约有 1921 年的《（农业）结社权利公约》和《（农业）工人赔偿公约》。

全球环境基金（GEF）

全球环境基金是在里约热内卢地球峰会前夕（1991 年）成立的，旨在解决地球上最紧迫的环境问题。自成立起，它已提供了 220 多亿美元赠款和混合融资，并为 5200 多个项目和计划筹集了额外的 1200 亿美元联合融资。全球环境基金是全球最大的多边信托基金，其重点是帮助发展中国家投资自然，并支持执行生物多样性、气候变化、化学品和荒漠化等重大国际环境公约。它汇集了 184 个成员国政府以及民间组织、国际组织和私营部门。② 全球环境基金与国际农业发展基金联手启动了粮食安全综合方法方案（IAP-FS），也称为弹性粮食系统（RFS）方案，致力于为非洲大陆农业的范式转变做出贡献，促进非洲粮食安全的可持续性和复原力，并强调自然资本和生态系统服务对提高农业生产力的重要性。③

世界卫生组织（WHO）

世界卫生组织（世卫组织）是联合国系统内国际卫生问题的指导和协调机构，也是世界最大的政府间公共卫生组织，成立于 1948 年，总部位于日内瓦。世卫组织共有六个区域，194 个会员国，其工作人员在 150 多个办事处开展工作，共同

---

① International Labour Organization, "About the ILO," 2023, Accessed October 10, 2023, https://www.ilo.org/global/about-the-ilo/history/lang--en/index.htm.
② Global Environment Facility, "Who we are," 2023, Accessed October 10, 2023, https://www.thegef.org/who-we-are.
③ Global Environment Facility, "Food Security," 2023, Accessed October 10, 2023, https://www.thegef.org/what-we-do/topics/food-security.

致力于改善世界各地每一个人的健康状况。世卫组织的组织法于1948年4月7日生效，其目标是为世界各地的人们创造一个更美好、更健康的未来。其工作领域包括：卫生系统，生命全程促进健康，非传染性疾病，传染病，全组织范围服务，防范、监测和应对。①

食品安全是公共卫生的重点项目。世卫组织一直致力于改善食品安全，保护人们免受疾病侵害，还编写了一本手册，旨在帮助各国衡量其食源性疾病负担，并确定食品安全系统的需求和数据差距，以便能够加强其国家基础设施，更好地保护人民健康。②

联合国儿童基金会（UNICEF）

联合国儿童基金会是联合国的一个专门机构，在第二次世界大战结束后于1946年12月11日在联合国大会上成立，总部设于美国纽约。联合国儿童基金会在190多个国家和地区开展工作，为每一名儿童的权利和福祉而奋斗。作为全球最大的疫苗提供方，联合国儿童基金会关注儿童食品安全和营养、用水安全和环境卫生、优质教育和技能培训、母婴艾滋病防治等问题，并保护儿童和青少年免遭暴力和剥削。③

世界贸易组织（WTO）

世界贸易组织成立于1995年，是唯一处理国家间贸易规则的全球性国际组织。其核心是世贸组织协定，这些协定经

---

① World Health Organization, "About," 2023, Accessed October 10, 2023, https：// www.who.int/zh/about.
② World Health Organization, "WHO Steps Up Action to Improve Food Safety and Protect People from Disease," 2021, Accessed October 10, 2023, https：// www.who.int/zh/news/item/07-06-2021-who-steps-up-action-to-improve-food-safety-and-protect-people-from-disease.
③ United Nations International Children's Emergency Fund, "About UNCEF," 2023, Accessed October 10, 2023, https：//www.unicef.org/about-unicef.

谈判产生并由世界上大多数贸易国签署,并在其议会中得到批准。其主要功能是确保贸易尽可能顺利、可预测和自由地进行。世贸组织的总体目标是帮助其成员利用贸易作为提高生活水平、创造就业机会和改善人民生活的手段。世贸组织运行全球贸易规则体系,帮助发展中国家建设贸易能力。①

食品和农产品的贸易及市场对所有人来说是最基本的贸易需求。为了应对扭曲市场和限制贸易的政府政策,世贸组织成员缔结了1995年生效的《农业协定》,减少了补贴和贸易壁垒,使市场更公平、更具竞争力。它下设的农业委员会负责监督《农业协定》的执行情况,并监测世贸组织成员如何履行其承诺。

联合国妇女发展基金（UNIFEM）

联合国妇女发展基金（妇发基金）,隶属于联合国妇女署,长期以来一直是受冲突影响地区妇女的合作伙伴。该基金致力于跨越地域和政治界线,将妇女聚集在一起,在和平谈判或冲突后的选举中就共同立场达成一致。妇发基金支持这些妇女与安全和司法机构合作,制止对妇女的暴力行为不受惩罚的现象,促进将其纳入冲突后规划进程。此外,基金还加强与维和部队的接触,鼓励对妇女面临的巨大安全威胁采取创造性的应对措施。其前身为1976年成立的联合国妇女十年自愿基金,1985年2月,联合国大会扩大了该组织的任务范围,将其改为联合国妇女发展基金。②

---

① World Trade Organization, "The WTO," 2023, Accessed October 10, 2023, https：//www.wto.org/english/thewto_e/thewto_e.htm.
② Un Women, "UNIFEM Resources on Women, Peace and Security," 2010, Accessed October 10, 2023, https：//www.unwomen.org/en/digital-library/publications/2010/1/unifem-resources-on-women-peace-and-security.

(四) 具有协调职能的全球治理机构

联合国秘书处、大会、安全理事会、联合国经济及社会理事会

秘书处由秘书长和在世界各地为联合国工作的数万名国际工作人员组成，负责处理大会和其他主要机关委任的各项日常工作。秘书长是联合国的首席行政长官。联合国从自全球各地招聘国际和当地职员，其工作地点及维和特派团也遍布世界的各个角落。

大会是联合国的主要审议、决策和代表性机关，由联合国全部193个会员国组成，是唯一具有普遍代表性的机关。每年九月，大会的所有会员国齐聚纽约，在联合国大会会议厅召开年度会议，并举行一般性辩论，多国国家元首出席一般性辩论并发表讲话。大会对于重要问题的决定，例如关于和平与安全、接纳新会员国和预算事项的决定，必须由三分之二多数通过；其他问题只需以简单多数通过。大会每年选举一名大会主席，任期一年。

根据《联合国宪章》，安全理事会负有维护国际和平与安全的首要责任。安理会有15个理事国（五个常任理事国和十个非常任理事国），每个理事国有一个投票权。《宪章》规定，所有理事国都有义务履行安理会的决定。安全理事会率先断定对和平的威胁或侵略行为是否存在。安理会促请争端各方以和平手段解决争端，并建议调整办法或解决问题的条件。在某些情况下，安全理事会可实行制裁，甚至授权使用武力，以维护或恢复国际和平与安全。安全理事会设立轮值主席，任期一个月。

经济及社会理事会是就经济、社会和环境问题进行协调、政策审查和政策对话并提出建议,以及落实国际发展目标的主要机关。经社理事会作为联合国全系统开展各项活动的中央机构,其下设立多个涉及经济、社会和环境领域的专门机构、附属监督机构和专家机构。经社理事会共有 54 个理事国,经大会选举产生,任期三年。经社理事会是联合国对可持续发展问题进行反思、辩论和创新思考的核心平台[①]。

G7、G20

G7("七国集团")主要与政治有关。在 20 世纪 70 年代的第一次石油危机之后,世界各地的经济体都在遭受打击,全球领导人希望对此进行会议并解决问题。成员包括加拿大、法国、德国、意大利、日本、英国和美国。此外,欧洲理事会主席和欧盟委员会主席代表欧盟出席 7 国集团首脑会议。1998 年,俄罗斯加入了该集团,使其成为 G8,但在吞并克里米亚后于 2014 年被踢出,现又恢复 G7。

G20("二十国集团"),是由中国、阿根廷、澳大利亚、巴西、加拿大、法国、德国、印度、印度尼西亚、意大利、日本、韩国、墨西哥、俄罗斯、沙特阿拉伯、南非共和国、土耳其、英国、美国以及欧洲联盟等二十方组成的国际经济合作主要论坛。G20 成员涵盖面广,代表性强,构成兼顾了发达国家和发展中国家以及不同地域利益平衡,人口占全球的 2/3,国土面积占全球的约 60%,国内生产总值占全球的 85%,贸易额占全球的 80%。

---

① United Nations, "Main Bodies," 2023, Accessed October 10, 2023, https://www.un.org/zh/about-us/main-bodies.

图书在版编目（CIP）数据

全球农业通论／李小云等著．--北京：社会科学文献出版社，2024.12．--（国际发展、区域国别与全球治理系列丛书）．--ISBN 978-7-5228-5006-1

Ⅰ．F313

中国国家版本馆 CIP 数据核字第 2024281RR2 号

国际发展、区域国别与全球治理系列丛书
全球农业通论

| 著　　者　/　李小云　巴　枫　徐秀丽　赵文杰　等
| 出 版 人　/　冀祥德
| 责任编辑　/　段其刚　阿迪拉木·艾合麦提
| 责任印制　/　岳　阳

| 出　　版　/　社会科学文献出版社
|　　　　　　　地址：北京市北三环中路甲 29 号院华龙大厦　邮编：100029
|　　　　　　　网址：www.ssap.com.cn
| 发　　行　/　社会科学文献出版社（010）59367028
| 印　　装　/　三河市龙林印务有限公司

| 规　　格　/　开　本：889mm×1194mm　1/32
|　　　　　　　印　张：12.25　字　数：277 千字
| 版　　次　/　2024 年 12 月第 1 版　2024 年 12 月第 1 次印刷
| 书　　号　/　ISBN 978-7-5228-5006-1
| 定　　价　/　79.00 元

读者服务电话：4008918866

版权所有 翻印必究